Herbert Schmidt-Kaspar

Altstadtgassen
und Adelshöfe

Ausflüge in die deutsche
Vergangenheit

Mit 16 Abbildungen

Deutscher Taschenbuch Verlag

›Der Tod des Archimedes‹ und ›Vom Niedergang der Zeit‹ aus: Karel Čapek, *Wie in alten Zeiten. Das Buch der Apokryphen* (a. d. Tschech. von Edith Gaertnerová) © Aufbau Verlagsgruppe GmbH, Berlin 1958 (die deutsche Erstausgabe erschien 1958 im Aufbau Verlag; Aufbau ist eine Marke der Aufbau Verlagsgruppe GmbH)

FSC
Mix
Produktgruppe aus vorbildlich
bewirtschafteten Wäldern und
anderen kontrollierten Herkünften
Zert.-Nr. GFA-COC-1298
www.fsc.org
© 1996 Forest Stewardship Council

Der Inhalt dieses Buches wurde auf einem nach den Richtlinien des Forest Stewardship Council zertifizierten Papier der Papierfabrik Munkedal gedruckt.

Originalausgabe
Juli 2007
© Deutscher Taschenbuch Verlag GmbH & Co. KG,
München
www.dtv.de
Dieses Werk wurde vermittelt durch die Literarische Agentur
Thomas Schlück GmbH, 30827 Garbsen
Das Werk ist urheberrechtlich geschützt.
Sämtliche, auch auszugsweise Verwertungen bleiben vorbehalten.
Umschlagkonzept: Balk & Brumshagen
Umschlagbilder: Blick vom Sternkiekerturm auf
die Altstadt von Quedlinburg (Vordergrund), ullsteinbild/Sülflow; Kupferstich der
Stadt Neuburg an der Donau (1650) von Matthäus d. Ä., akg-images
Satz: Greiner & Reichel, Köln
Gesetzt aus der Trump Mediäval 9,25/12˙
Druck und Bindung: Kösel, Krugzell
Gedruckt auf säurefreiem, chlorfrei gebleichtem Papier
Printed in Germany · ISBN 978-3-423-24616-3

Inhalt

Statt eines Vorworts

zitieren wir eine Geschichte. Sie stammt aus der ersten Hälfte des 20. Jahrhunderts:

Der Tod des Archimedes Die Geschichte mit Archimedes war nicht ganz so, wie man darüber zu schreiben pflegt; es entspricht zwar der Wahrheit, daß er erschlagen wurde, als die Römer Syrakus eroberten, aber es ist nicht richtig, daß ein römischer Soldat in sein Haus eingedrungen sei, um zu plündern, und daß Archimedes, in das Zeichnen einer geometrischen Konstruktion vertieft, ihn ärgerlich angefahren habe: »Störe meine Kreise nicht!«

Erstens war Archimedes kein zerstreuter Professor, der nicht weiß, was um ihn vorgeht, im Gegenteil, er war von Natur ein rechter Soldat, der Kriegsmaschinen für die Syrakuser zur Verteidigung der Stadt erdachte; zweitens war der römische Soldat kein betrunkener Freibeuter, sondern der gebildete und ehrgeizige Stabsoberst Lucius, der genau wußte, mit wem er die Ehre hatte. Und er kam nicht, um zu plündern, sondern salutierte an der Schwelle militärisch und sprach: »Sei gegrüßt, Archimedes.«

Archimedes hob den Blick von seiner Wachstafel, auf die er wirklich etwas gezeichnet hatte, und antwortete: »Was gibt's?«

»Verehrter Archimedes«, sagte Lucius, »wir wissen, daß sich diese Syrakuser ohne deine Kriegsmaschinen nicht einen einzigen Monat gehalten hätten; so aber haben wir zwei Jahre mit ihnen zu tun gehabt. Glaube mir, wir Soldaten wissen das zu schätzen. Ausgezeichnete Maschinen, meine Hochachtung!« Archimedes machte eine abwehrende Handbewegung. »Ich bitte dich, es ist doch nichts dabei. Ein gewöhnlicher Wurfmechanismus – na, so ein Spielzeug. Wissenschaftlich betrachtet hat es keinen besonderen Wert.«

»Aber militärisch schon«, meinte Lucius. »Höre, Archimedes, ich bin gekommen, dich zu ersuchen, mit uns zu arbeiten.«

»Mit wem?«

»Mit uns Römern. Du mußt doch auch sehen, daß Karthago dem Untergang geweiht ist. Wozu ihnen noch helfen! Jetzt werden wir mit Karthago kurzen Prozeß machen, du wirst dich wundern. Ihr solltet lieber mit uns gehen, ihr alle.«

»Warum?« brummte Archimedes. »Wir Syrakuser sind zufällig Griechen. Warum sollen wir mit euch gehen?«

»Weil ihr auf Sizilien lebt und wir Sizilien brauchen.«

»Und warum braucht ihr es?«

»Weil wir das Mittelmeer beherrschen wollen.«

»Aha«, sagte Archimedes und betrachtete gedankenverloren sein Wachstäfelchen. »Und wozu braucht ihr das?«

»Wer das Mittelmeer beherrscht, ist Herr der Welt«, meinte Lucius, »das ist doch klar.«

»Müßt ihr denn die Herren der Welt sein?«

»Ja. Die Bestimmung Roms ist es, die Welt zu beherrschen. Und ich sage dir, daß es gelingen wird.«

»Möglich«, sagte Archimedes und löschte etwas auf seiner Wachstafel aus. »Aber ich würde es euch nicht raten, mein Lucius. Hör mal zu, Herr der Welt zu sein – die Verteidigung wird euch einmal enorme Mühe kosten. Schade um die Arbeit, die ihr damit habt.«

»Das ist uns einerlei; aber wir werden ein großes Reich sein.«

»Ein großes Reich«, murmelte Archimedes. »Ob ich einen kleinen Kreis zeichne oder einen großen, es ist doch immer nur ein Kreis. Wieder gibt es Grenzen – niemals werdet ihr ohne Grenzen sein, lieber Lucius. Glaubst du, daß ein großer Kreis vollkommener ist als ein kleiner? Glaubst du, daß du ein größerer Mathematiker bist, wenn du einen größeren Kreis zeichnest?«

»Ihr Griechen spielt immer mit Argumenten«, entgegnete Oberst Lucius. »Da pflegen wir unsere Wahrheit anders zu beweisen.«

»Wodurch?«

»Durch Taten. So haben wir zum Beispiel euer Syrakus erobert. Ergo gehört uns Syrakus. Ist das ein klarer Beweis?«

»Das schon«, sagte Archimedes und kratzte sich mit dem Griffel im Haar. »Ja, ihr habt Syrakus erobert; nur daß dies nicht mehr dasselbe Syrakus sein wird wie bisher. Es war eine große, eine berühmte Stadt. Mein Lieber, jetzt wird es niemals mehr groß sein. Schade um Syrakus!«

»Dafür wird Rom groß sein. Rom muß am stärksten sein auf dem ganzen Erdkreis.«

»Warum?«

»Um sich zu halten. Je stärker wir sind, desto mehr Feinde haben wir. Darum müssen wir die Stärksten sein.«

»Was die Stärke anbetrifft«, brummte Archimedes, »ich bin auch ein wenig Physiker, mein Lucius, und ich will dir was sagen. Kraft bindet sich.«

»Was bedeutet das?«

»Das ist so ein Gesetz, lieber Lucius. Kraft wird, indem sie wirkt, gebunden: Je stärker ihr sein werdet, desto mehr Kraft werdet ihr aufbringen müssen; aber einmal kommt der Augenblick ...«

»Was wolltest du sagen?«

»Nichts. Ich bin kein Prophet, ich bin nur Physiker. Kraft wird gebunden. Mehr weiß ich nicht.«

»Hör, Archimedes, möchtest du nicht doch mit uns arbeiten? Du hast keine Ahnung, welche Möglichkeiten sich dir in Rom bieten würden. Du könntest die stärksten Maschinen der Welt bauen ...«

»Du mußt schon verzeihen, mein Lucius, ich bin ein alter Mann und möchte noch eine oder zwei Ideen ausarbeiten. – Wie du siehst, habe ich hier eben etwas entworfen.«

»Lieber Archimedes, lockt es dich nicht, mit uns die Weltherrschaft zu erringen? – Warum schweigst du?«

»Verzeih«, erwiderte Archimedes, über sein Täfelchen geneigt. »Was hast du gesagt?«

»Daß ein Mann wie du die Weltherrschaft erringen könnte.«
»Hm, Weltherrschaft«, sagte Archimedes abwesend. »Sei mir
nicht böse, aber ich habe hier etwas Wichtigeres. Weißt du, etwas
Bleibendes. Etwas, was wirklich bestehen bleibt.«
»Was ist das?«
»Vorsicht, lösch mir meine Kreise nicht aus! Es ist die Metho-
de zur Berechnung der Fläche des Kreissektors.«

Später wurde ein Bericht herausgegeben, in dem es hieß, daß der
gelehrte Archimedes zufällig ums Leben gekommen sei.

Karel Čapek, ein tschechischer Autor, schrieb diese Geschichte 1938, in seinem Todesjahr. Und zwar starb Čapek am Weih-
nachtstag jenes Jahres. Nicht ganz zwei Monate davor hatte die
deutsche Wehrmacht, mit Einwilligung der führenden Politiker
Englands, Frankreichs und Italiens und unter dem Jubel der
deutschen Bevölkerung diesseits und jenseits der Grenzen, das
sogenannte Sudetenland besetzt, die Randgebiete des Staates,
dem Čapek sich zugehörig und verbunden fühlte. Am 10. Oktober erließ der »Führer und Reichskanzler« Adolf Hitler einen
Geheimbefehl: Über die »Erledigung der Resttschechei«. Das
konnte Čapek nicht wissen. Aber ein kluger und hellsichtiger
Kopf wie er dürfte vorausgeahnt haben, wohin die Entwicklung
ging. (Aus Čapeks 1920 geschriebenem Drama ›R. U. R.‹ stammt
der Begriff »Roboter«, der in die meisten Sprachen der Welt einging. Und in seinem Roman ›Der Krieg mit den Molchen‹ zeigt
er, wie sich eine Zivilisation – die europäische und in ihr die
tschechische – selbst zerstört, indem sie versklavte Geschöpfe
als billige Arbeitskräfte verwendet.) Es ist ihm erspart geblieben,
die Erfüllung seiner Ahnungen zu erleben.
 Die Deutschen hingegen, oder doch die große Mehrheit der
Deutschen, ahnten nichts. Und sie glaubten, für eine kurze Zeit
der Verblendung, ihrerseits eine Erfüllung zu erleben. Nicht die
Erfüllung düsterer Ahnungen, sondern die einer alten Sehnsucht. Sie waren jetzt groß und mächtig. So groß und mächtig
wie Engländer oder Franzosen. Nein, sie waren *noch größer und*

noch mächtiger als jene. Weil sie nämlich jetzt vereint waren. Nicht nur vereint, sondern einig. Endlich war Schluss mit der deutschen Zerrissenheit, der Zwietracht, der Kleinstaaterei und Schwäche, die deutsche Patrioten seit mehr als hundert Jahren immer wieder beklagt hatten. Schon kurz nach seiner »Machtergreifung« hatte der »Führer« die Kompetenzen der Länder, ihrer Regierungen, Parlamente und Behörden abgeschafft. Deutschland sollte fortan ein Einheitsstaat sein. »Ein Volk, ein Reich, ein Führer!« Und dieser Staat sollte nun nicht mehr nur »Deutsches Reich« heißen (was an sich schon, aber daran dachte längst niemand mehr, eine ziemlich dreiste, großkotzige Bezugnahme auf das alte, das übernationale, das Heilige Römische Reich Deutscher Nation darstellte). Nein, jetzt, nach Ausdehnung seiner Grenzen, nachdem die Deutschen Österreich (»die Ostmark«) und das Sudetenland »heim ins Reich« geholt hatten, brauchte ihr Staat einen anspruchsvolleren Namen: Das »Großdeutsche Reich« sollte er in Zukunft genannt werden.

Heute wissen wir, wohin diese Euphorie, dieser Größenwahn, dieser Machtrausch führte. Noch leben unter uns Menschen, die teuer dafür bezahlt haben. Allerdings denken wir selten daran, dass dies alles, dass die Mentalität von 1938 ja eine Vorgeschichte hatte. Und wir sind uns nicht bewusst oder wir verdrängen die Erkenntnis, dass manches von dieser Mentalität noch immer nachwirkt. Zum Beispiel in der Art, wie wir unsere eigene, unsere nationale Geschichte betrachten und zu verstehen versuchen.

Fragen Sie einmal einen durchschnittlich gebildeten Deutschen nach drei bedeutenden deutschen Politikern aus der Zeit vor dem 20. Jahrhundert. Bismarck und Friedrich der Große werden ihm sofort einfallen. Dann wird er zögern und nachdenken müssen. Metternich vielleicht? Aber der war ja Österreicher! (Nein, er war Rheinländer. Aber Politik hat er für Österreich, für die Habsburger gemacht.) Überhaupt denken wir, wenn von deutscher Geschichte die Rede ist und wir uns entschließen, einmal in die Vergangenheit jenseits von Hitler und den beiden Weltkriegen vorzudringen, hauptsächlich an die Kriege des 17., 18. und 19. Jahrhunderts, an den »deutschen Dualismus«, die Rivalität zwischen Preußen und der Habsburger-Monarchie, wer nun der Größte sei und wem die Führungsrolle zukomme. Warum? Weil diese beiden Staaten eben die mächtigsten in Deutschland waren und weil Geschichte immer eine Geschichte der Mächtigen ist.

Der Historiker Heinrich von Treitschke (1834–1896), gebürtiger Sachse, aber ein nimmermüder Barde von Preußens Gloria, hat das damals, als der Streit um den ersten Platz in Deutschland noch aktuell war, folgendermaßen ausgedrückt: »Unter allen reindeutschen Staaten hat allein Preußen in unvergesslichen Zeiten die Kraft bewiesen, die eine Gesellschaft zum Staate macht, die Kraft, sich durch sich selbst zu erhalten. Zwischen Preußen und seinen Bundesgenossen besteht ein Unterschied nicht des Grades, sondern der Art, der Unterschied von Macht und Ohnmacht, Staat und Nicht-Staat. Man schilt solche Behauptungen doctrinär … Und doch fußen sie auf der ernsthaften praktischen Erfahrung, dass das Wesen des Staates zum Ersten Macht, zum Zweiten Macht und zum Dritten nochmals Macht ist.« *

Nach der »ernsthaften praktischen Erfahrung«, die wir inzwischen mit den Errungenschaften machtversessener Politiker wie Wilhelm II. oder gar Adolf Hitler machen mussten, verursachen uns solche Formulierungen nicht mehr das intendierte Gefühl der Begeisterung, sondern eher eine Gänsehaut. Der Anteil der Deutschen, die heute noch etwas von oder über Heinrich von Treitschke gelesen haben, dürfte sich im einstelligen Promillebereich bewegen. Und doch bleibt unser Geschichtsbild, unser historisches Denken weitgehend von diesem Machtbegriff geprägt. Trotz mittlerweile fest verwurzelter Demokratie versteht sich die Bundesrepublik immer noch als eine Art Nachfolgestaat des 1945 von den Siegern aufgelösten Preußen.

Warum eigentlich? Weil Preußen unter den Ländern, die seinerzeit das Deutsche Reich bildeten, eben das größte war; weil seine Könige (genauer gesagt, gerade einmal drei von ihnen) sich seit 1871 Deutsche Kaiser nannten? Und weil es schließlich der preußische Ministerpräsident Bismarck gewesen ist, der die

---

* Zit. nach: Ulrich Langer, ›Heinrich von Treitschke‹

Für Liebhaber einige andere Kernsätze Treitschkes:
»... vielleicht gereicht es der deutschen Gemüthlichkeit zum Segen, wenn ihr die Bedeutung der Macht in der Politik einmal recht unbarmherzig gezeigt wird. Der Tag kommt doch, wo die beiden natürlichen Verbündeten, der preußische Staat und das deutsche Volk, sich wieder zueinander finden werden.«
»Der Staat ist sich selbst Zweck wie alles Lebendige; denn wer darf leugnen, dass der Staat ein ebenso wirkliches Leben führt wie jeder seiner Bürger?«
»Wir opfern der Einheit Deutschlands jedes andere politische Gut.«
»Der Staat ist nicht eine Akademie der Künste, er ist Macht.«
»Und doch, dieser [preußische, Anm. d. Autors] Staat mit all seinen Sünden hat alles wahrhaft Große gethan, was seit dem Westphälischen Frieden im deutschen Staatsleben geschaffen ward, und er ist selber die größte politische That unseres Volkes.«
»Die Juden sind unser Unglück!«

deutsche Einheit zustande brachte? Allerdings dauerte diese Einheit nicht sehr lange. Gerade 74 Jahre. Und wenn wir uns umschauen in unserem Land, dann ist aus diesen 74 Jahren nicht sehr viel geblieben. Und das, was davon geblieben ist, gehört weder im ideellen noch im ästhetischen Sinne zu den Glanzpunkten unseres historischen und kulturellen Erbes.

Vor und nach und neben diesem Bismarckreich, diesem Reich der Friedriche und Wilhelme, gab es noch ein anderes Deutschland. Das war allerdings schon lange nicht mehr mächtig im Sinne Treitschkes. Eher könnte man es – und das hat man oft getan – als ohnmächtig bezeichnen, auch als chaotisch, grotesk oder lächerlich. Es galt jahrhundertelang als unzeitgemäß, zurückgeblieben und provinziell; heute würden wir sagen, als unterentwickelt. Und doch hat dieses Deutschland länger Bestand gehabt als alles, was wir seit dem Untergang des Alten Reiches vor zweihundert Jahren an Staatlichkeit mühsam zustande gebracht haben, länger auch, als die meisten anderen Staaten Europas existierten. Und es hat uns, trotz aller Zerstörungen, die die Kriege zwischen dem 17. und dem 20. Jahrhundert angerichtet haben, ein Erbe hinterlassen, das zumindest in seiner Vielfalt einzigartig ist.

Einiges von dieser Vielfalt soll in den folgenden Kapiteln besichtigt werden. Es wird eine sehr kleine Auswahl werden. Manches wird uns fremdartig vorkommen. Oder es wird, obwohl wir es seit Langem zu kennen meinten, umso fremdartiger erscheinen, je genauer wir hinschauen.

Kapitel 1
Das Reich
—— **und seine vielen Herrscher** ——

Es ist gar nicht einfach, herauszufinden, wie viele Staaten, oder sagen wir staatsähnliche Gebilde, es in Deutschland vor dem Ende des Alten Reiches im Jahre 1806 wirklich gegeben hat. Manchmal liest man die Zahl 365. Das kann man sich leicht merken: Für jeden Tag des Jahres gab es also einen deutschen Staat. An anderer Stelle wird eine noch höhere Zahl genannt: etwa 1500. Wer bei Wikipedia nachschaut, kann sich eine »Liste der Territorien im Heiligen Römischen Reich« herunterladen und findet dort von »Aach (Herrschaft)« und »Aachen (Reichsstadt)« bis »Zweibrücken (Grafschaft, Herzogtum)« und »Zwiefalten (Abtei, Reichsabtei)« im Ganzen 418 Namen aufgeführt. Das heißt, eigentlich sind es einige Namen weniger, weil manche von ihnen doppelt erscheinen. Etwa »Bremen (Erzstift, Herzogtum)« und »Bremen (Freie Reichsstadt, Land)«. Eine ähnliche Doppelung findet sich bei Augsburg (Hochstift und andererseits Reichsstadt), Cambrai, Genf (das gibt es sogar dreimal, nämlich als Grafschaft, als Bistum und als Stadt), Köln, Lindau, Lübeck, Nürnberg (Burggrafschaft und Reichsstadt) und noch etliche andere. Manche Namen tauchen mit mehreren Bindestrich-Varianten auf. Zum Beispiel außer Anhalt auch noch Anhalt-Aschersleben, Anhalt-Bernburg, Anhalt-Dessau, Anhalt-Köthen und last but not least Anhalt-Zerbst. Oder Sachsen (Herzogtum), Sachsen (Kurfürstentum) und dann die Herzogtümer bzw. Fürstentümer Sachsen-Altenburg, Sachsen-Coburg, Sachsen-Coburg und Gotha, Sachsen-Eisenberg, Sachsen-Gotha, Sachsen-Hildburghausen, Sachsen-Lauenburg, Sachsen-Meiningen, Sachsen-Merseburg, Sachsen-Römhild, Sachsen-Saalfeld, Sachsen-Weimar, Sachsen-Weimar-Eisenach, Sachsen-Weißenfels, Sachsen-Wittenberg und Sachsen-Zeitz.

Hat es jemals Menschen gegeben, die sich das alles merken konnten, die imstande waren, sämtliche Sachsen herunterzuschnurren, so wie sie in der Liste stehen? Und warum reden wir hier von Staaten oder von Territorien, wenn es doch um Gebiete geht, die oft kaum größer, ja manchmal noch kleiner waren als heute ein Landkreis? Außer freien Städten, freien Klöstern und den Herrschaften freier Ritter in einzelnen Landschaften gab es sogar noch freie oder Reichsdörfer.

Versuchen wir also, uns ein paar Begriffe klarzumachen. Was verstehen wir unter einem Staat? Zu einem Staat gehören offenkundig ein Staatsgebiet mit einigermaßen festen Grenzen, ferner ein Staatsvolk, also Menschen, die auf diesem Staatsgebiet leben und sich – freiwillig oder gezwungen – dem Staat zugehörig fühlen, und eine Staatsverfassung (die muss nicht unbedingt schriftlich festgelegt sein), durch welche geregelt wird, wie der Staat seinen Aufgaben nachkommen soll und kann. Die wichtigsten Aufgaben waren ursprünglich die Verteidigung nach außen und der »Friede«, das heißt also eine Rechtsordnung im Inneren.

Einen solchen Staat gab es im Europa des frühen und auch des hohen Mittelalters nicht. Er bildete sich erst sehr langsam und manchmal in sehr unzulänglicher Form heraus. Und in Deutschland (nennen wir es so, obwohl das Wort die längste Zeit über unbekannt war und zum Alten Reich auch Gebiete gehörten, die nicht deutschsprachig waren) entwickelte er sich nicht einheitlich auf Reichsebene, sondern in den einzelnen Territorien.

Was sind Territorien? Am Anfang der deutschen Geschichte, also im 10. und 11. Jahrhundert, stehen, noch aus der Zeit der karolingischen Frankenkönige, die Stammesherzogtümer: Sachsen (im Sinne von Niedersachsen, d. h. ganz Norddeutschland bis zur Elbe), Franken, Schwaben, Bayern und Lothringen (nicht nur die heute zu Frankreich gehörende Landschaft, die sich immer noch so nennt, sondern auch weite Teile des Rheinlands, Luxemburg und die östliche Hälfte des heutigen Belgien gehörten dazu). Später kamen noch Gebiete östlich der Elbe zum Reich: das heutige Mecklenburg, Brandenburg, die Lausitz, das, was wir heute Sachsen nennen, und im Süden Österreich, Kärnten, die Steiermark. Diese Gebiete nannte man Marken, was so viel bedeutet wie Grenzländer.

Die Herzöge und auch die Oberhäupter der Marken, die Markgrafen, werden vom König – seit Otto dem Großen (912–973) führt er meist auch den Titel Römischer Kaiser – mit ihren Herrschaftsgebieten belehnt. Das heißt, diese Gebiete gehören ihnen eigentlich nicht, sind nur geliehen und müssten, wenn ein Lehensträger stirbt, an den König zurückfallen, der das Lehen dann neu vergibt. Theoretisch. In der Praxis ist es schon seit der fränkischen Zeit so, dass die Lehen immer mehr erblich werden. Und zwar zunächst die kleinen, die sogenannten Afterlehen, also die Gebiete, welche die Herzöge an niedrigere Adelige – Grafen, Freiherren oder einfache Ritter – weiterverleihen. Später aber auch die großen, die Kronlehen, die, die der König direkt vergibt. Zwar muss sich der Erbe diese Verleihung bestätigen (der Fachausdruck lautet »muten«) lassen, aber das wird mit der Zeit immer mehr zur Formalität.

Und nicht nur das. Da der König, ohne feste Hauptstadt im Reich von Pfalz zu Pfalz ziehend, oft sehr weit weg ist, wenn man ihn brauchen würde (etwa bei einem feindlichen Einfall oder bei internen Zwistigkeiten), neigen die Herzöge und in der Folgezeit auch andere, kleinere Machthaber immer häufiger dazu, sich königliche Befugnisse anzueignen. Auf der anderen Seite versuchen viele von ihnen, sich möglichst viel von dem Landbesitz und den anderen Einnahmequellen ihrer Untertanen oder anderer Landesherren anzueignen. Bekannt oder berüchtigt ist das Beispiel des Herzogs Heinrich von Sachsen und Bayern (1129–1195), der den Beinamen »der Löwe« führte. Er hatte es verstanden, gleich mit zwei Herzogtümern belehnt zu werden, was eigentlich nicht zulässig war. Das war ihm offenbar immer noch nicht genug. Es missfiel ihm, dass der Bischof von Freising bei Oberföhring eine Brücke über die Isar hatte bauen lassen, über die der Salzhandel ging, was dem Bischof hohe Zölle einbrachte. Also ließ Heinrich diese Brücke einfach anzünden und weiter flussaufwärts, auf seinem eigenen Gebiet, eine neue bauen. Dieser Tat verdankt, wie man weiß, die Stadt München ihre Entstehung. In seinem nördlichen Herzogtum, in Sachsen, ging Heinrich ähnlich vor: Er ließ die Stadt Lübeck, die den Grafen von Schauenburg gehörte, niederbrennen, presste dann dem Grafen das verwüstete Gebiet ab und baute die Stadt samt Hafen neu auf. Auch hier ging es um den einträglichen Salzhandel.

Mit Heinrich dem Löwen hat es bekanntlich kein gutes Ende genommen, er wurde schließlich abgesetzt und musste nach England ins Exil gehen. Nicht alle Könige und Kaiser waren bereit, sich mit der Selbstherrlichkeit des Hochadels abzufinden, besonders diejenigen nicht, die starke Persönlichkeiten waren und starke Herrscher sein wollten. Otto der Große – er ist nach der üblichen Zählung der zweite deutsche König und der erste, der zum Römischen Kaiser gekrönt wurde – belehnte zunächst Verwandte aus der eigenen Familie mit den Herzogtümern. Als das nichts half, sich sogar sein eigener Sohn Liudolf gegen ihn auflehnte, verfiel er auf den Gedanken, mit Hilfe jener Institution zu regieren, die nicht durch das Lehenssystem gefesselt war: mit der Kirche. So machte er seinen Bruder Brun zunächst zum Bischof von Köln und dann zum Herzog von Lothringen (auf dessen Gebiet Stadt und Diözese Köln lagen). Auch andere Bischöfe betraute er mit weltlichen Machtvollkommenheiten.

Für eine solche Politik sprachen einleuchtende Argumente. Zum einen war die Kirche viel effizienter organisiert als das Reich mit seiner Lehenspyramide. Während dort Befehle oder Anweisungen immer nur von einer Ebene an die nächstniedrigere erteilt werden konnten (vom König an die Herzöge, vom Herzog an die Grafen, von den Grafen an die Freiherren und Ritter, und von denen wieder an ihre Gefolgsleute, also freie oder unfreie Bauern), gab es in der Kirche schon so etwas wie einen direkten Instanzenweg von der Spitze bis zur Basis, vom Bischof (theoretisch sogar vom Papst) bis hinunter zum einfachen Landpfarrer. Zum anderen waren die Kleriker damals die einzigen Gebildeten, die Einzigen, die lesen und schreiben konnten, was für Verwaltungsgeschäfte und Diplomatie nicht ohne Bedeutung war. Und drittens mussten zumindest die hohen Geistlichen ehelos leben. Sie konnten ihre Bistümer und Stifte (so nannte man die Gebiete, die einem Bischof oder Abt als weltlichem Herrn unterstanden) nicht an Familienangehörige vererben oder gar aufteilen. Der König konnte sie nach dem Tod des jeweiligen Amtsinhabers tatsächlich neu an ihm genehme Persönlichkeiten verleihen. Man bezeichnet dieses System als die Ottonische Reichskirche.

Uns kommt das allerdings befremdlich vor: Wie kann denn der König, ein weltlicher Herrscher und im kirchlichen Sinne ein Laie, jemanden in ein geistliches Amt einsetzen? Nun, nach mittelalterlicher Anschauung, nach dem sogenannten germanischen Eigenkirchenrecht, konnte er das sehr wohl. So wie jeder Adelige, der auf seinem Grund und Boden eine Kirche baute, darüber befinden durfte, wer dort Pfarrer sein sollte, konnte der König eben auch bestimmen, wer in seinem Reich Bischof wurde. Auf ihren Italienzügen haben Otto der Große und seine Nachfolger sogar Päpste ein- und auch abgesetzt, offenbar ohne das Bewusstsein, damit etwas Unrechtes oder Irreguläres zu tun. Erst ein Jahrhundert später, als Kirche und Papsttum selbstbewusster und ihrer religiösen Mission innerlich sicherer geworden waren, kam es über diese Frage zur Auseinandersetzung. Man spricht vom Investiturstreit – eine der schwersten Krisen des Alten Reiches und einer der Gründe, warum sich dieses Reich nicht zu einem einheitlichen Staat entwickeln konnte wie andere Länder Europas.

So wie die Herzogtümer und die sie regierenden Dynastien oft bestrebt waren, sich zu verselbstständigen und dem Kaiser nicht mehr Machtvollkommenheiten einzuräumen als unbedingt nötig, so gab es auch innerhalb dieser großen Territorien zentrifugale Tendenzen. Wenn der Kaiser in einem Herzogtum Eigenbesitz (also Land, das nicht verliehen wurde, sondern Eigentum seiner Familie war) oder Reichsbesitz (also von einer früheren Dynastie an die Krone vererbten Eigenbesitz) hatte, dann löste er ihn aus dem Verband des Herzogtums heraus und setzte dort einen Vogt, d. h. einen Verwalter ein. Manchmal etablierten sich diese Vögte ihrerseits als Dynastie und stiegen im Lauf der Zeit unter die Reichsfürsten auf. So entstanden z. B.

etliche der späteren thüringischen Kleinstaaten wie Reuß-
Schleiz-Greiz (ältere Linie) und Reuß-Schleiz-Greiz (jüngere
Linie). Kam es zu Thronstreitigkeiten oder anderen Konflikten
zwischen dem König (Kaiser) und den Großen seines Reiches,
dann verlieh er solchen Adeligen (Grafen, Freiherren, Rittern),
die ihm gegen seine Feinde beistanden, oft die Reichsunmittelbarkeit, d. h. sie waren dann der Krone direkt unterstellt, nicht
mehr über den Umweg der Lehenspyramide. Andererseits neigten manche Kaiser dazu, in Notlagen oder bei Geldmangel
Reichsgut an Fürsten oder auch an Städte zu verpfänden, die ihnen Kapital vorstreckten oder militärische Hilfe leisteten. Später versäumten sie es oder waren nicht imstande, das Pfand wieder auszulösen. So kamen die Stadt Eger und ihre Umgebung,
das Egerland, 1322 an die Krone Böhmens, und unter anderem
deswegen heißt Eger heute Cheb. Auch einzelne königliche
Rechte (man nannte sie Regalien) wurden an Territorialherren
oder an einzelne Städte vergeben oder verpfändet: das Marktrecht (also das Recht, einen Markt zu bewilligen und dafür Ge-
bühren zu verlangen), das Wege- und Zollrecht, das Recht, Gericht zu halten, das Bergrecht (das Recht an den Bodenschätzen)
und vor allem das Recht, Münzen prägen zu lassen. So übernahmen lokale Gewalten immer mehr Funktionen und Machtvollkommenheiten, die eigentlich in der Hand der Zentralmacht
hätten liegen sollen.

Beistand fand der Kaiser nicht nur bei Bischöfen und Adeligen,
sondern oft auch bei Städten und Klöstern. Klöster müssen wir
uns nicht nur als Orte des Gebets und der geistlichen Disziplin
vorstellen (an der mangelte es sogar recht häufig), sondern vor
allem als wirtschaftliche und auch politische Zentren. Mittelalterliche Machthaber waren stets um ihr Seelenheil besorgt
(und hatten dazu, bei der Brutalität der Machtkämpfe, auch
allen Grund). Es war also üblich, testamentarisch Stiftungen an
die Kirche oder auch an ein bestimmtes Kloster einzurichten
oder schon zu Lebzeiten eine Schenkung zu machen oder ein
neues Kloster zu gründen. Die Mönche waren dann verpflichtet,
für das Seelenheil des Stifters zu beten und Messen zu lesen. (So
gründete etwa Kaiser Ludwig der Bayer im Jahre 1330 das Kloster Ettal.) Im Laufe der Jahre, Jahrzehnte, Jahrhunderte kamen

da oft riesige, weit verstreute Besitztümer zusammen, mit Dutzenden von Dörfern und zahlreichen abgabepflichtigen Bauern, manchmal auch mit Adeligen, die ihre Lehen vom Abt empfangen hatten. Da die Mönche im Allgemeinen gebildeter waren als der durchschnittliche Adelige und ihren Besitz kompetenter verwalteten, auch nicht fortwährend Fehden und Kleinkriege führten, waren ihre Gebiete wirtschaftlich meist recht fortgeschritten und blühend. Viele Klöster erlangten ebenfalls Reichsunmittelbarkeit. Der Kaiser konnte auf ihre wirtschaftlichen Mittel zugreifen. Sie mussten aber auch Kontingente für seine militärischen Unternehmungen, etwa die Romzüge, stellen, waren also auch ein Machtfaktor.

Das Lehenssystem, ursprünglich in der Karolingerzeit entstanden, setzt eine agrarische Gesellschaft voraus, eine Gesellschaft, deren wichtigste, nahezu einzige Produktionsmittel Grund und Boden sind, wo Handel und Geldverkehr eine geringe Rolle spielen und der Herrscher Dienste hauptsächlich durch die Verleihung von Grundbesitz belohnt – wobei zum Grundbesitz auch Dörfer, Höfe und die Menschen gehören, die diesen Grund bestellen und Abgaben an den Adeligen zahlen müssen. Seit dem 11. Jahrhundert gewinnen aber in zunehmendem Maße die Städte an wirtschaftlicher und immer mehr auch an politischer Bedeutung. Der Reichtum und später die Macht der Städte beruhten natürlich nicht auf Landbesitz, sondern zunächst auf dem Fernhandel und immer mehr auch auf Handwerk, Gewerbe, vorindustriellen Produktionsformen (Manufakturen, Verlagswesen, Bergbau) sowie auf dem Geld- und Kreditwesen.

In Deutschland gibt es entlang des Rheins und der Donau sowie westlich und südlich dieser Flüsse Städte, die noch aus römischer Zeit stammen: Köln, Mainz, Trier, Koblenz, Bingen, Augsburg, Kempten, Regensburg, Passau und weitere. Andere entstanden um Kaiserpfalzen (also jene Paläste samt Versorgungsbetrieben, in denen der Kaiser bei seinem ständigen Herumwandern samt Hofstaat Station machte), Herrschafts- oder Bischofssitze und Burgen herum, an Handelsstraßen bzw. deren Kreuzungen oder auch an strategisch wichtigen Punkten, so wie Bamberg, Magdeburg oder Brandenburg. Jede Stadt unterstand

zunächst einem Stadtherrn. Das konnte ein vom Kaiser eingesetzter Burggraf oder Vogt sein wie in Nürnberg und Frankfurt,
ein Herzog oder anderer Landesherr (z. B. in Lübeck, Braunschweig, Regensburg, München, Wien), ein Bischof (Bremen,
Hamburg, Köln, Mainz, Trier, Worms, Augsburg, Passau) oder
der Abt eines Klosters (z. B. Kempten). Der Stadtherr setzte einen
Stadtschultheiß oder Schulzen als Haupt der Verwaltung ein.
Das Bestreben der Bürgerschaft war es in der Regel, diesem
Schulzen zunächst einen Rat beizugesellen, also ein Mitbestim-
mungsrecht zu erringen, ihn dann durch einen gewählten Bürgermeister zu ersetzen und sich schließlich von der Herrschaft
des Stadtherrn ganz zu befreien und den Status einer Reichsstadt zu erlangen, die nur mehr dem Kaiser unterstand. Vielen,
auch kleineren Städten (z. B. Dinkelsbühl, Donauwörth, Esslin-
gen) gelang das, andere, durchaus bedeutende (München, Wien)
kamen nie so weit oder sie verloren die Reichsunmittelbarkeit
wieder, wie z. B. Mainz. Das gespannte Verhältnis zwischen
Bürgerschaft und Stadtherrn lässt sich heute noch an manchem
Stadtbild ablesen: Wo, wie etwa in Passau die Feste Oberhaus,
in Landshut die Burg Trausnitz, in Salzburg die Hohensalzburg
hoch über die Städte emporragen, da wirken solche Bauwerke
eher wie Zwing- denn wie Schutzburgen. (Deswegen die Empö-
rung der Schweizer im ersten Akt von Schillers ›Wilhelm Tell‹,
als der Vogt Geßler die Bürger von Altdorf zwingt, beim Bau
einer solchen Feste mitzuschuften.) Andernorts zog es der ehemalige Stadtherr vor, nicht länger in der Reichsstadt unter seinen aufmüpfigen Untertanen zu residieren: Der Erzbischof von
Köln verlegte seinen Sitz nach Bonn, der Bischof von Augsburg
den seinen nach Dillingen.

Man darf sich solche Entwicklungen nicht als jähe Veränderungen und plötzliche Revolutionen vorstellen, sie zogen sich
als zähes Ringen über Jahrzehnte, oft über Jahrhunderte hin. In
manchen Territorien gab es Landstände. Vertreter des Adels, der
Städte, mancherorts, wie in Tirol, auch der freien Bauern traten
von Zeit zu Zeit zusammen, um bei der Gesetzgebung und vor
allem bei der Bewilligung von Steuern mitzureden. Anderen
Landesherren, z. B. den Königen von Preußen, gelang es, diese
Stände auszuschalten, zu entmachten und allein oder, wie man

sagt, absolut zu regieren – nach dem Vorbild der absolutistischen Könige von Frankreich. In manchen Städten waren nur die »Geschlechter«, die Familien der reichen Kaufleute, die sich Patrizier nannten, »ratsfähig«, nur sie konnten in den Stadtrat gewählt werden und den Bürgermeister stellen. In anderen Städten erkämpften sich die Zünfte – die Korporationen der Handwerker – das Recht auf Mitsprache. Das war von Stadt zu Stadt verschieden, ebenso wie die Macht der Landesherren und die Rolle der Landstände nicht reichseinheitlich geregelt waren, sondern sich in jedem Territorium gesondert über die Zeiten hinweg entwickelt hatten.

Für uns, die wir an den Gedanken gewöhnt sind, dass der Staat rational aufgebaut ist oder zumindest möglichst rational aufgebaut sein sollte, wirkt das alles sehr chaotisch. Und es wird dadurch noch verwirrender, dass bis in die Neuzeit hinein manche Landesherren ihre Territorien wie Privatbesitz vererbten. Wenn also ein Herzog oder Fürst drei Söhne hatte, dann erbte nicht nur der älteste von ihnen, sondern das Land wurde in drei Teile geteilt. So kommt es zu den vielen Kleinfürstentümern, die etwa Anhalt und noch irgendwie oder Sachsen und noch irgendwas heißen. Manchmal aber passierte auch das Gegenteil: eine »Linie« eines solchen Geschlechts starb aus und ihr Gebiet wurde dann wieder mit dem einer anderen Linie vereinigt. So wird aus Sachsen-Coburg und Sachsen-Gotha Sachsen-Coburg und Gotha, aus Sachsen-Weimar und Sachsen-Eisenach wird Sachsen-Weimar-Eisenach. Im 19. Jahrhundert entstand sogar wieder ein einheitliches Herzogtum Anhalt. Bayern, das zeitweise in Bayern-München, Bayern-Landshut, Bayern-Ingolstadt und Bayern-Straubing gespalten war, schließt sich wieder zum Herzogtum Bayern zusammen.

Solche Entwicklungen im Einzelnen zu verfolgen ist ungemein umständlich, kompliziert und nur bedingt erkenntnisträchtig. Zusammenfassend können wir sagen: Während man auf einer Karte, die den Stand zur Zeit Heinrichs I. (875–936) und Ottos des Großen zeigt, noch die Gebiete der fünf Stammesherzogtümer klar erkennen kann, ist das auf einer Karte des Reiches am Ende der Stauferzeit (ca. 1250) schon nicht mehr möglich. Und die Zersplitterung setzt sich immer weiter fort, bis kurz vor das Ende des Alten Reiches 1806. Dabei fällt uns auf, dass vor allem der Westen Deutschlands sehr kleinteilig gegliedert ist, und da gibt es wiederum Gegenden oder Landschaften, wo die Zerstückelung noch intensiver ist als anderswo: etwa Thüringen mit seinen zahlreichen Zwergfürstentümern, wo fast jede Stadt auch Residenz war, wo es aber außerdem noch Enklaven gab, die zum Kurfürstentum Mainz, zur Landgrafschaft Hessen-Kassel, zum Hochstift Bamberg, dem Fürstbistum Würzburg und dem Kurfürstentum Sachsen gehörten. Oder Franken, ebenfalls mit kleinen Fürstentümern, mit Reichsrittern, Grafschaften, Reichsstädten (Nürnberg und Rothenburg waren nur die bedeutendsten), den Fürstbistümern Würzburg und Bamberg, den Markgrafschaften Ansbach und Bayreuth, wo Nebenlinien der preußischen Hohenzollern saßen. Ähnlich bunt waren die Verhältnisse in Schwaben und im »Pfaffenwinkel«, also den Gebieten im Südwesten des heutigen Bayern.

Es gab ein paar mittelgroße Staaten wie (im 18. Jahrhundert) die Kurfürstentümer Bayern, Sachsen und Hannover. Jeder dieser größeren, kleineren, mittleren oder auch winzigen Staaten hatte seit dem Westfälischen Frieden (1648) das Recht, Gesetze zu erlassen, Steuern, Zölle und andere Abgaben zu erheben, militärische Rüstung zu betreiben und Bündnisse mit anderen deutschen, aber auch mit ausländischen Staaten zu schließen. (Nur keine Bündnisse »gegen Kaiser und Reich«. Aber an dieses Verbot hielt man sich nicht unbedingt.) Außerdem bestimmte seit dem Augsburger Religionsfrieden (1555) der jeweilige Landesherr, welcher Konfession seine Untertanen anzuhängen hatten (»Cuius regio, eius religio.«). Erst in der zweiten Hälfte des 17. Jahrhunderts hörten die Fürsten nach und nach auf, von diesem Recht Gebrauch zu machen.

Größere Staaten existierten im Alten Reich nur zwei. Beide hatten ihre Schwerpunkte im Osten, in Gebieten, die ursprünglich nicht zum Reich, nicht zu den fünf Stammesherzogtümern gehört hatten, sondern im Laufe des Mittelalters hinzugewonnen wurden, indem man die dort angesiedelten Slawen entweder unterwarf oder christlich missionierte und im Laufe der Zeit eindeutschte. Das war im Südosten Österreich oder besser

gesagt die habsburgischen Erblande, und im Nordosten Branden-
burg/Preußen. Beide dehnten sich im 16. und 17. Jahrhundert
stark aus, und zwar auf Gebiete, die jenseits der Grenzen des Alten Reiches lagen – Habsburg auf Böhmen, Ungarn und weiter
in den Balkan hinein, Brandenburg erbte 1618 das ursprünglich
unter polnischer Lehenshoheit stehende, 1525 im Laufe der Reformation aus dem Staat des Deutschen Ordens hervorgegan-
gene Herzogtum Preußen, das ab 1700 für den Gesamtstaat
namensgebend wurde. (Der Kurfürst Friedrich III. krönte sich
zunächst zum König *in* – nicht *von* – Preußen, weil er Wert auf
diesen Titel legte, es aber innerhalb des Reiches staatsrechtlich
kein souveränes Königreich geben konnte.)

Die zwei mächtigsten, volkreichsten und ausgedehntesten
deutschen Staaten gehörten also dem Reich nur mehr teilweise
an. Der Unterschied war allerdings der, dass Brandenburgs neu
erworbenes Gebiet (das, was wir Ostpreußen nennen) immerhin seit Jahrhunderten von Deutschen besiedelt war, während
in den habsburgischen Ländern (zu ihnen zählten damals auch
noch Gebiete in Oberitalien, in Südwestdeutschland und die
Österreichischen – früher Spanischen – Niederlande, also das
heutige Belgien) der deutschsprachige Bevölkerungsanteil immer mehr zur Minderheit wurde. Das wurde noch dadurch verstärkt, dass Friedrich der Große in drei Kriegen zwischen 1740
und 1763 den Habsburgern die Provinz Schlesien abnahm.

Die zwei größten deutschen Staaten standen also gegeneinander, kämpften um die Vorherrschaft, die Führungsrolle in Mitteleuropa. Beider Interessen waren nicht identisch mit denen
des Reiches oder der deutschen Nation (wenn man von der zu
damaliger Zeit noch oder schon wieder reden konnte). Für Preußen war das Reich eher hinderlich in seinem Streben nach eigen-
ständiger Macht. Und die Habsburger, die seit 1415 in fast
ununterbrochener Reihenfolge das Reichsoberhaupt, den gewählten Kaiser stellten, nutzten das eher als Prestigeobjekt, als
etwas, was ihnen auf europäischer Ebene einigen Einfluss und
erhöhte protokollarische Würde verschaffte. Beide hätten sehr
wohl auch ohne das Reich bestehen können. Mittelgroße Staaten wie Bayern, Sachsen, das durch Personalunion mit Groß-
britannien verbundene Hannover, konnten zumindest glauben,

sie wären dazu imstande. Die einzigen, die das Reich wirklich noch brauchten, waren die kleinen Herrschaften und Fürstentümer, weil ganz offenkundig Gebilde wie Reuß-Schleiz-Greiz, Anhalt-Dessau, Hohenzollern-Hechingen, die Reichsstädte Ulm, Biberach, Isny und Dinkelsbühl, die Grafschaften Hanau-Münzenberg, Hohenwaldeck und Katzenelnbogen jeder für sich nicht durchkommen konnten, sondern eines Rahmens bedurften, der sie umspannte und zusammenhielt.

Tatsächlich meinte man im Sprachgebrauch des 18. Jahrhunderts, wenn vom »Reich« die Rede war, häufig dieses Konglomerat der Kleinen und Unbedeutenden, also jene deutschen Länder, die weder zu Preußen noch zu Österreich und auch nicht zu einem der »Mittelstaaten« gehörten. Ihnen verdankte es das Alte Reich, dass es, immer wieder totgesagt, geschwächt und verspottet, doch noch über Jahrhunderte weiter bestand. Und wir verdanken ihnen auch heute noch ein kulturelles Erbe, dem es mancherorts an Großartigkeit fehlen, das man zuweilen als krähwinkelig oder kleinkariert denunzieren mag, das aber andererseits so vielgestaltig, vielseitig, mannigfaltig ist wie in kaum einem anderen Land Europas.

Die Steinerne Brücke und der Dom

Kapitel 2
Der Strom und die Zeit
—■ Regensburg ■—

E in Gang durch Regensburg ist eine Reise mit der Zeitmaschine: Alle paar Schritte stehen wir in einer anderen Epoche.

Fangen wir mit dem Anfang an: mit der Porta Prätoria in der Straße »Unter den Schwibbögen«. Diese Straße läuft parallel zu der ehemaligen Nordmauer des römischen Legionslagers Castra Regina (errichtet 179 n. Chr.), von dem ansonsten nur ein paar Mauerreste aus mächtigen Steinquadern erhalten sind. Wir müssen uns vorstellen, dass das Bodenniveau zu Römerzeiten einen Meter tiefer lag als heute. Die heute verschwundene Mauer und das nach dem Prätor, dem Legionskommandanten und Provinzgouverneur, benannte Nordtor ragten also noch wuchtiger empor. Von den zwei Torbögen und den beiden sie flankierenden Türmen ist nur je einer erhalten, und der Turm hat nicht mehr seine ursprüngliche Höhe. Das Lager besaß die Gestalt eines nach Süden etwas gestreckten Rechtecks von 542 mal 453 Metern. Es hatte weitere drei Tore: die Porta Decumana im Süden, die Porta Principalis Dextra im Osten und die Porta Principalis Sinistra im Westen. Die einander gegenüberliegenden Tore waren im Inneren des Lagers durch schnurgerade Straßen verbunden, und an der Stelle, wo sich diese beiden Straßen kreuzten, standen die Kommandantur, das Fahnenheiligtum der Legion und andere wichtige Gebäude. Natürlich gab es auch Kasernen, Häuser für die Tribunen und die Offiziere, Magazine, ein Badehaus, Kneipen. Es war das übliche Bauschema aller Legionslager zwischen Eburacum (York) im Nordwesten und Philadelphia (Amman) im Südosten des Imperiums. Stationiert war hier die Dritte Italische Legion, etwa 6400 Mann, davon 4800 Mann Kampftruppen (die anderen waren Handwerker, Magazinarbeiter, Lazarettpersonal usw.), gegliedert in 60 Centurien zu je 80 Mann.

Die bau- und kunstgeschichtliche Interpretation der Porta Prätoria wollen wir kundigen Spezialisten überlassen. Was uns beschäftigt: Hier, wo wir jetzt stehen, und entlang des Weges, den wir vom Parkplatz am Donaumarkt gekommen sind, verlief für vier Jahrhunderte, von 90 n. Chr., als das erste Kohortenlager beim Stadtteil Kumpfmühl gebaut wurde, bis zum Ende des weströmischen Reiches 476 n. Chr., ein Stück Grenze der zivilisierten Welt. Hier, südlich der Donau, standen die Römer, und die einheimischen Kelten, die neben ihnen in den Vororten und im Land ringsum wohnten. Diese hatten viel von den Römern, deren Lebensweise übernommen: zuerst Badehäuser mit Hypokaust-Heizung, Häuser aus Stein und mit Fenstern, Glas-, Terrakotta- und Kupfergefäße, später die lateinische Sprache, schließlich auch die christliche Religion. Drüben, jenseits des Flusses (über den noch keine Brücke führte) die Germanen: ein schwer verständliches, schwer bestimmbares Gewoge und Durcheinander von Völkerschaften und Stämmen mit wechselnden Namen und Identitäten. Julius Cäsar hatte sie besiegt, aber nicht unterworfen, Quinctilius Varus war mit seinem Heer von ihnen vernichtet worden, Publius Cornelius Tacitus hatte ein Buch über sie verfasst. Aber sie waren offensichtlich nicht die edlen Wilden, als die er sie beschrieben hatte, sondern meist recht armselige, hungrige, heimatlose Gruppen, die ihren Platz in der Welt noch nicht gefunden hatten. Seit dem Einbruch der Hunnen, 375 n. Chr., waren sie auf der Wanderschaft, auf der Flucht. Sie waren ihrer selbst nicht sicher und gerade deshalb aggressiv und gefährlich. Meist gelang es, sie friedlich und in Schach zu halten. Aber manchmal setzten sie über den Fluss, plünderten, raubten. Das Lager bei Kumpfmühl hatten sie zerstört, und es wurde immer mühseliger, die Castra Regina, das große Legionslager, die Grenze an Donau, Limes und

Rhein gegen sie zu halten. Später hat man Gräber gefunden, deren Tote – Männer, Frauen, Kinder – augenscheinlich in diesen Kämpfen erschlagen worden waren.

Die Germanen jenseits der Donau waren noch keine Deutschen, auch keine Bayern oder Bajuwaren. Semnonen, Juthungen, Hermunduren, Markomannen, Quaden, Alemannen nannten sich die Stämme, die zeitweise an den Ufern des Flusses lagerten. Etwas wie Schwindel ergreift einen, wenn man, vor der Porta Prätoria stehend, an all dies denkt: Legionen, längst zu den Schatten marschiert, ganz vergangene Völker, ihr Leben, ihre Untergänge und Katastrophen; selbst an die Ängste, Leiden und Qualen, die sie ohne Zweifel durchmachen mussten, denkt niemand mehr. Und da steht noch immer dieses Tor. Du kannst seine Steine sehen, kannst sie anfassen, du kannst die Treppe hinaufsteigen, die unter dem schweren Rundbogen ein paar Meter aufwärts führt, und kannst durch eine kleinere Türöffnung in einen geräumigen Innenhof treten.

Dort stehen Tische, Stühle und an schönen Tagen Sonnenschirme. Es ist der Wirtsgarten des Restaurants Bischofshof. Man sitzt dort angenehm, es gibt solide, bodenständige Küche und gepflegtes Bier. Aber schon der Name deutet an, dass es sich hier nicht um ein Restaurant, nicht um einen Biergarten wie alle anderen handelt. Dort, wo sich heute Gasträume, Küche, Hotelzimmer befinden, aber auch in Gebäuden ringsum war früher die Hofhaltung des Bischofs von Regensburg untergebracht. Missionare, Wanderbischöfe, vor allem aus Irland kommend, waren schon im 7. Jahrhundert aufgetaucht: die Heiligen Rupert, Erhard und der noch heute als Lokalpatron verehrte Emmeram, den ein bayerischer Prinz in einer Art Ehrenmord erschlug. Im Jahre 739 wurde der Regensburger Bischofssitz von Bonifatius im Namen der römischen Kirche endgültig eingerichtet, zwei Generationen vor der Kaiserkrönung Karls des Großen, hundertachtzig Jahre vor dem Datum, das man üblicherweise als Beginn des Heiligen Römischen Reiches Deutscher Nation ansetzt. Seit dem Ende der Völkerwanderungszeit, Mitte des 6. Jahrhunderts, war Regensburg Sitz und Hauptstadt der bayerischen Herzöge. Die Römer hatten ihr Lager Anfang jenes oder Ende des 5. Jahrhunderts aufgegeben. Die Bajuwaren haben es nicht erobert, sondern die Gegend wahrscheinlich in einem länger währenden Prozess unterwandert. Ob sie wirklich aus Böhmen gekommen sind, ist nicht mit Sicherheit belegbar. Die Mauern jedenfalls standen noch und boten den neuen Herren Schutz. Der Herzogshof steht südwestlich vom Bischofshof am Alten Kornmarkt. Das Gebäude stammt aus späterer Zeit, dem 13. Jahrhundert, und die Alte Kapelle, also die Hauskapelle der Herzöge, ist im 18. Jahrhundert im Rokokostil ausgestaltet worden. Wahrscheinlich aber erhebt sie sich immer noch an der Stelle, an der, der Legende nach, Emmeram den Bajuwarenherzog Theodo taufte. (Der Name »Alte *Kapelle*« ist übrigens irreführend. Es handelt sich um eine große, prächtig eingerichtete Kirche.)

Regensburg wurde also eine Stadt der Kaiser und Könige. Zwei späte Karolinger, Ludwig der Deutsche (†876) und Arnulf von Kärnten (†899) machten es nach der Reichsteilung von 843 zur Hauptstadt des ostfränkischen Reiches. Neue Kirchen und Klöster wurden gebaut. Die Stadt wuchs über das römische Mauerrechteck hinaus. Sie war, bis ins 14. Jahrhundert, nach Köln die zweitgrößte Stadt Deutschlands. Der Fluss war ein breiter Handelsweg und wurde umso bedeutender, je mehr der Südosten (Ungarn, Kroatien, der Balkan) erschlossen und zum Teil der Christenheit wurde. Der Handel ging bis zum Schwarzen Meer, bis Konstantinopel und weiter nördlich bis Kiew. Aber auch von Italien, von Venedig und der Toskana her und weiter nach Norden und Nordwesten, an den Rhein und die Nordsee, andererseits über den Bayerischen Wald nach Böhmen, weiter nach Krakau und wieder nach Kiew führten die Straßen. Gehandelt wurde mit Seide und Gewürzen, die über Konstantinopel aus China und Indien kamen, mit Pelzen und Honig aus Russland, mit Feigen, Datteln und anderen getrockneten Früchten, mit Tuch aus Flandern und Italien. Lauter Luxuswaren also und – das sollte man nicht verschweigen – auch Sklaven, vor allem aus Osteuropa. Von der Macht und der Rivalität der Kaufmannssippen zeugen noch heute die »Geschlechtertürme«, wie man sie in der Wahlenstraße und am Watmarkt bestaunen kann. Zwanzig von ihnen sind erhalten, an die sechzig waren es einmal. Sie erinnern an San Gimignano und Verona, an die Montagues und

die Capulets, an Romeo und Julia. Als Wohnhäuser können sie
mit ihren schmalen Grundflächen und den vielen Stockwerken
nicht sehr gemütlich gewesen sein. Sie dienten als Familienfes-
tungen und Prestigeobjekte: Wer am weitesten nach oben bauen
konnte, war der Reichste, der Mächtigste und Größte.

Das Zentrum der Bürgerstadt lag westlich des Herzogs- und
des Bischofshofes, dort, wo heute noch das Alte Rathaus und die
Neue Waag, also die ehemalige Stadtwaage, mit der Ratstrink-
stube stehen. Neue Viertel entstanden den Fluss entlang im Westen und im Osten des alten Stadtkerns und wurden durch eine
neue Mauer gesichert. Schon zur Zeit Karls des Großen war eine
Holzbrücke über den Fluss geschlagen worden, die allerdings bei
Hochwasser und Eisgang immer wieder beschädigt wurde. In
den Jahren 1135–1146 ersetzte man sie durch die »Steinerne
Brücke«, wie sie heute noch die Donau überspannt. Das heißt:
Ursprünglich war sie noch um zwanzig Meter länger als heute,
denn den ersten ihrer sechzehn Bogen hat man mit dem Salzsta-
del überbaut. Auch entsprach dem südlichen Brückenturm auf
der Stadtseite früher ein nördlicher auf der Seite von Stadtamhof
und ein Mittelturm am Scheitelpunkt der Brücke. Dies war die
erste ganz aus Stein erbaute Brücke in Deutschland, ein Wunder
der Technik für ihre Zeit, Vorbild für andere berühmte Bauten,
etwa die Alte Mainbrücke in Würzburg und die Karlsbrücke in
Prag. Um die Brückenpfeiler vor Unterspülung und Treibeis zu
schützen, wurden um sie herum eine Art künstliche Inseln
(»Beschlächte«) gebaut, auf denen man dann auch Mühlen betrieb. Das verengte die Flussrinne, und so entstand der gefährliche »Donaustrudel«, von dem das bekannte Volkslied singt.
(Ein lokaler Rundfunksender benutzt heute die Melodie als
Jingle.) Erst um 1848 und dann noch einmal nach dem Zweiten
Weltkrieg verschmälerte man die Beschlächte, schaffte so einen
breiteren Durchfluss und entschärfte den Strudel.

Über diese Brücke (sieben bis acht Meter breit) ging nicht nur
der Handel nach Norden. Auch in umgekehrter Richtung zog
man. Zum Beispiel Kaiser Friedrich Barbarossa mit seinem
Heer, als er 1189 zum dritten Kreuzzug und in seinen Tod auf-
brach. Im Dreißigjährigen Krieg wurde die Brücke ebenso um-
kämpft und beschädigt wie 1809, beim Vorrücken der Truppen

Als wir jüngst in Regensburg waren,
Sind wir über den Strudel gefahren;
Da warn viele Holden,
Die mitfahren wollten,
|: Schwäbische, bayrische Dirndel, jucheisasa!
Muß der Schiffsmann fahren. :|

Und ein Mädel von zwölf Jahren
Ist mit über den Strudel gefahren,
Weil sie noch nicht lieben kunnt,
Kam sie sicher über Strudels Grund.
|: Schwäbische, bayrische ... :|

Und vom hohen Bergesschlosse
Kam auf stolzem schwarzen Rosse
Adlig Fräulein Kunigund,
Wollt' mitfahrn übers Strudels Grund.
|: Schwäbische, bayrische ... :|

»Schiffsmann, lieber Schiffsmann mein,
Sollt's denn so gefährlich sein?
Schiffsmann sag's mir ehrlich,
Ist's denn so gefährlich?«
|: Schwäbische, bayrische ... :|

Wem der Myrtenkranz geblieben,
Landet froh und sicher drüben,
Wer ihn hat verloren,
Ist dem Tod erkoren.
|: Schwäbische, bayrische ... :|

Als sie auf die Mitt gekommen,
Kam ein großer Nix geschwommen,
Nahm das Fräulein Kunigund,
Fuhr mit ihr in des Strudels Grund.
|: Schwäbische, ... :|

Napoleons gegen die Österreicher. Der Nord- und der Mittelturm mussten abgerissen werden. Kurz vor Ende des Zweiten
Weltkriegs sprengten deutsche Truppen zwei der Brückenjoche.
(Sie bildeten sich ein, so den Vormarsch der Amerikaner auf-
halten zu können.) Als das – zunächst nur sehr notdürftig – re-
pariert war, durfte man sogar wieder mit dem Auto über die
Brücke fahren. Das ist erst seit 1997 verboten. Aber Linienbus-
se und Taxis sind immer noch zugelassen.

Warum der Niedergang Regensburgs im 15. Jahrhundert begann, zu einer Zeit, als andere Städte – Nürnberg, Augsburg, Ulm, aber auch die Hansestädte des Nordens – ihren großen Aufschwung nahmen, ist zunächst schwer verständlich. Eine Reihe von Gründen, äußere wie innere, scheint zusammengekommen zu sein. Zum einen war da die Konkurrenz. Im frühen und auch noch im hohen Mittelalter war Regensburg nicht nur die führende, sondern eigentlich die einzige große Stadt im südostdeutschen Raum gewesen. Jetzt waren, wir nannten oben schon ein paar Namen, andere Städte gegründet worden oder herangewachsen, und auch landständische Städte (also solche, die keine freien Reichsstädte waren) wie München, Landshut, weiter donauabwärts Passau und natürlich Wien, entwickelten wirtschaftliche Dynamik.

Zum anderen hatte die Umgebung Regensburgs, das, was man später als die Oberpfalz bezeichnete, besonders stark unter den Hussiten zu leiden, die von 1420 bis 1436 das Land mit ihren Kriegszügen unsicher machten und deren neuer Taktik der Kaiser Sigismund mit seinen Ritterheeren nichts entgegenzusetzen hatte. Aber auch nach Friedensschluss fiel Böhmen, durch seinen langen Freiheitskampf ausgeblutet und verarmt, wegen seines religiösen Sonderwegs im Reich und in Europa isoliert, als Handelspartner für längere Zeit weitgehend aus. Zugleich stießen die osmanischen Türken aus dem Inneren Anatoliens nach Thrakien, dann nach Nordgriechenland und auf das Gebiet des heutigen Bulgarien und der Walachei, der rumänischen Schwarzmeerküste, vor; sie zielten immer weiter auf das Innere des Balkans. Kaiser Sigismund, der zugleich König von Ungarn war, erlitt 1396 bei Nikopolis eine verheerende Niederlage, aus der er mit Müh und Not seine Haut rettete. Regensburgs wichtigster Handelsweg, die Donau, war blockiert. Konstantinopel, der frühere Umschlagplatz für Luxusgüter aus fernen Welten, war umzingelt, eingekreist von fanatischen Glaubenskämpfern, deren Sinn eher auf Eroberung als auf Handel gerichtet war. 1453 nahmen sie die Stadt ein und richteten ein großes Blutbad an: Konstantinopel, das goldene Byzanz, das Oströmische Reich war vernichtet. Von Regensburg war das weit weg, aber nicht so weit, dass man die Auswirkungen nicht zu spüren bekommen hätte.

Schließlich: Am 12. Oktober 1492 betrat Christoph Columbus, genuesischer Seefahrer in spanischen Diensten, zum ersten Mal den Boden einer Insel, die er Hispaniola nannte und von der er annahm, sie sei dem indischen Subkontinent vorgelagert. Seine Entdeckung hatte enorme Folgen. Unter anderem die, dass sich die wichtigsten Handelswege verschoben: weg vom Mittelmeer, weg auch von der Ostsee und von den Strömen Mittel- und Zentraleuropas, von der Seiden- und der Gewürzstraße Innerasiens. Der Westen, der Atlantik, wurde zum Tor in die Welt, hinter dem Reichtümer und Abenteuer lockten. Die wichtigsten Handelszentren hießen bald Sevilla, Cadiz, Lissabon und mehr noch London, Antwerpen, Rotterdam.

Wahrscheinlich hätte Regensburg all diese Krisen auffangen können, so wie sie ja in anderen Städten gemeistert wurden. Auch das Land als solches, das Heilige Römische Reich, obwohl es an den Entdeckungen und Eroberungen nicht beteiligt war, versank keineswegs in Lethargie, war immer noch ein starker Wirtschaftsfaktor, vielleicht sogar der stärkste in Europa. Das hätte freilich eine dynamische, eine an der Zukunft orientierte Gesellschaft der Stadt vorausgesetzt, eine Gesellschaft, die ihre geistigen, oder, wie man heute sagen würde, ihre kreativen Ressourcen erkannte und nutzte, so wie man das anderswo tat, in Augsburg etwa oder in Nürnberg.

Gerade daran mangelte es in Regensburg. Wir dürfen uns eine mittelalterliche freie Reichsstadt nicht als eine Demokratie im Kleinen inmitten des Feudalsystems vorstellen. Die Freiheit war seinerzeit vor allem von den »Geschlechtern« errungen worden, von den Familien der reichen Fernhandelskaufleute, die den Kaiser Friedrich II. mit Geld unterstützt hatten. Und die sorgten dafür, dass die Freiheit vor allem ihnen selbst zugutekam. Von den etwa 20000 Einwohnern der Stadt waren nur 2000 Bürger im eigentlichen Sinne, nur sie hatten das Recht, innerhalb des Burgfriedens Haus- und Grundbesitz zu erwerben und in öffentlichen Angelegenheiten mitzureden. »Ratsfähig«, in Ämter wählbar, war nur ein noch engerer Kreis von sechzig bis achtzig Männern, die man gewöhnlich als »Patrizier« bezeichnet. (Neu Zugezogene, Frauen, Söhne, die noch im Haus des Vaters wohnten, Dienstboten, Angestellte, Handwerksgesellen, Lehrlinge,

Tagelöhner und andere Angehörige der Unterschicht hatten von
vornherein nichts zu vermelden.) So waren die Verhältnisse ursprünglich in den meisten Reichsstädten gewesen. Anderswo
aber hatten sich die in Zünften organisierten Handwerker mit
der Zeit – oft in jahrzehntelangen, verbissen geführten Ausei-
nandersetzungen – ein Recht zur Mitsprache errungen – etwa
indem man neben dem »Inneren« noch einen »Äußeren Rat«
einsetzte, der die Beschlüsse des patrizischen Gremiums kon-
trollierte und gegebenenfalls ein Veto einlegte. Einen solchen
Äußeren Rat gab es formell auch in Regensburg, außerdem noch
eine weitere Versammlung, die »Gemeinde«. Aber beide hatten
kaum Befugnisse. Ursprünglich war auch vorgesehen, dass der
Bürgermeister nicht aus dem Kreis der Patrizier zu wählen sei.
Für die herrschenden Oligarchen war das Grund genug, die Einflussmöglichkeiten dieses Amtes immer mehr zu beschneiden
und es im Jahre 1429 ganz abzuschaffen.

Damit erst niemand auf den Gedanken kam, etwas zu ändern
oder zu erneuern, war man bestrebt, den Kreis derer, denen Auf-
müpfigkeiten in den Kopf kommen mochten, von vornherein
möglichst eng zu halten. Während also sonst überall in Deutschland und Europa das Handwerk einen Aufschwung erlebte, in
den Städten eine Schicht von kenntnisreichen, kompetenten,
tatkräftigen Meistern entstand, bürgerliche Mittelständler, deren Selbstbewusstsein auf ihrem Können, ihrer Kunstfertigkeit
basierte, legte man solchen Leuten in Regensburg alle möglichen
Hindernisse in den Weg.

Der Wohlstand Regensburgs stand sozusagen nur auf einem
Bein, dem Handel. Und als, aus oben dargelegten Gründen,
dieses Bein wacklig wurde und einknickte, hatte man nichts,
worauf man sich stützen konnte. Das Steueraufkommen der
Bürgerschaft ging zurück, der städtische Haushalt geriet in ein
permanentes Defizit. Familien verarmten, öffentliche Aufgaben
blieben liegen. Trauriges Symbol: Die Arbeiten am gotischen
Dom Sankt Peter, im späten 13. Jahrhundert begonnen und
bis zu dieser Zeit, wenn auch schleppend, immer fortgesetzt,
wurden im Jahre 1538 endgültig eingestellt. Die beiden Türme
blieben unvollendet stehen, ohne Turmhelme. (Vollendet wurde der Regensburger Dom, ebenso wie der von Köln, erst im

19. Jahrhundert, und zwar hier wie dort unter der Ägide der Staaten, die sich die ehemaligen Reichsstädte einverleibt hatten: Preußen in Köln, Bayern in Regensburg. Man wollte den neuen Staatsangehörigen, die von dieser Staatsangehörigkeit alles andere als begeistert waren, zeigen, dass ihre großen Traditionen gut aufgehoben waren und erst jetzt wieder richtig gepflegt werden konnten.)

Natürlich gab es auch jemanden, dem die Krise Regensburgs gerade recht kam und der sie durch Zölle, Wegegelder und andere Schikanen nach Kräften geschürt hatte: Dem Herzog von Bayern, Albrecht IV., von seinen Leuten »der Weise« genannt. Dessen Plan war es, seinen Machtbereich in Süddeutschland so weit wie möglich auszudehnen und eine Art Gegengewicht zum Österreich der Habsburger zu bilden. Er hatte die unter seinen Vorgängern ziemlich verluderten Finanzen seines Herzogtums einigermaßen in Ordnung gebracht. Das ermöglichte ihm, im Jahre 1486 einen Überraschungscoup zu landen: Er löste alle Pfänder aus, die Bayern an die Stadt vergeben hatte, als die noch reich gewesen war, also zum Beispiel das herzogliche Gericht in der Stadt und die Vorstadt Stadtamhof am nördlichen Ende der Steinernen Brücke.

Regensburg gab auf. Es unterwarf sich dem Herzog »freiwillig«, und der versprach dafür, die Schulden der Stadt zu übernehmen. Er hatte große Pläne. Sogar eine Universität wollte er gründen. Offenbar sollte Regensburg wieder zur Hauptstadt Bayerns werden. Nur frei und reichsunmittelbar wäre es dann nicht mehr gewesen.

Wem das gar nicht gefiel, war der Kaiser oder, sagen wir in diesem Fall besser, der Habsburger in Wien, denn auf die Macht seines Hauses, nicht auf die des Reiches, kam es diesem Kaiser vor allem an. Es war der ansonsten sehr dröge Friedrich III., dem man nachsagt, er habe in dreiundfünfzig Regierungsjahren nur selten und wenn, dann eher widerwillig etwas getan. Jetzt aber reagierte er prompt und verhängte über den Herzog und gleichermaßen über die Stadt Regensburg die Reichsacht. Er werde nicht dulden, soll er geäußert haben, dass Regensburg dem Reich »abhanden komme«. Mochte die Stadt heruntergekommen sein, sie war noch immer groß und lag handelspolitisch

wie strategisch an einer Schlüsselposition. In der Hand eines
ehrgeizigen Rivalen konnte sie für Habsburg gefährlich werden.
Nach sechs Jahren gab Herzog Albrecht nach. Regensburg
wurde, sozusagen zwangsweise, wieder eine freie Stadt. Der
Herzog verzichtete sogar auf sein »Schultheißengericht«. Dafür
aber musste ihm die Stadt alles abtreten, was sie an Ländereien
außerhalb des engsten Burgfriedens besaß. Jenseits der Mauer
begann jetzt gleich das Ausland. Stadtamhof, der Brückenkopf
nördlich der Donau, wurde zur herzoglich-bayerischen Stadt,
bekam ein Wappen verliehen (bayerischer Rautenschild und
drei gekreuzte Schlüssel, einen mehr als die zwei Regensburger
Wappenschlüssel) und wurde mit Mauer und Türmen bewehrt.

Regensburg stagnierte. Die Bevölkerungszahl wuchs nicht
mehr, blieb bei 20 000 stehen. Bis ins 19. Jahrhundert hinein
kam die Stadt für Bauten mit dem Gebiet innerhalb ihres Mau-
errings aus. Solche unbewältigten Krisen metastasieren leicht
nach innen, führen zu Psychosen und Massenhysterien. 1519
kam es zum ersten großen Judenpogrom in der Geschichte Regensburgs. Bei früheren Ausschreitungen – etwa während der
großen Pest im 14. Jahrhundert, als man andernorts die Juden
beschuldigte, die Seuche durch Brunnenvergiftung verschuldet
zu haben – war es in Regensburg ruhig geblieben. Damals war
man reich und selbstbewusst genug, um duldsam zu sein. Jetzt
suchte man wohl einen Sündenbock für die wirtschaftliche und
politische Misere. Und es waren führende Kreise in Magistrat
und Geistlichkeit, die den »Volkszorn« gegen das schwächste
Glied der Gemeinschaft schürten. Niederträchtig berechnend
wartete man einen Zeitpunkt ab, zu dem die Minderheit besonders schutzlos war. Im Januar 1519 starb Kaiser Maximilian.
Traditionell war der Kaiser der Schutzherr der Juden. (Sie hatten
dafür teuer zu zahlen.) Also nützte man den Zeitraum, bevor
ein neuer Kaiser gewählt werden konnte, um loszuschlagen.
Die Judenstadt, auf der Fläche des heutigen Neupfarrplatzes,
wurde eingerissen, ihre Bewohner, etwa 500 an der Zahl, aus
der Stadt gejagt – bei klirrender Kälte. Eine Judengemeinde
war schon seit römischer Zeit in Regensburg ansässig gewesen.
1995–1997, als man den Neupfarrplatz zur Fußgängerzone um-
gestaltete, stieß man auf die Fundamente der Synagoge. Heute

können sie besichtigt werden. Der israelische Künstler Dani Karavan hat an der Oberfläche einen Grundriss aus weißem Beton gestaltet. Albrecht Altdorfer, der Meister der ›Alexanderschlacht‹, hat in einer Serie von Radierungen das Aussehen der Synagoge festgehalten, bevor man sie abriss.

An der Stelle, wo die Synagoge gestanden hatte, errichtete man zunächst eine eher unscheinbare Kapelle aus Holz mit gemauertem Turm. Davor kam eine Marienstatue, stehend und mit Kind, vom spätgotischen Typ der »Schönen Madonna«, wie er sonst vor allem in Böhmen, Schlesien und Österreich verbreitet war. Sie wurde alsbald zum Ziel von Massenwallfahrten. Was sich dabei abspielte, hatte nicht mehr viel mit mittelalterlicher Frömmigkeit zu tun, auch nicht mit der neuen, verinnerlichten Religiosität der »devotio moderna«. Viele der Pilger warfen sich zu Boden, umarmten die Säule, auf der das Bild stand, fielen in Ohnmacht oder in Krämpfe, schrien und schluchzten, meinten, Visionen zu haben. Es gab Krankenheilungen und Wunder zuhauf. Natürlich brachten die Pilgerströme auch Geld in die Stadt, und darüber kam es wieder einmal zum Streit mit dem Bischof. Nach wenigen Jahren war die Hysterie dann verpufft, aber bei sensibleren Gemütern blieb wohl eine Befremdung über solche Formen der Frömmigkeit. Das mag die Verbreitung der Reformation unter der Bürgerschaft gefördert haben.

Offiziell wurde der Protestantismus (oder wie man sagte, die »Augsburger Konfession«) erst 1542 in Regensburg eingeführt, nachdem hier im Jahr vorher ein öffentliches Religionsgespräch zwischen Dr. Johannes Eck und Philipp Melanchthon, Luthers Freund und Experten für Bildungsfragen, stattgefunden und zu keinem Ergebnis geführt hatte. Es war eine schwierige, nicht ungefährliche Entscheidung. Vor den Mauern stand der streng katholische Bayernherzog, in der Stadt hatte der ebenfalls katholische Kaiser ein gewichtiges Wort mitzureden. Außerdem gab es ja noch immer herzogliche und bischöfliche Enklaven innerhalb der Stadt, wo weiterhin Katholiken wohnten. Auch die Kirchen Regensburgs blieben zum großen Teil in katholischer Hand. Die einzige, über die der Magistrat frei bestimmen konnte, war die neu errichtete Neupfarrkirche. (Später, 1631, baute man dann mitten im Dreißigjährigen Krieg die evangelische Dreifaltigkeitskirche). Warum man sich trotz allem für den neuen Glauben entschied, bleibt schwer nachzuvollziehen. Wir wollen nicht ausschließen, dass echt religiöse Motive mitspielten. Ein anderer Grund dürfte die weitere Stärkung der innerstädtischen Oligarchie gewesen sein. Es wurde ein Gesetz erlassen, nach dem ausschließlich Protestanten das Bürgerrecht erwerben konnten. Wer aus der katholischen Umgebung in die Stadt zog, war also von vornherein ausgeschlossen – ein weiteres Symptom der Erstarrung. Im Allgemeinen und vor allem seit Max Weber neigen wir ja zu der Ansicht, dass protestantische Bevölkerungsteile und besonders das protestantische Bürgertum die Avantgarde wirtschaftlichen und gesellschaftlichen Fortschritts zu sein pflegten. Regensburg scheint die Ausnahme von dieser Regel darzustellen. Hier diente der neue Glaube der dichteren Abschottung. Es sollte, um Gottes willen, kein frisches Blut, kein hereingeschmeckter Papist in die besseren Kreise eindringen oder gar im Stadtregiment mitreden dürfen.

Einen Vorteil hatte dieses schwierige Neben- und Durcheinander von katholisch und protestantisch, städtisch, herzoglich-bayerisch, kaiserlich und bischöflich immerhin. Wenn sich die Vertreter der verschiedenen Konfessionen und Parteiungen in Regensburg trafen, um darüber zu beraten, wie man zu einer Lösung der Konflikte im Reich kommen wolle, dann konnte sich in dieser Stadt jeder irgendwo bei Religionsverwandten und Gesinnungsgenossen einquartieren. Regensburg wurde denn auch ein bevorzugter Ort für solche Verhandlungen. Zum Beispiel im Jahre 1546, als hier wieder einmal Reichstag gehalten werden sollte und Kaiser Karl V. (das war der, den Tizian gemalt hat, der gleichzeitig König von Spanien war und in dessen Reich die Sonne nicht unterging) im Haus zum Goldenen Kreuz am Haidplatz logierte. Bedient wurde er dort von einer schönen Achtzehnjährigen, Barbara Blomberg, der Tochter eines Gürtlermeisters.

Mit seinen sechsundvierzig Jahren war der Kaiser nach damaligen Begriffen fast schon ein alter Mann. Auf seinen weiten Reisen musste er, von Gicht geplagt, manchmal vom Pferd in eine Sänfte umsteigen. Er galt auch als sittenstreng. Trotzdem

scheint die kurze Affäre mit der Bürgerstochter recht heftig gewesen zu sein. Am 24. Februar 1547 (der Kaiser hatte die Stadt
längst wieder verlassen) brachte Barbara Blomberg einen Knaben zur Welt. Der wurde ihr bald nach der Geburt weggenommen und nach Spanien zu Pflegeeltern gebracht, wo er unter
dem Namen Gerónimo aufwuchs, ohne etwas über seine Herkunft zu erfahren. Die Mutter wurde mit einem kaiserlichen
Werbeoffizier verheiratet, der sinnigerweise auf den Namen Hie-
ronymus Kegel hörte. (Das ist ein altes Wort für »uneheliches
Kind«. Wir kennen es nur mehr aus der Redewendung »mit
Kind und Kegel«.) Mit ihm zog sie in die Spanischen Niederlande, nach Brüssel, und hatte drei weitere Kinder. Als sie mit
zweiundvierzig Jahren Witwe wurde, scheint sie ein Leben nach
selbst gesetzten Maßstäben geführt zu haben, worüber der Gouverneur, der düstere Herzog von Alba, höchst ungehalten nach
Madrid berichtete.

In seinem Testament bekannte sich der Kaiser zu seinem, wie
man damals sagte, »natürlichen« Sohn, und nach Karls Tod
führte sein Nachfolger Philipp II. den Halbbruder unter dem
Namen Don Juan de Austria am spanischen Hof ein. Er studierte, zusammen mit seinem unglücklichen Neffen, dem Infanten
Don Carlos (der nicht der glänzende Jüngling war, als den ihn
Schiller in seinem Drama darstellt), an der hohen Schule von
Alcalá de Henares, wurde dann aber in noch sehr jungen Jahren
mit militärischen Aufgaben betraut: mit dem Kampf gegen auf-
ständische Mauren in Andalusien, dann mit dem Kommando über eine verbündete Flotte (Spanier, Venezianer, Genuesen,
Malteser, Toskaner, Savoyarden und Päpstliche), die er gegen
die Türken führte. Mit vierundzwanzig Jahren erfocht er 1571
den glänzenden Seesieg bei Lepanto, der die türkische Herrschaft über das Mittelmeer beendete. Es war ein riesiger Tri-
umph, der letzte große Sieg der spanischen Flotte, bevor sie Philipp II. siebzehn Jahre später gegen die Engländer und ins
Verderben schickte.

Don Juan war der Held der Stunde, der Held der Christenheit,
ungeheuer populär (seinen Anteil an der Beute von Lepanto hatte er für die Verwundeten gestiftet), ein schöner junger Mann,
hochgewachsen und mit strahlendem Lachen. Die Päpste Pius V.

und Gregor XIII. wollten ihn mit einem Königreich belohnen, ihn mit Maria Stuart von Schottland verheiraten. Das scheiterte am Widerspruch Philipps II. Auch sonst erscheint das Verhalten des Königs gegenüber dem brillanten Bastard seltsam zwiespältig: Er hatte ihn bei Hof eingeführt und in sein Kommando eingesetzt, aber als Don Juan einen Feldzug nach Nordafrika führte, Tunis einnahm und dann wieder verlor, unterstützte Philipp ihn nur unzureichend, verbot ihm einen zweiten Angriff. Stattdessen überredete er ihn, den Posten des Generalstatthalters der Niederlande zu übernehmen, wo der Herzog von Alba allerding durch seine Grausamkeit und mit seiner Soldateska die spanische Herrschaft inzwischen irreparabel verhasst gemacht hatte. Dort musste Don Juan scheitern, obwohl er zunächst versuchte, im Umgang mit den Niederländern (die er persönlich nicht mochte) humanere und diplomatischere Methoden anzuwenden, und dann einen militärischen Sieg gegen die aufständischen Protestanten erfocht. 1577 erklärten ihn die Generalstaaten, die Ständeversammlung der freien Niederlande, zum öffentlichen Feind. Philipp II. weigerte sich, ihm den Sold für seine Truppen zu schicken. Ein Sekretär, den Don Juan nach Madrid schickte, wurde dort ermordet. Auch auf ihn selbst wurde ein Anschlag verübt. Als er im gleichen Jahr am Typhus starb, wollten Gerüchte wissen, er sei vergiftet worden. Philipp II. ließ seinen Leichnam auf dem Rücken eines Maulesels nach Spanien transportieren und im Escorial, der Grablege der spanischen Könige, in einem prunkvollen Marmorsarkophag beisetzen.

Seiner Mutter war Don Juan nur einmal begegnet: Auf dem Weg nach Brüssel 1576 in Luxemburg. Es soll ein unerfreuliches Treffen gewesen sein. Angeblich machte auch er ihr Vorwürfe wegen ihres Lebenswandels. Worauf sie, inzwischen fast fünfzig Jahre alt, ihn aufforderte, zu schweigen, sie könnte sich sonst an Dinge erinnern, die Zweifel an seiner kaiserlichen Herkunft aufkommen lassen würden. Es ist eine amüsante, aber nicht sehr glaubhafte Anekdote. Wer von den beiden hätte denn den Inhalt eines solchen Gesprächs an die Öffentlichkeit gebracht? Auch die Blombergerin hatte ja Interesse daran, ihren Status als Mutter eines Kaisersohnes aufrechtzuerhalten. (Er brachte ihr eine Jahresrente von 3000 Gulden ein.) Jedenfalls ließ sie sich überreden, nach Spanien zu übersiedeln, zunächst in ein Dominikanerinnenkloster, wo sie es aber nicht lange aushielt. Nach dem frühen Tod ihres Sohnes erlaubte ihr Philipp II., ihren Wohnsitz frei zu wählen, und 1584 kaufte sie einen Bauernhof in Kantabrien, jenem Landstrich an der Biskayaküste, wo Spanien so grün ist wie Deutschland. Den bewirtschaftete sie zusammen mit einer ihrer Töchter und einigen Dienstboten. Mit siebzig Jahren ist sie dort gestorben.

Ein Denkmal für Don Juan de Austria steht auf dem Regensburger Zieroldsplatz, unweit vom Alten Rathaus. Es ist die Replik eines Denkmals in Messina, dem ersten Hafen, den der Sieger von Lepanto nach gewonnener Schlacht anlief. In seiner bronzenen Glätte und mediterranen Theatralik wirkt es in den Gassen Regensburgs sonderbar befremdlich. Carl Zuckmayer hat ein Theaterstück über Barbara Blomberg geschrieben, das 1949 uraufgeführt wurde und heute weithin vergessen ist. Im Epilog lässt er den gealterten, kriegsverstümmelten Dichter Miguel de Cervantes über Größe, Ruhm, Schönheit, Liebe und Vergänglichkeit sinnieren. Das passt nach Regensburg. Dem Denkmal Don Juans gegenüber, auf der anderen Straßenseite, befindet sich das älteste Kaffeehaus Deutschlands (gegründet 1684), mit Konditorei. Dort kann man »Barbaraküsse« kaufen.

Der Reichstag übrigens, dessentwegen Karl V. nach Regensburg gereist war, kam nicht zustande, weil die protestantischen Stände ihn boykottierten. Er wäre nicht die erste und nicht die letzte solche Versammlung in Regensburg gewesen.

Nachdem der Dreißigjährige Krieg endlich zu Ende war, hatte die Stadt sogar einige Vorteile. Sie blieb der Ort der Reichstage. Das brachte zwar einigen Aufwand mit sich: Die Stadt musste angemessene Versammlungs- und Beratungsräume stellen. Zu diesem Zweck wurde jedes Mal das Rathaus geräumt, die städtischen Behörden anderswo behelfsmäßig untergebracht, bis der Reichstag seinen »Abschied« veröffentlicht hatte und sich bis zum nächsten Mal vertagte. Im Jahre 1663 schließlich gab es keinen Reichstagsabschied mehr, nur mehr einen »Schluss«, der unter anderem besagte, dass der Reichstag von nun an in Permanenz tagen werde. Man spricht seither vom »Immerwährenden« Reichstag.

Dass dies notwendig wurde, ergab sich aus verschiedenen Umständen. Die Reichsfürsten, besonders die bedeutenderen und mächtigeren unter ihnen, erschienen schon seit Ende des 16. Jahrhunderts nicht mehr persönlich bei diesen Versammlungen, sondern schickten ihre Beauftragten, die Gesandten. Wenn der Beauftragte des Kaisers die kaiserliche »Proposition«, die Tagesordnung oder ein einzelnes Thema bekannt gegeben hatte, konnte nicht gleich verhandelt werden, sondern die Gesandten mussten erst einmal nach Hause schreiben und auf Anweisungen von ihren Oberen warten, was wochenlang dauern konnte. Aber auch wenn diese Instruktionen endlich eingetroffen waren, verliefen die Verhandlungen ungemein zähflüssig.

Der Reichstag tagte nämlich nicht als Plenum, sondern getrennt in drei sogenannte Kurien: die Kurie der Kurfürsten, die Kurie der Fürsten und die Kurie der Städte.

Beschlüsse mussten zunächst in jeder der drei Kurien gefasst werden, und zwar mehrheitlich. Bei Fragen der Religion aber galt keine Mehrheitsentscheidung. Wenn man sich nicht einigen konnte, kam es zur »itio in partes«, d.h. die betreffende Kurie trat nach Konfessionen getrennt auseinander. Wenn man sich innerhalb der Konfessionen geeinigt hatte, wurde weiterverhandelt, und wenn dann immer noch kein Konsens zu erreichen war, musste die Frage eben vertagt werden.

Der Reichssaal des Alten Rathauses, wo das Plenum tagte, war übrigens ursprünglich für Feste und Tanzvergnügungen der Bürgerschaft bestimmt gewesen, woran immer noch die Musikempore in einer der hinteren Ecken erinnert. Als sich der Reichstag ab 1663 auf Dauer etablierte, räumten ihm die Regensburger nolens volens das ganze Gebäude ein und bauten sich nebenan ein barockes neues. Im Alten Rathaus findet sich nicht nur der Saal des Plenums, sondern auch die Beratungszimmer der einzelnen Kurien samt Nebenräumen. (Wobei das Zimmer der Kurfürsten besonders dicke Wände hat, damit niemand mithören konnte.) In diesen Räumen stehen unter anderem zwei Möbelstücke, welche die deutsche Sprache um zwei Redensarten bereichert haben. Erstens: der grüne (d.h. mit grünem Tuch bespannte) Tisch. An ihm wurden Lösungen für besonders schwierige Fragen beraten. Die scheinen sich in der

Praxis nicht immer bewährt zu haben. Was »am grünen Tisch« beschlossen wird, funktioniert nachher meistens nicht. Zweitens: Akten und Protokolle wurden in diesen Räumen auf einer Bank abgelegt. Und wenn etwas gar nicht entschieden werden konnte, dann wurde es, beziehungsweise die Akten und Protokolle darüber, einfach weitergeschoben – »auf die lange Bank geschoben« – und neue Akten stapelten sich davor. Die Bank war sozusagen die Ablage für Unerledigtes, auf ihr konnte es liegen und verstauben, bis es eines Tages in Vergessenheit geriet.

Das Verhältnis der Regensburger zum Reichstag scheint ambivalent gewesen zu sein. Man moserte darüber, dass die Gesandten und ihr Gefolge als »Ausländer« keine Steuern zahlen mussten, dass sie die Einrichtungsgegenstände, manchmal sogar die Lebensmittel für ihre Haushaltungen von außen mitbrachten und auch dafür keinen Zoll entrichteten und dass manche von ihnen in ihrer Dienerschaft Leute beschäftigten, die den lokalen Handwerkern unerlaubte Konkurrenz machten. Andererseits durften in Regensburg nur Bürger der Stadt Haus- und Grundbesitz erwerben. Die Gesandten mussten also zur Miete wohnen, und da man großen Wert auf Repräsentation legte, sollten diese Residenzen schon etwas hermachen. (Die meisten von ihnen standen in einer Gasse, die vom Westen, vom Jakobstor her, zum Neupfarrplatz verläuft und immer noch Gesandtenstraße heißt. Das Rokokopalais der kursächsischen Gesandtschaft beherbergt heute eine Filiale der Dresdner Bank.) Die Regensburger Hausbesitzer dürften nicht schlecht abgesahnt haben. Auch pflegten die Gesandten – das gehörte ebenfalls zum Dekorum – ein reges Gesellschaftsleben mit Bällen, Empfängen, Konzerten, Theateraufführungen. Etwas davon, ein Hauch von großer Welt, kulturelle Anregungen aus allen Teilen des Reiches und darüber hinaus Europas dürften sich auch der Bürgerschaft mitgeteilt haben.

Kaiserliche Prinzipalkommissare waren seit dem Jahr 1748 die Fürsten von Thurn und Taxis, die schon vorher, im 15. und 16. Jahrhundert, den ersten regelmäßigen Postdienst im Reich organisiert hatten. Prinzipalkommissare blieben sie bis zum von Napoleon herbeigeführten Ende des Alten Reiches 1806, waren es also auch noch 1803, als durch den Reichsdeputationshauptschluss Hunderte von weltlichen und vor allem geistlichen Territorien an die mit Frankreich verbündeten Mittelstaaten verramscht wurden.

Man sollte annehmen, dass bei diesem Raubzug der Großen gegen die Kleinen die Reichsstadt Regensburg an Bayern gefallen sei. Aber das geschah zunächst noch nicht, weil nämlich Kurfürst Max IV. Joseph und sein Minister Montgelas zunächst eine unentschlossene Neutralität zwischen Österreichern und Franzosen bewahrten. Also wurde, sozusagen unter französischem Protektorat, ein neuer Kleinstaat gebildet, aus der Reichstadt, dem Hochstift des Bischofs, anderen kirchlichen Besitztümern und dem, was innerhalb der Stadt dem Kaiser und dem bayerischen Herrscherhaus gehört hatte, dem noch die Bistümer Konstanz und Worms sowie die rechtsrheinischen Reste des von Frankreich annektierten Erzstifts Mainz zugeschlagen wurden. Kurfürstentum Regensburg nannte sich dieses Gebilde, und zum Bischof und Kurfürsten wurde Karl Theodor von Dalberg ernannt, der letzte Erzbischof von Mainz. Dem sagt man gute Beziehungen zu Napoleon nach.

Nur seinetwegen lohnt es sich, über dieses kurzlebige Kurfürstentum zu reden (eigentlich eine sinnlose Bezeichnung, denn da sich das Reich drei Jahre später auflöste, wurde ja nie mehr wieder ein Kaiser gewählt, und die Würde eines Kurfürsten war fortan überflüssig). Er war nämlich nicht, wie man annehmen könnte und wie ihm später manchmal vorgeworfen wurde, einfach ein Kollaborateur und Verräter. In einer früheren Position als Administrator von Erfurt (das ein Teil des Erzstifts Mainz gewesen war) hatte er in engem Kontakt mit dem Hof von Weimar gestanden. Goethe war voll des Lobes über ihn, und Schiller hatte geschrieben: »Ich habe wenige Menschen gefunden, mit denen ich so gerne leben möchte als mit ihm.« Auch seine Bestrebungen, den Titel eines »Primas von Deutschland« zu gewinnen, rührten weniger aus persönlichem Ehrgeiz als aus dem Bestreben, der Kirche das Überleben und eine politische Rolle in der von Napoleon diktierten Ordnung zu sichern.

In Regensburg war er ortsfremd, niemand von den Einwohnern hatte ihn gerufen oder herbeigewünscht. Trotzdem versuchte er, das Beste aus seiner neuen Aufgabe zu machen: Er reformierte die Verwaltung, beseitigte die rechtlichen Unterschiede zwischen Protestanten und Katholiken, sorgte für eine gerechtere Besteuerung, trug Staatsschulden ab, förderte nach Kräften die lokale Wirtschaft, die unter der Auflösung des Reichstages, unter der Besetzung durch die Franzosen und unter Kontributionszahlungen zu leiden hatte. Er überredete die Fürsten Thurn und Taxis, samt ihrem Hofstaat und ihrer Kaufkraft in Regensburg zu bleiben. Er initiierte soziale Einrichtungen wie Suppenküchen, Kranken- und Waisenhäuser, führte die Pockenschutzimpfung ein, baute ein neues Theater und förderte die Errichtung von Gebäuden im damals modernen Stil des Empire – etwa des Thon-Dittmer-Palais am Haidplatz.

Man scheut sich, ein zu häufig gebrauchtes Zitat in den Mund zu nehmen wie den Satz Adornos, dass es »kein richtiges Leben im falschen« gebe. Trotzdem müssen wir feststellen: Wenn Karl Theodor von Dalberg glaubte, er könne in einem politischen System, das vor allem auf militärische Gewalt setzte, in Regensburg den aufgeklärten und philanthropischen Serenissimus spielen, dann hatte er sich außerordentlich naiven Illusionen hingegeben. 1806 wurde das Alte Reich aufgelöst, der Rheinbund begründet, Preußen besiegt und amputiert. Bayern, Württemberg, Sachsen wurden zu Königreichen von Napoleons Gnaden, auch anderen »souveränen« Fürsten bescherte der Korse Rangerhöhungen. 1809 führte er seinen nächsten Krieg gegen die Österreicher, und im Jahr darauf fand er offenbar, dass ihm Bayern als Verbündeter mehr wert war als der Bischof Dalberg. Also kam dessen »Kurfürstentum« zusammen mit anderen Gebieten jetzt an die Wittelsbacher. Dalberg bekam den Titel eines »Großherzogs von Frankfurt« verpasst und sollte fortan in dieser früheren Reichsstadt residieren, zu der er wiederum keinerlei persönliche Beziehung hatte. Natürlich nahm man ihm nach Napoleons Niederlage auch dieses »Großherzogtum« ab. Er kehrte nach Regensburg zurück, dessen Bischof er ja immer noch war, wenn auch jetzt unter bayerischer Oberherrschaft. In der Öffentlichkeit zeigte er sich kaum mehr, beschäftigte sich vor allem mit Werken der Wohltätigkeit. 1817 ist er gestorben: ein guter Mensch, der doch nur versucht hatte, mit seiner Zeit zu gehen und aus einer gegebenen Situation das Beste zu machen.

1810, im Jahr von Dalbergs Transfer nach Frankfurt, kam das Kloster St. Emmeram an die Familie Thurn und Taxis, und zwar als Entschädigung für den Verlust des Postmonopols, das nach dem Ende des Reiches nicht mehr existierte. In den folgenden Jahren und Jahrzehnten bauten sie es nach ihren Bedürfnissen um und möblierten es teils mit echtem Barock- und Rokoko- hausrat aus ihrem früheren Frankfurter Palais, teils auch mit im 19. Jahrhundert Nachgebautem, besonders nachdem im Jah- re 1889 ein Südflügel im historistischen Renaissancestil hin- zugefügt und auch die Fassaden der übrigen Gebäude in diesem Sinne renoviert worden waren. Dieser Wohntrakt und auch der frühere Kreuzgang samt Gruftkapelle mit einer Christusfigur von Johann Heinrich Dannecker (1758–1841) kann heute vom Publikum besichtigt werden. Während er mit einer Gruppe von staunenden Zeitgenossen durch die prachtvollen Räume trapst, wünscht sich der geschichtsbewusste Tourist immer wieder, die Fürsten hätten ihren Plüsch, ihre Spiegel, Kunstwerke, Ah- nenbilder sowie den Meißener Porzellannachttopf der Fürstin Therese anderswo untergebracht und das Kloster so stehen gelas- sen, wie es seit ungefähr 700 n. Chr. als Wohnstätte meist from- mer, arbeitsamer, gelehrter und kunstsinniger Mönche gewach- sen war. (Ein paar gotische Gewölbebogen und Freskenreste gibt es immerhin noch zu sehen.)

Aber wer weiß? Vielleicht stünde ohne die Thurn und Taxis und ihre Hofhaltung in Regensburg überhaupt nichts mehr von dem Kloster, und am Ende wäre auch die Kirche St. Emmeram mit ihren Gräbern fränkischer Königinnen und bayerischer Her- zöge und dem prachtvollen Barockschmuck der Brüder Asam in Verfall geraten oder gar demoliert worden, wie das andernorts in Bayern nach der Säkularisierung von 1803 geschah.

Ob Regensburg, nachdem es bayerisch geworden war, zur Provinzstadt absank und in einen Dornröschenschlaf fiel oder sich, wenn auch nicht so stürmisch wie andere Städte, in das Zeitalter von Industrie und Mobilität hinein entwickelte, ist eine unter heimatkundlichen Experten umstrittene Frage. Und auch da muss man sich fragen, ob die Stadt noch so schön wäre, wie sie heute ist, wenn man im 19. Jahrhundert Geld gehabt hätte, viele der alten Häuser einzureißen und neue zu bauen.

Wer in Regensburg nicht ins Nachdenken über den Sinn, Unsinn und Widersinn von Geschichte, Fortschritt und sogenannter Rückständigkeit kommt, der wird wohl für immer von des Gedankens Blässe unangekränkelt bleiben. Immerhin wuchs die Stadt während des 19. Jahrhunderts, sie bekam eine neuzeitliche Wasserversorgung und Kanalisation, Gasbeleuchtung und später Elektrizität, alles, was eben zu einer modernen Stadt gehört; die alten Befestigungen wurden eingeebnet und machten Grünanlagen Platz, wobei sich Fürst Anselm von T & T große Verdienste erwarb. Villenviertel und solche mit Mietshäusern wuchsen, Nachbarorte wurden eingemeindet. Auch Fabriken entstanden, unter anderem eine, die Zucker, und eine andere, die Schnupftabak produzierte. Natürlich wurde die Stadt ans Bahnnetz angeschlossen (1859), schon vorher wurde der Vorläufer des heutigen Rhein-Main-Donau-Kanals und um die Jahrhundertwende ein neuer Hafen gebaut. Trotzdem scheint das Leben in Regensburg bis in die Dreißigerjahre des vorigen Jahrhunderts hinein recht gemächlich, die Atmosphäre sehr konservativ geblieben zu sein.

Der Aufschwung, den die Nationalsozialisten inszenierten, war, wie überall, zweischneidig. Er basierte vor allem auf einem Zweigwerk der Messerschmitt-Flugzeugwerke. Dort wurden Jagdflugzeuge montiert. Für die zehntausend dort beschäftigten Arbeiter baute man Wohnsiedlungen, und in der Altstadt wurde gefährdete Bausubstanz saniert, weil die Nazis sich mit der großen Tradition der Stadt schmücken wollten. Immerhin hatte Regensburg im Zweiten Weltkrieg Glück: Ein Luftangriff im Jahre 1943 richtete sich hauptsächlich gegen das Messerschmitt-Werk. Die Altstadt blieb weitgehend unbeschädigt, nur eine der alten Kirchen, das Obermünster, wurde zerstört. Und im April 1945 zogen die letzten Verteidiger dann doch kampflos ab, nachdem sie, wie erwähnt, zwei Bögen der Steinernen Brücke gesprengt und drei Bürger hingerichtet hatten, die gegen die wahnwitzigen Verteidigungspläne protestierten.

Nach dem Krieg, besser gesagt, seit den Fünfzigerjahren, hat Regensburg mit der ortsüblichen Phasenverschiebung einen geradezu atemberaubenden Aufschwung genommen – durch Anbindung an das Autobahnnetz, Anlegung eines neuen Hafens,

Ansiedlung von Industriebetrieben (BMW, Siemens, Toshiba, Infineon und viele andere), auch durch die Gründung der Universität (1967) im Stadtteil Kumpfmühl – dort, von wo vor zweitausend Jahren die Legionäre aus dem ersten Kohortenlager über den Fluss nach den Barbaren spähten. Von den 140 000 Einwohnern sind heute 20 000 Studenten. Regensburg ist eine sehr alte und gleichzeitig eine junge, lebendige Stadt. In den Achtzigerjahren war sie zeitweise die Stadt mit dem größten Wirtschaftswachstum in Deutschland, und noch heute liegt die Arbeitslosenquote weit unter dem deutschen und auch dem bayerischen Durchschnitt. Die Altstadt hat man sorgfältig und aufwendig saniert. Bausünden sind relativ selten. (Nur wenn man über den Neupfarrplatz geht und das an die Ostseite hingeklotzte Kaufhaus mit den davorgeklebten Säulen der alten Hauptwache sehen muss, meint man, einen Schlag in die Magengrube verpasst zu bekommen.) Aber Regensburg hat so viel überstanden, so viel überlebt! Wenn man durch die Straßen geht – und es gibt da noch viel mehr zu bewundern, als wir hier auch nur andeuten konnten – spürt man etwas wie heitere Melancholie (so paradox das klingen mag): so viel Vergangenheit, so viele Abstürze, Untergänge und Zeiten des Niedergangs – und so viel Leben, Beständigkeit, so viel Schönheit! Ist es eine Täuschung oder liegt es an dem hohen Anteil von Studenten: Man glaubt, in den Straßen mehr jungen Gesichtern zu begegnen als in anderen Städten. Die alte Stadt verabschiedet uns mit zärtlichem Optimismus.

Die Eremitage in Bayreuth

Kapitel 3
Friedrichs große Schwester
Friederike Sophie Wilhelmine von
▬▬ Brandenburg-Bayreuth ▬▬

Wäre es nach den Plänen ihrer Mutter, der Königin Sophie Dorothea, gegangen, dann hätte sie ihren Vetter geheiratet, Frederick Louis Herzog von Gloucester, später Prince of Wales, also englischer Thronfolger. Das war seit ihren Kindheitstagen ausgemacht. Prinzessin Wilhelmine von Preußen (1709–1758) musste Englisch lernen, und wenn sie als kleines Mädchen zurechtgewiesen wurde, dann geschah das mit der Frage:»Glauben Sie (Prinzessinnen wurden bereits im Vorschulalter gesiezt), das würde dem Herzog von Gloucester gefallen?« Manchmal, schrieb sie später, hätte sie gern geantwortet, es sei ihr gleichgültig, was dem Herzog gefalle oder nicht. Würde *er* denn *ihr* gefallen? Sie kannte ihn ja gar nicht. Aber natürlich hielt sie den Mund. Wenn es um elterliche Autorität ging, verstand die Mutter keinen Spaß. Und der Vater, der Kronprinz und spätere »Soldatenkönig« Friedrich Wilhelm I., schon gar nicht.

Dass Wilhelmine von Preußen dann doch nicht auf den Thron eines Weltreichs gelangte, sondern in die verschlafene und – glaubt man Wilhelmines Autobiografie – bei ihrer Ankunft ziemlich vergammelte Residenz einer hohenzollernschen Nebenlinie, dass sie sozusagen einen armen Verwandten heiratete, hatte teils politische, teils persönliche Gründe, die für einen Leser von heute nicht ohne Weiteres verständlich sind. Ihr Onkel, König Georg II. von England, war weit weniger auf noch engere

Verwandtschaft mit dem preußischen Königshaus bedacht als ihre Mutter. Er zögerte den endgültigen Abschluss des Ehevertrages hinaus: Erst müsse er sein Parlament um Zustimmung fragen. Dann stellte er Bedingungen: Ja, die Prinzessin könne seinen Enkel heiraten, aber nur, wenn der preußische Kronprinz (der spätere Friedrich der Große) seinerseits eine englische Prinzessin zur Frau nahm.

Das nun wollte der König von Preußen auf keinen Fall. Die Familie der Könige von England, die Welfen, waren gleichzeitig (und ursprünglich) Kurfürsten von Hannover, unmittelbare Nachbarn Preußens. Friedrich Wilhelm wollte sich nicht allzu eng an sie binden, fürchtete, von ihnen instrumentalisiert, als »Festlandsdegen« benutzt zu werden, möglicherweise gegen das habsburgische Kaiserhaus, dem er sich als loyaler Reichsfürst verpflichtet fühlte. Vielleicht glaubte er auch, britisch-parlamentarische Sitten könnten in sein absolutistisch regiertes Königreich herüberschwappen. Er war – man kann sagen krankhaft – paranoid, misstrauisch, launenhaft, witterte überall Verschwörungen, Anschläge gegen seine königliche Autorität. Auch bei seiner Frau.

Nicht völlig zu Unrecht. Die Königin war keinesfalls bereit, ihre Pläne einfach so aufzugeben, verhandelte weiter mit England, sandte heimliche Botschaften durch Zwischenträger, nahm der Prinzessin Wilhelmine das Versprechen ab, niemals einen anderen Mann zu heiraten als den Herzog von Gloucester. Der war, so viel erfuhr Wilhelmine mit der Zeit, eher unansehnlich von Gestalt, von bescheidenen Geistesgaben und charakterlich wenig sympathisch. Egal! Der Mutter wie dem Vater kam es nur mehr darauf an, ihren Willen durchzusetzen. Erfuhr Friedrich Wilhelm von den Machenschaften seiner Frau, tobte er, beschimpfte sie, beschimpfte vor allem die Tochter. Er suchte seinerseits Heiratskandidaten für sie: unter anderem den Witwer August, genannt der Starke, Kurfürst von Sachsen und König von Polen, Vater von angeblich 354 unehelichen Kindern (auf ein paar mehr oder weniger kommt es nicht an), jetzt aber geschwächt von der Syphilis (er habe sich seine Gebrechen im Kampf gegen die Franzosen geholt, kalauerte Wilhelmines Bruder Fritz), neunundvierzig Jahre alt. Wilhelmine war sechzehn.

Oder einen Herzog von Weißenfels, auch er nicht mehr jung.
Oder einen Markgrafen von Brandenburg-Schwedt.

Welch eine Jugend zwischen zwei zerstrittenen, gefühlskalten, egomanischen Eltern! König Friedrich Wilhelm war nicht nur launisch, jähzornig, grobianisch, dazu pietistisch-frömmelnd und bigott, sondern auch krankhaft geizig. Er hatte alle Kunstausübung und fast jede Geselligkeit an seinem Hof abgeschafft. Gut gegessen wurde nur, wenn andere Fürsten zu Besuch kamen. Einzig für seine Armee, besonders für sein Regiment von »Langen Kerls«, dessen Rekruten mindestens sechs Fuß groß sein mussten, gab er bereitwillig Geld aus, ließ sie überall anwerben, auch im Ausland, auch unter Zwang. Dass er seinen ältesten Sohn und Thronfolger an den Haaren zerrte, mit der Faust ins Gesicht schlug, mit dem Stock prügelte, ist bekannt und braucht hier nicht noch einmal erzählt zu werden. Mit Misstrauen und Unwillen sah er, dass sich seine beiden ältesten Kinder, Wilhelmine und der drei Jahre jüngere Friedrich, besonders eng zusammenschlossen, Interessen und Vorlieben teilten (Musik, Literatur, Philosophie), die er unnötig fand und ihnen verbot. Als Friedrich, achtzehnjährig, die Tyrannei nicht mehr ertrug und versuchte, nach England zu fliehen, geriet Wilhelmine in den Verdacht der Mitwisserschaft, verbrannte in panischer Angst alle Briefe, die ihr der Bruder bis dahin geschrieben hatte. Sie wurde zusammen mit ihrer Hofmeisterin in Hausarrest und auf halbe Kost gesetzt, ein bewaffneter Posten stand vor ihrer Zimmertür. Sie erfuhr nicht, was mit Friedrich geschah. Sein Vater wollte ihn allen Ernstes als Deserteur erschießen lassen. Erst als sich seine Generale weigerten, bei der Verurteilung mitzuwirken, und auswärtige Souveräne sich für den Delinquenten einsetzten, begnadigte ihn sein Vater zu einer Art Verbannung auf die Festung Küstrin. Friedrich musste aber zuschauen, wie sein Freund Katte geköpft wurde, weil er ihm bei der Flucht geholfen hatte.

Wer an den Charakteren der zwei Geschwister manches auszusetzen findet (Friedrichs Menschenverachtung, seinen Zynismus, die Bedenkenlosigkeit, mit der er geschlossene Verträge brach und Tausende von Menschenleben seiner Machtpolitik opferte; Wilhelmines Rechthaberei, ihren verbohrten Stolz auf

Rang und Geburt, ihre Neigung, andere Leute lächerlich zu machen, ihre Stutenbissigkeit vor allem anderen Frauen gegenüber), der möge bedenken, wie tief diese beiden Menschen in ihrer Kindheit und Jugend traumatisiert worden sind. Es ist einer der Fälle, in denen sich der Erzähler wünscht, das Handwerk des Psychoanalytikers zu beherrschen.

Wilhelmine war inzwischen einundzwanzig Jahre alt, nach damaligen Begriffen fast schon eine alte Jungfer. Da wurde ihr ein Prinz aus eher drittrangigem Hause vorgestellt, der auf Geheiß des Königs um ihre Hand anhielt. Wenn sie einwillige, wurde ihr bedeutet, könne der Bruder aus seiner Verbannung zurückkehren. Ihre Mutter war wütend und beschwor sie, bei ihrem Nein zu bleiben, sich, wenn sie denn gezwungen werde, in der Hochzeitsnacht zu verweigern, sodass die Ehe immer noch als nicht vollzogen aufgelöst werden könne. Der Erbprinz Friedrich von Brandenburg-Bayreuth war zwei Jahre jünger als Wilhelmine, ein gut aussehender junger Mann mit angenehmen Umgangsformen, der ihrer Mutter versicherte, er werde von seinem Antrag zurücktreten, wenn Wilhelmine glaube, mit ihm unglücklich werden zu müssen.

Küstrin, Frühjahr 1731
… Die widerwärtigen Heiratsgerüchte schwirren wieder. Bei der Revue wird man Dir mit einem jungen Prinzen kommen. Vielleicht wird man Dir nahe legen, darauf einzugehen, damit ich von hier loskomme. Tue es aber niemals aus diesem Grunde, wenn Du keinen besseren hast. Laß Dich also durch keine Rücksicht auf mich einschüchtern und folge immer nur dem Gebot des Herzens …

Friedrich an Wilhelmine, zit. nach: Friedrich der Große und Wilhelmine von Bayreuth, ›… solange wir zu zweit sind. Friedrich der Große und Markgräfin Wilhelmine von Bayreuth in Briefen‹

Damit hatte er die Königin überrumpelt, denn offen gegen die Beschlüsse ihres Gatten zu opponieren, getraute sie sich nicht. Aber sie setzte ihren Widerstand fort, bezeichnete den Bräutigam als Habenichts, als Ignoranten, beschuldigte die Tochter, ihr durch ihr Verhalten »den Tod zu geben«. Zum Hochzeitszeremoniell gehörte es, dass die Brautmutter der Neuvermählten vor dem Beilager beim Auskleiden half. Sophie Dorothea boykottierte diese Zeremonie.

Übrigens fand auch König Friedrich Wilhelm, sobald die Ehe einmal geschlossen war, an seinem Schwiegersohn allerhand auszusetzen, nannte ihn einen Stutzer, weil er sich zu wenig für das preußische Militär interessierte und es vermied, sich mit dem König und seinen Kumpanen während der abendlichen »Tabakkollegien« zu besaufen. Inmitten dieses Hofes voller Neurotiker und Hysteriker, Wutnickel und Intriganten wirkt der Erbprinz Friedrich von Bayreuth wohltuend normal. Er brachte es sogar fertig, auf die giftigen Spitzen, mit denen ihn seine Schwiegermutter weiterhin bedachte, auf eine humorvolle Art zu reagieren.

Vielleicht war es das, was Wilhelmine für ihn gewann. Sie scheint einfach beschlossen zu haben, das Beste aus ihrer Situation zu machen und den Mann, den sie nun einmal geheiratet hatte, zu schätzen und zu lieben. Obwohl er natürlich, verglichen mit einem Mitglied des preußischen oder gar des englischen Königshauses, tatsächlich ein armer Schlucker war und es auch später, als regierender Markgraf, immer bleiben würde.

Sie hätte aber nicht sie selbst und die Schwester des später »großen« Friedrich sein dürfen, wenn sie sich nicht einen ausgeprägten Superioritätskomplex gegenüber ihrer neuen Umgebung geleistet hätte. Ihren Empfang in Hof, der ersten Stadt auf bayreuthischem Gebiet, die sie betrat, schildert sie folgendermaßen:

Sie [die lokalen Adeligen, Anm. d. Autors] waren alle von edlem Geschlecht und manche sehr reich. Daraus konnte man wohl schließen, dass sie entsprechende Manieren hatten – wie sehr fand ich mich aber enttäuscht! Ich sah deren ungefähr dreißig, wovon die meisten Reitzenstein hießen. Sie sahen alle aus wie der Knecht Ruprecht; statt der Perücken ließen sie ihre Haare tief ins Gesicht hinein fallen, und Läuse von eben so alter Herkunft wie sie selbst hatten in diesen Strähnen seit undenklichen Zeiten ihren Wohnsitz aufgeschlagen; ihre sonderbaren Figuren waren mit Gewändern behangen, deren Alter hinter dem der Läuse nicht zurückstand. Es waren Erbstücke ihrer Ahnen und vom Vater auf den Sohn übergegangen; die meisten waren dem

Maß ihrer Ahnen zugeschnitten worden, und das Gold war so abgenutzt, dass man es nicht mehr erkennen konnte; dennoch waren das ihre Galakleider, und sie dünkten sich in diesen antiken Lumpen zum mindesten ebenso imposant wie der Kaiser in der Tracht Karls des Großen. Ihre groben Manieren standen mit ihrem Äußeren vollkommen im Einklang; man hätte sie für Bauernlümmel halten können. Zum Übermaß waren die meisten auch noch dazu krätzig. Ich hatte große Mühe, ihnen nicht ins Gesicht zu lachen.

zit. nach: Friederike Sophie Wilhelmine, Markgräfin von Bayreuth,
›Eine preußische Königstochter (Die Memoiren)‹

Und so geht es weiter und weiter. In Bayreuth heißt sie der Markgraf Georg, ihr Schwiegervater, willkommen:

Er geleitete mich alsbald in meine Gemächer. Sie waren so schön, dass ich einen Augenblick bei ihnen verweilen muss. Es führte ein langer, mit Spinnweben überzogener Korridor hin, der so schmutzig war, dass es einem ganz übel wurde. Ich trat in ein großes Zimmer, dessen Decke, obwohl sie altfränkisch war, die Hauptzierde bildete; die oberen Wandfriese mussten einmal, glaube ich, sehr schön gewesen sein, aber sie waren so alt und verblichen, dass man nur mit Hilfe des Mikroskopes daraus klug werden konnte; die Figuren waren in Lebensgröße und die Gesichter so löcherig und verwischt, dass sie Gespenstern ähnlich sahen. Das Nebenkabinett war mit schmutzigem Brokat ausgeschlagen; dann kam ein zweites, dessen durchstochene grüne Damastmöbel von prächtiger Wirkung waren; ich sage durchstochen, denn sie waren zerfetzt, die Leinwand kam überall zum Vorschein. Ich betrat mein Schlafzimmer, ganz aus grünem Damast mit Adern aus verblichenem Gold. Mein Bett war so schön und so neu, dass es nach vierzehn Tagen keine Vorhänge mehr hatte, denn sie waren ganz zerschlissen. Diese Pracht war ich nicht gewohnt und ich war aufs höchste überrascht.

Dazu ist anzumerken, dass Markgraf Georg sein Territorium erst wenige Jahre vorher in völlig überschuldetem Zustand übernommen hatte. Er trachtete zunächst einmal, die Finanzen in Ordnung zu bringen, dachte weder an Neubauten noch an höfischen Prunk. Wilhelmine charakterisiert ihn:

Dieser Fürst zählte damals dreiundvierzig Jahre … mit seinem kränklichen Körper verband er einen sehr beschränkten Geist und wusste so wenig, dass er sich für talentvoll hielt …

An anderer Stelle erzählt sie, er habe sie mit Reden über ›Telemach‹ (von Voltaire) und Amelot de Houssayes ›Römische Geschichte‹ gelangweilt, »die zwei einzigen Bücher, die er gelesen hatte«. Markgraf Georg hatte in seiner Jugend, nach ausgedehnten Bildungsreisen, vier Jahre lang an der Universität Utrecht studiert (anders als Wilhelmine, der das als Frau verwehrt war, anders auch als ihr grobschlächtiger Vater und ihr angehimmelter Bruder), und auch seinen Sohn hatte er an eine Hochschule geschickt, nämlich nach Genf. Der Markgraf war ein gläubiger Calvinist (Wilhelmine war das auch, wenigstens auf dem Papier) und legte wenig Wert auf äußeren Aufwand.

Um auf die Läuse der Herren von Reitzenstein zurückzukommen: Es ist bekannt, dass die hygienischen Standards im 18. Jahrhundert eher niedrig waren, auch unter adeligen Herrschaften und sogar unter gekrönten Häuptern. Ein Badezimmer und ein WC hätte man in den prächtigsten Barockschlössern vergeblich gesucht. Für Reinlichkeit hatte man einfach keinen Sinn und gegen Körpergeruch verwendete man Parfum. Wilhelmine legt davon unfreiwillig Zeugnis ab, wenn sie berichtet, dass während des Polnischen Erbfolgekrieges (1733) russische Truppen in der Nähe von Bayreuth vorbeigezogen seien, und man sei hingefahren, um sich diese Halbwilden anzuschauen. Als besonders kurios fiel ihr Folgendes auf:

Sobald sie in ihren Quartieren waren, krochen sie in den Backofen, wo sie sich in Schweiß brachten, und wenn sie recht schwitzten, so stürzten sie sich in kaltes Wasser und zur Winterszeit in den Schnee, wo sie eine Zeitlang verharrten. Dies ist ihr Universalmittel, das sie, wie sie glauben, gesund erhält.

Da haben diese Barbaren also eine Sauna improvisiert. Fi donc! Manchmal hat man den Eindruck, Wilhelmine gebe sich geradezu Mühe, jedes Vorurteil gegen arrogante preußische Zicken zu bedienen. Übrigens litt sie alsbald an Heimweh nach

Berlin, sogar an Sehnsucht nach ihrem tyrannischen Vater. Aber als sie dann auf Besuch fuhr, war es doch wieder das alte Elend. Sie war nirgends glücklich in ihrer Haut, und das mag einer der Gründe sein, warum sie zu kränkeln begann, Fieber- und Ohnmachtsanfälle hatte, welche durch die Kunst der Ärzte eher noch verschlimmert wurden. Sie wurde nach Ems zur Kur geschickt, beklagte sich aber über das schlechte Wetter, die langweilige Gesellschaft, das Viehzeug (unter anderem Schweine) auf der Kurpromenade. Außerdem vertrug sie die heißen Bäder nicht.

Und doch, langsam wuchs sie in ihre neue Umgebung, in die Rolle einer kleinen Landesfürstin hinein. Sie hatte wohl begriffen, dass die Verhältnisse in Bayreuth anders waren als in Preußen. Hier gab es noch Landstände, eine Vertretung des lokalen Adels und der Städte, die bei der Festsetzung des Staatshaushalts und der Steuern mitzureden hatten. Von Preußen sagte man, es sei eine Armee, die sich einen Staat halte. In Bayreuth gab es nur so viel Militär, wie der Markgraf als Marschall des fränkischen Reichskreises als Kontingent für die Reichsarmee stellen musste. Markgraf Georg sah es äußerst ungern, als sein Sohn darauf bestand, im Polnischen Erbfolgekrieg an einem Feldzug unter dem Kommando des alten Prinzen Eugen (»der edle Ritter«) teilzunehmen. Und einmal wurde er ernsthaft zornig: Da hatte er, auf Drängen König Friedrich Wilhelms, erlauben müssen, dass ein preußischer Offizier in der Markgrafschaft Rekruten anwarb. Dem war dann auch ein besonders »Langer Kerl« ins Netz gegangen – allerdings ein bisschen jenseits der Grenze, im Bistum Bamberg. Außerdem stellte sich heraus, dass der gekidnappte Hüne katholischer Priester war. Der Erbprinz und seine Frau erfuhren davon, meinten aber, die Sache vertuschen zu können. Es war dann sehr schwierig, den Markgrafen, als er doch hinter die Täuschung kam, zu beruhigen und in Preußen die Rückstellung des unrechtmäßig Geworbenen zu erreichen. In seinem Testament ermahnte Markgraf Georg seinen Sohn, »sich derer Militarien nach Möglichkeit zu entschlagen«. Er solle lieber gute Schulen für die Kinder seiner Untertanen einrichten.

Wilhelmine behauptet, ihr Schwiegervater sei zweimal an jedem Tag betrunken gewesen. Als er sich in eine ihrer Hofda-

17. Mai 1735
Liebster Bruder! Wie Du schon äußerlich siehst, ist dies ein Trauerbrief. Der Markgraf ist heute morgen um 6½ Uhr verschieden

Ruppin, 20. Mai 1735
Liebste Schwester! Ich bin außerstande, Dir zum Tode des Markgrafen, Deines Schwiegervaters, mein Beileid auszusprechen; denn ich bin so froh, dass er beim lieben Gott ist, dass ich ihn nicht aus dem Paradies zurückwünsche. So empfange denn statt meiner Klagen den Ausdruck meiner lebhaftesten Freude, dass Du jetzt vor allem Kummer geborgen bist ...
Meine Glückwünsche an den Markgrafen!

men verliebte und sie vielleicht sogar heiraten wollte, intrigierte Wilhelmine nach Kräften, um dieses Verhältnis zu hintertreiben. Jedenfalls war sie nicht traurig, als Markgraf Georg mit nicht ganz 47 Jahren starb. Jetzt nämlich, als Gattin des regierenden Markgrafen, konnte sie nicht nur ihren Hofstaat ausweiten (von 140 auf 600 Personen) und Feste feiern im höfischen Stil der Zeit, sondern auch das in Angriff nehmen, wodurch ihr Name noch mehr als durch ihre Autobiografie und den Briefwechsel mit ihrem Bruder die Jahrhunderte überdauert hat: die Ausgestaltung der Kleinstadt Bayreuth zu dem, was man im Deutsch der Reiseführer als Perle des Rokoko bezeichnet.

Wir wollen und können diese Bauten und Parkanlagen nicht im Einzelnen beschreiben oder würdigen: Das Neue und das nach einem Brand neu gestaltete Alte Schloss, die Eremitage mit dem Sonnentempel, vor der Stadt gelegen, den Felsengarten von Sanspareil dreißig Kilometer von Bayreuth entfernt, und vor allem das prächtige Opernhaus, nach dem Entwurf eines Franzosen von Vater und Sohn Galli Bibiena ausgestaltet, mit der damals größten Bühne in Europa. Wilhelmine komponierte selbst eine Oper (›Agenore‹), die zum Geburtstag ihres Gatten aufgeführt wurde. Sie umgab sich mit Künstlern, Musikern, Schauspielern, korrespondierte mit großen Geistern ihrer Zeit: Voltaire, Maupertuis, la Mettrie. (Deutsche waren nicht darunter. Wie ihr Bruder sprach Wilhelmine ungern und schlecht Deutsch.) Das Bayreuther Rokoko unterscheidet sich merklich von dem, was dieser Stil sonst in Süddeutschland, etwa im benachbarten Würzburg, hervorgebracht hat. Es ist zurückhaltender, nicht eigentlich strenger, aber weniger überschwänglich, eben doch preußischer, protestantischer, von manchmal kühler Eleganz.

Bei ihren Untertanen allerdings machte dieser Aufwand das Fürstenpaar nicht unbedingt populär. Auch nicht die große Reise, die die beiden im Jahre 1754 antraten und die aus der Staatskasse bezuschusst werden musste: zuerst nach Montpellier in Südfrankreich (das Klima sollte der kränklichen Markgräfin angeblich wohltun), dann nach Italien, über Pisa, Florenz bis Rom (wo sie einer Pontifikalmesse beiwohnte, aber sich weigerte, vor dem Papst das Knie zu beugen) und Neapel. In ihren Briefen an Friedrich schwärmt sie von der antiken und der damals modernen italienischen Kunst, vergisst darüber den Schock, den sie ein Jahr vorher erlebt hatte:

27. Januar 1753
... Wir sind völlig zugrunde gerichtet. Gestern um 8 Uhr abends brach im Schloss Feuer aus, fast zugleich an drei verschiedenen Stellen ... Ich lag schwerkrank zu Bette; man hat mich mitten aus den brennenden Balken gerettet: Ich habe meinen Hund, meine Juwelen und einige Briefe behalten ... Der Markgraf hat aus seinen Gemächern nichts gerettet. Das ganze Schloss liegt in Asche; nur ein Flügel ist gerettet worden, sonst wäre die ganze Stadt verloren gewesen ...

31. Januar 1753
... Allem Anschein nach ist das Feuer angelegt worden. Am schmerzlichsten war uns der böse Wille der hiesigen Leute, die gar nicht helfen wollten, sich versteckten oder fortliefen, um nicht arbeiten zu müssen. Nur das Militär, der Hof und die Fremden haben das Wenige, das uns geblieben ist, gerettet ...

Böser Wille? Augenscheinlich kam die Markgräfin überhaupt nicht auf den Gedanken, dass sie normalerweise mit den »hiesigen Leuten« nichts am Hut hatte. Ihre Hofdamen und den engeren Kreis ihrer Dienerschaft hatte sie aus Berlin mitgebracht. Die Künstler, die sie protegierte, das waren die im Brief erwähnten Fremden. Wie sie den fränkischen Adel sah, haben wir weiter oben zitiert, und das »Volk« (die damals 5000 Einwohner von Bayreuth) hatte natürlich keinen Zutritt zum Hof. Der stellte für sie eine abgesonderte, fremde Welt dar, in der in einer unverständlichen Sprache herumgeschnattert wurde. Warum also sollten sie zu Hilfe eilen, sich nicht lieber in ihren Häusern für den Fall bereithalten, dass das Feuer sich ausbreitete? In früheren Briefen hatte Wilhelmine geschrieben, dieses Volk bete den Markgrafen an. Ein Fall von Realitätsverlust?

Bruder Friedrich half nach dem Brand mit finanziellen Zuschüssen. Auch mit ihm hatte es Spannungen gegeben. Einmal, weil Wilhelmine seiner Feindin Maria Theresia (Friedrich nannte sie immer nur »die Königin von Ungarn«) ihre Aufwartung gemacht hatte, als diese auf der Reise nach Frankfurt zur Kaiserkrönung ihres Gatten nahe an Bayreuth vorbeikam. Dann hatte ein Zeitungsschreiber in Erlangen sich äußerst abfällig über den König ausgelassen, und der nahm es, seinem bekannten Ausspruch »Die Gazetten dürfen nicht genieret werden« zum Trotz, übel, dass Schwager und Schwester nicht gegen den Frechling eingeschritten waren. (Wilhelmine redete sich heraus, sie lese keine Zeitungen.)

Und schließlich war da die Affäre Marwitz. Wilhelmines Haushofmeisterin hatte drei ihrer Nichten zu sich nach Bayreuth kommen lassen, Töchter des preußischen Generals von Marwitz. Die älteste von ihnen – Wilhelmine Dorothea mit Namen und bei ihrer Ankunft vierzehn Jahre alt – war für die Markgräfin so etwas geworden wie eine jüngere Freundin und zugleich eine Ziehtochter, um deren Erziehung sie sich kümmerte. Umso tiefer musste es sie treffen, als sie dahinterkam, dass ihr Mann ein Verhältnis mit der jungen Schönheit angefangen hatte und sie womöglich zu seiner »maitresse en titre« machen wollte. Wahrscheinlich dachte sich der Markgraf dabei nicht viel. Schließlich hatten fast alle Fürsten und auch viele Bischöfe ihre Maitressen.

Wenn an Wilhelmine überhaupt etwas sympathisch ist, dann ihre beständige und aufrichtige Liebe zu ihrem Gatten, den manche Zeitgenossen und auch Historiker für einen unbedeutenden Menschen hielten. Aber auch für ihre junge Rivalin fühlte sie sich verantwortlich, scheute davor zurück, sie einfach wegzuschicken. Stattdessen verfiel sie auf den Ausweg, »die Marwitz« zu verheiraten.

Nun hatten die drei Marwitz-Mädchen von ihrem Vater ein reiches Erbe zu erwarten. Dieses Erbe aber bestand aus Kronlehen in Preußen und den Erträgen, die sie abwarfen. Deswegen hatte die Markgräfin, bevor die drei nach Bayreuth kamen (das war noch zu Lebzeiten des Soldatenkönigs gewesen), versprechen müssen, keine von ihnen zu verheiraten, damit das Geld nicht ins Ausland abfloss. Jetzt aber verkuppelte Wilhelmine in einer hastigen Zeremonie und ohne ihren inzwischen königlichen Bruder zu fragen, die Älteste ausgerechnet an einen österreichischen Grafen, einen feindlichen Ausländer also – denn mittlerweile sind wir in der Zeit der Schlesischen Kriege. Friedrich, äußerst ungehalten, stoppte alle Überweisungen an die Marwitz-Töchter. Wilhelmine musste einen sehr demütigen Brief schreiben, denn nur mit dem Geld aus Berlin konnten die frischgebackene Gräfin Burghauß und ihr Mann den Hof von Bayreuth verlassen. Dass Friedrich seinem Herzen dann doch einen Stoß gab und die Stornierung aufhob, zeigt, wie sehr ihm am Seelenfrieden seiner Schwester gelegen war. Manche Biographen sagen, sie sei die einzige Frau gewesen, die er – auf seine Weise – geliebt habe.

Dieser Brief wurde 1748 geschrieben, drei Jahre nachdem Friedrich sich durch den Zweiten Schlesischen Krieg den Besitz Schlesiens gesichert hatte und dann aus der Koalition gegen Maria Theresia ausgeschieden war. Damals nannten ihn Zeitungsschreiber und bürgerliche Intellektuelle schon den »Großen« und seine Soldaten bald auch den »Alten Fritz«. 1743 war in Bayreuth eine Universität gegründet worden (diese wurde ein Jahr später nach Erlangen verlegt). Das Verdienst liegt sicher zum Teil auch bei der Markgräfin, während man ihrem Mann vor allem hoch anrechnen muss, dass er es verstand, sein Ländchen unbeteiligt durch die Kriege hindurchzulavieren. In die kurzen Friedensjahre zwischen Friedrichs Kriegen fallen zum großen Teil auch die Ausgestaltung Bayreuths, die Neu- und Ausbauten der Schlösser und der Oper, aber auch der Ärger mit der Marwitz und der Kummer über die Treulosigkeit ihres Gatten. Und das Unglück mit ihrer einzigen Tochter Elisabeth Friederike Sophie. Von der hatte Giacomo Casanova behauptet, sie sei die schönste Prinzessin Deutschlands. Mit sechzehn wurde

sie an den Herzog Karl Eugen von Württemberg verheiratet (das
war der, der später den jungen Schiller so grausam schikanier-
te). Wilhelmines Beschreibung ihrer Gegenschwieger, der Her-
zogin-Mutter von Württemberg, ist übrigens ein Kabinettstück
weiblicher Boshaftigkeit. Eine Katastrophe! Sophie kam zweimal zu ihren Eltern zurück, das zweite Mal endgültig, und bezog Schloss Fantaisie, das vor allem wegen seines Parks sehenswert ist.

Wilhelmine hat noch die beiden ersten Jahre des Siebenjährigen Krieges aus der Ferne verfolgen können. Wie alle Zeitgenossen bewunderte sie das Feldherrngenie ihres Bruders, war stolz
auf ihn, schrieb ihm begeisterte Briefe. Als er den letzten empfing, lebte sie schon nicht mehr. Sie starb am 14. Oktober 1758,
dem Tag der Schlacht von Hochkirch. Die Nachricht von ihrem
Tod soll Friedrich schwerer getroffen haben als diese verheerende Niederlage seiner Armee.

Der Markgraf ging noch eine zweite Ehe ein, aber die blieb
kinderlos. Also kam nach seinem Tod Bayreuth an die Linie
Brandenburg-Ansbach, dann für kurze Zeit an Preußen, 1806
schließlich an Bayern. Bayreuth wurde zur Provinzstadt.

Wer heute den Namen Bayreuth hört, denkt in erster Linie an
Richard Wagner und das Festspielhaus auf dem Grünen Hügel.
Aber wenn neben der dröhnenden Schicksalsmusik nicht auch
noch die graziöseren Klänge aus der Markgrafenzeit herüber-
tönten, würde der Stadt etwas fehlen: ihr Charme.

Friedrich Justin Bertuch, undatiertes Porträt nach einem Gemälde

Kapitel 4
Friedrich Justin Bertuch
━━ Ein Bürger in Weimar ━━

V or dem Nationaltheater trainieren ein paar Fünfzehnjäh-
rige mit ihren Skateboards. Rietschels Goethe-Schiller-
Denkmal, Symbol der deutschen Klassik und eines der
bekanntesten Monumente unseres Vaterlands, spielt dabei insofern eine Rolle, als eine Ecke der Stufe, auf der sein Sockel
steht (die unter Goethes rechtem Fuß), als Hindernis dient, das
es nach Anlauf zu überspringen gilt. Und zwar so, dass dabei der
Kontakt mit dem Board nicht verloren geht, der Springer nach
der Landung sein Brett mit Schwung ausrollen lassen kann,
ohne zu stolpern. Das ist nicht so einfach, und wenn es einmal
gelingt, schaut der betreffende Jüngling triumphierend in die
Runde. Jetzt müsste Applaus ertönen. Aber die Zuschauer sind
meist ältliche Kulturtouristen, die sportliche Leistung nicht zu
schätzen wissen. Sie finden diese Halbstarken mit ihrem Gerat-
ter eher lästig. Schade!

Auf dem Weg hierher sind wir über den Frauenplan und kurz
danach am Schillerhaus vorbeigekommen. Vor diesem hat eine
benachbarte Schuhfirma einen Laufsteg und ein Buffet aufgebaut, auf dem es später Schnittchen, Prosecco und Orangensaft
geben wird. Vorläufig stöckeln die Models noch über den Cat-
walk, Füße in Augenhöhe des Betrachters, zum Klang italieni-
scher Schnulzen, weil die Lederwaren aus dem Land kommen,
wo die Zitronen blühn. Es ist ein kühler Oktoberabend, mich
würde interessieren, wie es die jungen Damen schaffen, dass in

den großzügigen Rückenausschnitten ihrer kleinen Schwarzen nicht die geringste Andeutung einer Gänsehaut auftaucht. Aber die reden nicht mit jedem. Und für einen Mann meines Alters wäre diese Frage tatsächlich ungehörig.

Solche Beobachtungen erinnern daran, dass selbst eine Stadt wie Weimar nur zum geringsten Teil von Literaturwissenschaftlern, Kulturhistorikern, Museumskustoden und dergleichen Schöngeistern bewohnt wird, die Majorität indes aus Angestellten, Geschäftsleuten und anderen Erwerbstätigen besteht (wenn sie denn Glück und einen Job haben), sowie aus Rentnern und – hoffentlich wenigstens noch zu einem kleinen Teil – aus Kindern und Pubertätlingen wie den Freizeitakrobaten vom Theaterplatz.

So ähnlich dürfte es ja auch vor 200 Jahren gewesen sein – nur dass damals der Anteil der Jungen sicher größer, die Zahl der Alten viel geringer war. Goethe, Schiller, Wieland, Herder, die Frau von Stein, der Herzog Karl August, seine Mutter Anna Amalia und seine Frau Louise, der Professor Fichte, der manchmal aus Jena zu Besuch kam, Goethes Urfreund Knebel, der Maler Kraus und der »Kunschtfreund« Meyer, die Hofdame Luise von Göchhausen, die den ›Urfaust‹ abschrieb, später die kluge Johanna Schopenhauer und noch etliche andere, die am Glanz, zumindest am Abglanz jener Epoche teilhatten – eine kleine, abgehobene Gruppe, die es sich erlauben konnte, der Kunst, dem Geist, der Bildung, der eigenen Vervollkommnung zu leben. Vielleicht hat die große Masse sie bewundert. (Wenn man von einer großen Masse reden kann. Weimar hatte damals etwa 6000 Einwohner.) Verstanden hat man sie wohl kaum, dazu war man zu sehr mit seinem Alltag beschäftigt, der viel mühseliger war als der unsere heute. Typischer für die Lebenslage der Mehrzahl war wohl das Schicksal der Christiane Vulpius, bevor sie Goethe begegnete: Mit sechs Jahren hatte sie die Mutter verloren, ihr Vater, ein Trinker, verscherzte seine kleine Beamtenstelle durch »finanzielle Unregelmäßigkeiten«, und ihr begabter Bruder (später erwarb er Ruhm und hohe Auflagen als Trivialschriftsteller) musste sein Studium wegen Geldmangels abbrechen. Christiane aber ging arbeiten – in das, was man damals eine Fabrik nannte. Deswegen wurde sie später von den fei-

nen Damen der Gesellschaft und auch von einigen Herren ver-
achtet und verlästert (Maitresse, Hure, Goethes Kreatürchen,
sein Mensch, seine dicke Hälfte, rundes Nichts, Blutwurst, die
toll geworden ist – und dergleichen).

Ihr Arbeitgeber hat sich nicht über sie geäußert. Diesen Friedrich Justin Bertuch hatte – auf einer etwas höheren sozialen
Ebene – ein ähnliches Los getroffen wie die Geschwister Vulpius. Als Kind verlor er den Vater, einen Regimentsarzt, mit fünfzehn auch die Mutter. Ein Onkel zog ihn auf und ermöglichte
ihm den Besuch des Gymnasiums, wo er ein guter Schüler war
und durch sein waches Kunstverständnis auffiel. An der Universität Jena belegte er zunächst, wie alle armen Schlucker,
Theologie, obwohl er vor allem an Literatur und Naturwissenschaften interessiert war. Nach zwei Jahren wechselte er zu den
Juristen, führte aber auch dieses Studium nicht zu Ende, sondern ging als Hauslehrer (Hofmeister nannte man das damals)
zu einem Baron von Echt, der früher einmal dänischer Botschaf-
ter in Madrid gewesen war. Über die Nöte und Demütigungen,
die man als Hofmeister zu erleiden hatte, sind wir durch viele
Berichte und vor allem durch ein Theaterstück des Sturm-und-
Drang-Dichters Jakob Michael Reinhold Lenz unterrichtet. Bertuch aber hatte Glück. Der Baron scheint erkannt zu haben, was
in dem jungen Mann steckte, und erteilte ihm seinerseits Un-
terricht in dem, was er beherrschte, nämlich in der spanischen
Sprache. Er las mit ihm den ›Don Quichotte‹. Bertuch nutzte
diese Chance und fertigte die erste Direktübersetzung von Cervantes' Roman ins Deutsche (frühere Übersetzungen hatten
stets den Umweg über die französische Version genommen).
Dieses Buch vertrieb er im Selbstverlag. Auch Übersetzungen
aus dem Englischen und Französischen und eigene Gedichte
(letztere mit mäßigem Erfolg) veröffentlichte er. Auf diese Weise
sammelte er bis zu seinem 26. Lebensjahr ein Startkapital von
etwa 2000 Talern. Das entsprach immerhin etwa dem Jahresgehalt des herzoglichen Kanzlers oder des Hofmarschalls.

1773 kehrte Bertuch nach Weimar zurück und nahm dort
Kontakt zu Künstlern und Schriftstellern auf, unter anderem zu
Christoph Martin Wieland, Erzieher des damals sechzehnjähri-
gen Herzogs Karl August. Wieland gab eine Literaturzeitschrift,

den ›Teutschen Merkur‹ heraus, und Bertuch wurde sein Redaktionsassistent, vor allem aber war er für den Vertrieb zuständig. Er verhandelte so geschickt, dass ihm Wieland ein Drittel der Einkünfte aus dieser Zeitschrift zugestand. Überhaupt war Bertuch bald bekannt für seine Fähigkeit, künstlerische und literarische Produkte – auch die anderer – zu vermarkten. Goethe, der 1775 nach Weimar kam, hat später einmal spitz bemerkt, Bertuch sei »der größte Virtuose im Aneignen fremder Federn« (so in Walter Brufords, ›Kultur und Gesellschaft im klassischen Weimar‹ nachzulesen). Das machte ihn nicht überall beliebt und galt für ein bisschen anrüchig. Bertuch durfte zwar bei dem Liebhabertheater mitspielen, das Goethe in seinen ersten Weimarer Jahren aufzog, war auch zeitweise mit Goethe per Du, aber zur eigentlichen Hofgesellschaft gehörte er nie.

Dagegen berief ihn der junge Herzog, mit achtzehn Jahren volljährig geworden und an die Regierung gelangt, 1775 zu seinem Geheim- (wir würden sagen Privat-) Sekretär und »Schatullenverwalter«. Das heißt, er betraute ihn mit der Verwaltung und Kontrolle seiner Privatkasse, muss also die besonderen Fähigkeiten Bertuchs erkannt haben. Auch dieser Posten trug nicht zu Bertuchs Beliebtheit bei, weil er nämlich darauf achtete, dass der Herzog vernünftig mit seinem Geld umging und nicht mehr ausgab, als er hatte. Auf diese Weise kam Bertuch aber zu einem ständigen, wenn auch bescheidenen Einkommen von 300 Talern im Jahr. Ein anderer hätte sich vielleicht damit begnügt, diese Stellung auszubauen, sich für den Herzog unentbehrlich zu machen und sein Gehalt langsam, aber sukzessive zu steigern. In der Tat war das ja das Prinzip des Weimarer »Musenhofes«: Sie alle, Wieland als Prinzenerzieher, Herder als Superintendent (höchster Geistlicher) des Kleinstaats, ja sogar Schiller als Professor und Goethe als Geheimer Rat und Minister, strebten im Grunde eine Position im Staatsapparat an, die ihnen eine gesicherte Existenz und möglichst auch die Muße verschaffen sollte, die nötig war, um an der Entwicklung ihrer Persönlichkeit und an ihrem künstlerischen Werk zu arbeiten.

Bertuch war da anders. Er hatte zwar bereits 1774 den Plan zu einer Zeichenschule vorgelegt, der nur mit öffentlichen Zuschüssen zu verwirklichen war. Doch sollte diese Schule nicht in erster Linie der Versorgung ihres Gründers oder der inneren Vervollkommnung ihrer Schüler dienen, sondern der Vermittlung von Fertigkeiten an Kunsthandwerker und Kunstgewerbler und damit der Förderung des allgemeinen Wohlstands. Es handelte sich weniger um Kunst als um das, was wir heute Design nennen. In den kleinen Maßstäben des Herzogtums Weimar scheint Bertuch schon so etwas wie soziale Marktwirtschaft vorgeschwebt zu haben. Das kann man daraus schließen, wenn er fragt:

»Wie versorgt ein kleiner Staat am besten seine Armen und steuert der Bettelei?«
Und die Antwort gibt:
»Durch richtige Organisation seines Handwerks und Gewerbes.«

zit. nach: Walter Steiner und Uta Kühn-Stillmark,
›Friedrich Justin Bertuch‹

(Man darf nicht vergessen, dass das Zeitalter der friderizianischen Kriege wenig mehr als ein Jahrzehnt zurücklag. Kriegsinvalide, aus der Bahn Geworfene, Analphabeten, Menschen in bitterer Not waren zahlreich in Deutschland, Bettler eine Landplage und eine Schande für die Gesellschaft. Noch zehn Jahre später mühte sich Benjamin Thompson, der Graf Rumford, in Bayern mit demselben Problem ab.)

Die Zeichenschule kam, mit Hilfe Goethes (der sogar gelegentlich Anatomieunterricht erteilte) und des Herzogs, 1776 langsam in Gang. Zumindest einer ihrer Schüler, Caspar David Friedrich, sollte ein großer Künstler werden. Schon im Jahr davor hatte Bertuch mit dem Erlös seiner Cervantes-Übersetzung ein Grundstück von etwa 20 Morgen (etwas mehr als 5 Hektar) in Erbpacht gekauft, den ehemaligen fürstlichen Baumgarten – heute der Schwanseepark mit Weimarhalle. Er behielt nur einen kleinen Teil für sich, legte dort, neben Gemüse- und Blumenbeeten und einer Hütte auch den berühmten Teich an, auf dem Goethe und die Frau von Stein später Schlittschuh liefen. Den Rest weiter hinten parzellierte und vermietete er, sodass er mit dem Kauf letzten Endes ein gutes Geschäft machte. Vorn an der Straße (heute Karl-Liebknecht-Straße) baute er ab 1780 das größte Haus des damaligen Weimar – außer dem Schloss natürlich. Heute ist das Stadtmuseum darin untergebracht.

> Bertuchen habe ich kürzlich besucht. Er wohnt vor dem Tore und hat ohnstreitig in ganz Weimar das schönste Haus. Es ist mit Geschmack gebaut und recht vortrefflich möbliert.
>
> Friedrich Schiller, 1787. Zit. nach: Paul Raabe,
> ›Spaziergänge durch Goethes Weimar‹

Dieses Haus war nicht nur zum Wohnen für Bertuch und seine inzwischen gegründete Familie gedacht. Auch die Zeichenschule wurde darin einquartiert, und später (wir verlassen jetzt die chronologische Darstellung) die Redaktionsräume seiner Zeitschriften, sein Verlag und eben auch jene »Fabrik«, in der Christiane Vulpius eine Verdienstmöglichkeit fand. Sie stellte dort, zusammen mit anderen jungen Frauen (zuerst waren es nur zehn, später zwanzig und schließlich sogar fünfzig), aus Seidenresten künstliche Blumen her, wie sie modebewusste Damen an ihre Kleider und vor allem an ihre Hüte zu applizieren pflegten. Wir würden den kleinen Betrieb heute kaum als Fabrik, eher als Studio oder Atelier und die Beschäftigten als Kunstgewerblerinnen bezeichnen. Ihre Arbeitsbedingungen sollen sehr angenehm gewesen sein. (Diese Bewertung geben wir mit Vorbehalt wieder. Man billigte der arbeitenden Klasse damals keine hohen Ansprüche zu. Immerhin, bei Bertuch fanden junge Frauen eine bezahlte Beschäftigung. Ansonsten war es ja so, dass Frauen aus bildungsbürgerlichen Familien allenfalls Gouvernante werden und solche, die wie Christiane vom unteren Rand des Kleinbürgertums stammten, sich nur als Dienstboten verdingen konnten.)

Wie auch immer: Bertuchs Kunstblumen waren gefragt, nicht nur in Thüringen, sondern in ganz Deutschland und darüber hinaus. Schon vorher war ihm der Gedanke gekommen, dass er die für seine Zeichenschule nötigen Materialien selbst herstellen könne. Er hatte, auf dem erwähnten Gelände, auch eine alte Schleifmühle (einen Betrieb, wo mit Wasserkraft Metall bearbeitet wurde) gekauft und wandelte sie um in eine Papiermühle und in eine Ölmühle, in der Farben hergestellt wurden. Was die

Zeichenschule davon nicht benötigte (also das meiste), konnte verkauft und exportiert werden.

Als Unternehmer war Bertuch insofern noch ein Mann des 18. Jahrhunderts, als er in merkantilistischer Manier bestrebt war, aus billigen Grundmaterialien möglichst teure Waren herzustellen und so einen hohen Mehrwert zu erwirtschaften. Dies entsprach auch den lokalen Gegebenheiten, denn im Herzogtum gab es keine nennenswerten Rohstoffquellen. (Goethes Versuch, eine alte Erzgrube in Ilmenau wieder in Betrieb zu nehmen, scheiterte nach langwierigen und kostspieligen Anläufen.) Eigentlich industrielle Produktionsweisen entwickelten sich damals erst in England, nach Deutschland kamen sie eine bis zwei Generationen später. Was ihm vorschwebte, war ein exklusives Kunsthandwerk, das Luxusgegenstände und solche des gehobenen Gebrauchs herstellen sollte. Um diese Idee und auch die Erzeugnisse seiner Klienten zu propagieren, gründete er, zusammen mit dem Maler Georg Melchior Kraus (erster Lehrer an der Zeichenschule), ein ›Journal des Luxus und der Moden‹, die erste (mit Kupferstichen und Lithografien) illustrierte Zeitschrift Deutschlands. Sie entwickelte sich ihrerseits zu einem Verkaufsschlager, war im ganzen deutschen Sprachraum verbreitet und übrigens viel langlebiger und marktbeständiger als die hochmögenden Programmzeitschriften der Literaten: Wielands ›Teutscher Merkur‹, Schillers ›Horen‹, seine ›Thalia‹ oder die ›Propyläen‹. Die meisten von denen stellten schon nach einigen Jahren ihr Erscheinen ein. Das ›Modejournal‹, wie man es der Kürze halber bald nannte, erschien bis weit ins 19. Jahrhundert hinein und beschäftigte zahlreiche Mitarbeiter: Korrespondenten, Zeichner, Kupferstecher, Lithografen, Illuminierer, Setzer, Drucker. Jeder Ausgabe lag ein ›Intelligenzblatt‹ bei – das, was wir heute den Anzeigenteil nennen.

Bertuch gab zeitweise bis zu zehn Zeitschriften heraus. Die wichtigste von ihnen war die ›Allgemeine Literaturzeitung‹. Sie brachte Rezensionen – nicht nur über deutschsprachige Neuerscheinungen, sondern auch über solche aus den hauptsächlichsten europäischen Sprachen, verfasst von Fachleuten und auf durchwegs beachtlichem Niveau. Sie erschien bis 1849 und zwar – man lese und staune – an jedem Wochentag des Jahres.

Dabei ging sie von einem weit gefassten Literaturbegriff aus, besprach Werke der »schönen« Literatur, aber auch wissenschaftliche Bücher und das, was wir heute Sachbücher nennen. Die Rezensionen waren unterschiedlich lang – je nach der Bedeutung, die die Redaktion dem betreffenden Buch zumaß. Man brachte auch schon Nachrichten über Schriftsteller und Wissenschaftler, und natürlich lag auch dieser Zeitschrift ein ›Intelligenzblatt‹ bei. Um das Geld für den Druck nicht an »ausländische« Druckereien zahlen zu müssen, richtete Bertuch in Weimar eine eigene Offizin mit sechs Pressen ein. Übrigens setzte er nicht ausschließlich auf Publikumsrenner, sondern gab – wenigstens drei Jahre lang – auch ein scheinbar so ausgefallenes Organ wie das ›Magazin für spanische und portugiesische Literatur‹ heraus. Vielleicht als Dank an Miguel de Cervantes, dessen Ritter von der traurigen Gestalt am Anfang seiner Karriere gestanden hatte? Dazu kamen noch ein ›Magazin der Handels- und Gewerbekunde‹, ›Geographische Ephemeriden‹, das ›Gartenmagazin‹, ›London und Paris‹, ein illustriertes Magazin »für die gebildeten Kreise des In- und Auslands« und ›Die Zeiten‹, ein sechswöchig erscheinendes, mit Bildern und Karten versehenes Periodikum für Zeitgeschichte. Nach den Befreiungskriegen dann auch zwei politische Organe mit den bemerkenswerten Titeln ›Nemesis‹ und ›Oppositionsblatt‹ (letzteres wurde nach Metternichs ›Karlsbader Beschlüssen‹ 1821 verboten). Es ist immer wieder erstaunlich, wie geistig offen man im scheinbar so provinziellen Weimar, im krähwinkeligen Deutschland des Spätabsolutismus war.

Der Unternehmer Bertuch verdiente etwa doppelt so viel wie der Minister Goethe. Man kann sagen, dass er einen Grundsatz verwirklichte, der heute noch oft zitiert, aber selten beherzigt wird: dass ein an natürlichen Ressourcen armes Land vor allem auf den Geist und die Fähigkeiten seiner Menschen bauen und diese sorgsam pflegen und klug einsetzen sollte. Diesem Ziel diente auch das 1791 mit Bewilligung des Herzogs eingerichtete »Landes-Industrie-Comptoir« (ebenfalls in dem Haus an der heutigen Liebknecht-Straße). Es sollte dazu dienen, Erzeugnisse des lokalen Handwerks auszustellen, Aufträge zu akquirieren und wenn möglich zu lenken, Anregungen und neue Ideen zu vermitteln und auch den Import entsprechender Waren zu regeln und zu verrechnen. Es war also eine Art Industrie- und Handelskammer (das Wort Industrie noch im ursprünglichen Sinn »menschliche Fähigkeit und Tätigkeit« verstanden). Bertuchs Anregung an die Behörden von Kursachsen, dort, in dem etwas größeren Flächenstaat, eine ähnliche Institution einzurichten, stieß allerdings auf wenig Verständnis. Er musste im kleinen Herzogtum Sachsen-Weimar-Eisenach bleiben, wirkte aber weit darüber hinaus.

> Ich verstehe unter Landes-Industrie-Institut eine gemeinnützige öffentliche oder private Anstalt, die sichs zum einzigen Zwecke macht, teils die Natur-Reichtümer ihrer Provinz aufzusuchen und ihre Kultur zu befördern, teils den Kunstfleiß ihrer Einwohner zu beleben, zu leiten und zu vervollkommnen. Am besten und für das Land am wohltätigsten werden alle dergleichen Unternehmungen durch kaufmännische Societäten oder sogenannte Aktien-Gesellschaften oder, wenn ihr Objekt nicht so groß ist, bloß durch einen tätigen und geschickten Privat-Mann gemacht.
>
> Friedrich Justin Bertuch, zit. nach: Wikipedia, ›Friedrich Justin Bertuch‹

Dort allerdings beschäftigte er schließlich über vierhundert Leute – etwa zehn Prozent der arbeitsfähigen Bevölkerung Weimars, mitgerechnet die Frauen, die ja damals in der Regel nicht am Erwerbsleben teilnahmen. Er gab sich nicht damit zufrieden, den Zeitschriftenmarkt aufzubauen und zu beliefern, sondern wurde auch zum Buchverleger. Und auch da erschloss er ein neues Feld, nämlich das der Jugend- und Sachliteratur. Berühmt und in ganz Europa verbreitet wurde sein ab 1791 erscheinendes ›Bilderbuch für Kinder‹, das den Gedanken des tschechischen Pädagogen Jan Amos Comenius aus dem 17. Jahrhundert wieder aufnimmt. Wie dessen ›Orbis Pictus‹ soll es als Anschauungsmaterial zur »Naturgeschichte«, also zu einer breiten Palette von Naturwissenschaften, dienen. Es erschien in monatlich herausgegebenen Heften, und zwar gab es eine teure kolorierte und eine preiswertere schwarz-weiße Ausgabe. Die Bilder, naturgetreu gezeichnet, aber so weit vereinfacht, dass das Kennzeichnende eines Gegenstands stets deutlich hervortritt, dazu in sinnvolle Zusammenhänge gestellt, sind heute noch eine Augenfreude. Sie wurden viersprachig beschriftet: deutsch, englisch, französisch, italienisch, auch mit Blick auf die Verkaufschancen im Ausland – eine Rechnung, die tatsächlich aufging.

Das ›Bilderbuch‹ erschien, wie gesagt, in einzelnen, für nicht so betuchte Kunden erschwinglichen Lieferungen. Auch bei anderen Projekten setzte der Verleger Bertuch auf das Prinzip der Reihe, und er fand für solche Serien auch schon werbekräftige Titel oder Schlagwörter. Die »Blaue Bibliothek aller Nationen« versammelte Märchen, Ritterromane und andere populäre Literatur in zeit- und jugendgemäßer Bearbeitung, die »Bibliothek der Reisebeschreibungen« war einem damals und noch weit ins 19. Jahrhundert hinein ungemein beliebten Genre gewidmet. (Solange wirkliche Reisen für die meisten Menschen finanziell unerschwinglich und dazu noch mühevoll und gefährlich waren, stillten sie ihr Fernweh hauptsächlich durch Lektüre. Davon hat noch Karl May profitiert, der in solchen Büchern Anregung für seine Fantasie fand und andererseits die Lesegewohnheiten seines Publikums nutzte, indem er die eigenen Träumereien als Reiseberichte tarnte.) Sozusagen als Luxus und als Beweis seiner verlegerischen Seriosität publizierte Bertuch auch wissenschaftliche Arbeiten wie etwa Goethes ›Beiträge zur Optik‹. Er konnte sich das leisten.

1814 fuhr Bertuchs Sohn Karl, ein begabter Autor, zusammen mit Goethes Verleger Johann Friedrich Cotta und im Auftrag der »Vereinigung deutscher Buchhändler« zum Wiener Kongress, wo gerade die »Bundesakte« beraten wurde, eine Art Grundgesetz für den »Deutschen Bund«, jenes Staatenbündel, das die napoleonischen Kriege vom Alten Reich übriggelassen hatten. Die beiden sollten sich dafür einsetzen, dass in diesem Grundgesetz auch das Urheberrecht geregelt werde, die Frage geistigen Eigentums. Bis jetzt nämlich waren Nach- und Raubdrucke an der Tagesordnung. Als Geschäftsmann war Bertuch auch an der »Buchhandlung der Gelehrten« in Dessau beteiligt, die der dortige Fürst Leopold III. Franz (»Vater Franz«, der uns im nächsten Kapitel noch einmal begegnen wird) gegründet hatte, um die Ausbeutung von Autoren und den Betrug an ihnen einzudäm-

men. Als Bürger von Weimar dagegen wurde er 1811 zum »Stadt-
ältesten« ernannt und entwarf, zusammen mit dem herzoglichen Kanzler Müller, eine neue, freiheitlichere Gemeindeordnung für das Herzogtum Sachsen-Weimar-Eisenach (nach dem
Vorbild der preußischen des Freiherrn vom Stein). Es ist kennzeichnend für den sich wieder verengenden Zeitgeist des Vormärz – und auch etwas deprimierend –, dass nach Bertuchs Tod
im Jahre 1822 dieser Kanzler, und nicht etwa eine der in Weimar
ansässigen literarischen Größen, bei seiner Beerdigung sprach.

> Wie ein befruchtender Strom führten seine weltbürgerlichen Ver-
> bindungen die Ausbeute vielseitigsten Forschens den entfernte-
> sten Ländern zu; jeden neuen Lebenskeim im Gebiete des Wissens
> verstand er aufs Zweckmäßigste auszubilden, jede schlummern-
> de Kraft in seinem Kreise zu wecken und zu steigern.
>
> Zit. nach: Walter Bruford, ›Kultur und Gesellschaft
> im klassischen Weimar‹

Natürlich gibt es heute in Weimar eine Bertuch-Straße. Sie ist
eine schmalere Parallele zur Ernst-Thälmann-Straße. Anzunehmen ist, dass zumindest einige Weimarer wissen, wer Friedrich
Justin Bertuch war und was ihm die Stadt verdankt. Aber außerhalb Weimars und unter den vielen tausend Touristen, die Jahr
für Jahr die Stadt besuchen, wer hat da, abgesehen von ein paar
Goethezeit-Spezialisten, schon einmal von dem Unternehmer
Bertuch gehört oder gelesen? Wer hat den Namen, wenn er denn
auf ihn gestoßen ist, nicht gleich wieder vergessen? Und um ehrlich zu sein: Auch der Autor dieser Zeilen wäre Bertuchs Spuren
nicht nachgegangen, wenn ihm der Gedanke, über Goethe,
Schiller und ihr Zeitalter etwas sagen zu wollen, was noch irgendwie unverbraucht klingen könnte, nicht so vermessen erschienen wäre. Und er wollte auch nicht das Gutmenschenritual
zelebrieren, nach dem zuerst der Frauenplan und anschließend,
als Kehrseite der deutschen Medaille, der Ettersberg mit dem
Konzentrationslager Buchenwald in Erinnerung gerufen werden
muss. (Obwohl wir auch das besucht haben – an einem verreg-
neten, kalten Tag.)
»Das Klassische ist immer das Banale«, sagte vor fünfzig Jah-

ren der Historiker Franz Schnabel. Weimar ist die Stadt Goethes, und um seinetwillen kommt man hierher. Man erweist auch Schiller seine Reverenz, obwohl der ja nur kurze Zeit hier gelebt hat und früh gestorben ist. Alle anderen: Herder, Wieland, Herzog Karl August, Anna Amalia, Frau von Stein, kennen wir nur noch als seine Zeitgenossen und Weggefährten oder Wegbereiter, für sie allein würden wir uns kaum interessieren. Auch das Stadtbild hat Goethe geprägt: den Park an der Ilm angelegt (Bertuch kümmerte sich um die Finanzierung), das Römische Haus entworfen und das ausgebrannte Schloss renoviert und neu eingerichtet. Deswegen schauen wir es an, ebenso wie wir das Belvedere und Schloss Tiefurt besuchen, weil wir meinen, dort etwas von der Atmosphäre der Goethezeit aufspüren zu können. Anderes (das Cranachhaus, die Stadtkirche, die Reste der Renaissance-Residenz) sind zwar sehenswert, aber dergleichen gibt es anderswo großartiger und flamboyanter. Und von späteren Weimarer Größen (Franz Liszt, der kranke Nietzsche, die Bauhaus-Leute und auch die Nationalversammlung von 1919) kann man sagen, dass sie nie hierher gelangt wären, wäre die Stadt nicht durch Goethe und seinen Geist gekennzeichnet gewesen.

Neben einem solchen Genie wirkt der Unternehmer Friedrich Justin Bertuch irgendwie hausbacken, nüchtern, manche Leute würden sagen, spießig. Nach zweihundert Jahren inspiriert er niemanden mehr, es hat seither eine Reihe viel gewaltigerer Tycoons gegeben, und wir haben gelernt, auch die Gefahren und Abgründe wirtschaftlicher Tüchtigkeit wahrzunehmen und zu fürchten. Soll man so jemandem auch noch Denkmäler errichten? Eigentlich ist es doch nur gerecht: Den Bossen gehören zu ihren Lebzeiten das Geld, die Macht und das Ansehen. Den Künstlern und Dichtern gehört der Nachruhm und, wenn sie ganz groß sind, etwas, das der Unsterblichkeit zumindest nahekommt.

Und doch: Stellen wir uns einmal vor, ein paar Leute hätten, statt des vergeblichen Versuchs, es Goethen gleichzutun, sich den Geschäftsmann und Bürger Bertuch zum Vorbild genommen. Nein, wir wollen Pegasus nicht ins Joch spannen, unsere Lyriker, von Hölderlin und Brentano bis Robert Gernhardt und H. M. Enzensberger sind uns teuer und unentbehrlich. Und die

Erzähler und Stückeschreiber sowieso. Aber zum Beispiel Christian Dietrich Grabbe: Wenn der, statt ein unspielbares Drama nach dem anderen zu schreiben und sich aus Ungenügen an sich selbst und aus Verzweiflung über seinen Misserfolg zu Tode zu saufen, seine zweifellos vorhandenen Geistesgaben benutzt hätte, um ein wohlhabender, selbstbewusster, verantwortungsvoller, seinen Mitmenschen nützlicher, dabei gebildeter und kluger Mensch zu werden... Oder wenn z. B. Max von Schenkendorf, statt Strophe an Strophe voll patriotischer Platitüden abzusondern... Wenn es in jedem deutschen Kleinstaat einen oder zwei oder drei Bertuchs gegeben hätte, in Bayern und Württemberg vielleicht je dreißig und in Preußen und Österreich sagen wir hundert: Leute, die ihren Wert kannten und es nicht nötig hatten, Reserveoffizier zu werden und bis ins 20. Jahrhundert hinein die immer sinnloser werdenden Lebensformen des Adels nachzuäffen. Wäre dann vielleicht ein Bürgertum entstanden, das... Und wir hätten keinen Bismarck gebraucht, Wilhelm II. wäre ein normaler, wenn auch verkrüppelter Prinz geblieben, die Geschichte des 19. Jahrhunderts sähe anders aus, eine Anzahl von Begriffen (etwa »Weltkrieg«, »Holocaust«, »totalitär«) wäre uns heute unbekannt.

Beim Nachdenken über Vergangenes sollte man das Wort »wenn« und die Redeform des Konditionals vermeiden. Aber manchmal kommt man eben doch ins Sinnieren.

Der Vesuv im Wörlitzer Park, undatiertes Photochrom, zwischen 1890–1900

Kapitel 5
Vater Franz
━━ und das Gartenreich von Wörlitz ━━

Sein Ländchen war 700 Quadratkilometer groß und wurde von 35 000 Untertanen bewohnt. Es lag, oft von Hochwasser bedroht, flach, landschaftlich eher öde, an der Mündung der Mulde in die Elbe. Die Hauptstadt Dessau hatte etwa 7000 Einwohner. Wirtschaftlich war nicht viel los. Man ernährte sich hauptsächlich von Landwirtschaft.

Schon Fürst Leopold III. Friedrich Franz' Urgroßvater hatte es augenscheinlich als wenig befriedigend empfunden, diese Armseligkeit zu regieren, war ins benachbarte Preußen gegangen und hatte dort, wie man damals sagte, Kriegsdienste geleistet. Sein Großvater dann, Leopold I. von Anhalt-Dessau (mit Beinamen »der alte Dessauer«), war in preußischen Diensten zum Feldmarschall aufgestiegen. Er war es, der der preußischen Infanterie den Gleichschritt sowie den eisernen Ladestock verordnete und ihr die ebenso eiserne Disziplin eindrillte. Damit hat er eine der Grundlagen für die späteren Siege des Alten Fritz gelegt.

Auch sein Vater, verschiedene Onkel, Cousins und andere Verwandte schlugen sich für Preußens Fahnen, und die meisten von ihnen stiegen in den Generalsrang auf. So schien es ganz natürlich, dass auch der 1740 geborene Fürst Leopold III. Friedrich Franz mit sechzehn Jahren in den Krieg zog, den der Große König wieder einmal angezettelt hatte. Es war das der Dritte Schlesische Krieg, auch der Siebenjährige genannt. Der junge

Franz (so sein Rufname) aber hatte, nachdem er die siegreiche Schlacht von Prag mitgemacht hatte, bereits nach einem Jahr genug davon. Er bat seinen Onkel und Vormund (die Eltern hatte er mit elf Jahren verloren), ihm seinen Abschied zu erwirken. Den erhielt er (im Range eines Obristen), aber König Friedrich nahm ihm sein Verhalten übel, zumal Fürst Franz, mit achtzehn Jahren vorzeitig volljährig an die Regierung gelangt, sein Ländchen für neutral erklärte. Der König belegte das Land mit einer Million Taler Kontributionen und ließ widerrechtlich im Fürstentum Rekruten ausheben. Dagegen konnte der Fürst nichts tun, aber die Kontributionen bezahlte er aus seinem Privatvermögen – er verscheuerte das Familiensilber. Es kam ihm auch zugute, dass seine Vorfahren für ihre Kriegstaten mit Latifundien in Ostpreußen belohnt worden waren.

Immerhin verdankte Fürst Franz diesem bei den Preußen verbrachten Jahr zwei Bekanntschaften, die entscheidend für sein Leben werden sollten. In Dresden fiel ihm, frisch aus der Druckerpresse, Johann Joachim Winckelmanns Buch ›Gedanken über die Nachahmung der griechischen Werke in der Malerei und Bildhauerkunst‹ in die Hände. (Später hat er ein halbes Jahr in Rom verbracht, um im persönlichen Gespräch von Winckelmann zu lernen.) Und ebenfalls in Dresden traf er auf einen jungen sächsischen Adeligen, Friedrich Wilhelm von Erdmannsdorff, einen Autodidakten, der die Leidenschaft des Fürsten für Kunst, Architektur und vor allem für Landschaftsgärtnerei teilte. Er wurde ein Freund und Weggefährte fürs Leben, der Mann, der die Ideen des Fürsten in die Wirklichkeit umsetzte.

Das Erbe, das der Fürst antrat, schien zunächst alles andere als verlockend. Die Landwirtschaft, der wichtigste und nahezu einzige Produktionszweig im Ländchen, war unterentwickelt, die Leute arm, ihr Bildungsniveau niedrig, der Handel litt unter dem Krieg, der jenseits der Grenzen weiterging, und unter der Münzverschlechterung, mit der Preußens Friedrich diesen Krieg finanzierte. War es also Flucht vor der Wirklichkeit, wenn der junge Fürst, sobald das nur wieder möglich war, nämlich nach dem Frieden von Hubertusburg 1763, auf Reisen ging, begleitet von Freund Erdmannsdorff?

Es könnte so scheinen, aber es war nicht so. Das kann man

schon an den Reisezielen ablesen, die die beiden und ihr Gefolge aufsuchten und die für die damalige Zeit ziemlich ungebräuchlich waren. Sie wandten sich nicht, wie das junge Kavaliere auf ihrer *Grand Tour* üblicherweise zu tun pflegten, nach Süden, zu den Schönheiten Italiens oder nach Frankreich. Sie fuhren dorthin, wo es etwas zu lernen gab: zunächst nach Holland. Erinnern wir uns, dass Franz' kleines Reich häufig von Hochwasser heimgesucht wurde und dass die Holländer Meister im Deichbau waren. Auch sonst gehörten die freien Niederlande zu den wirtschaftlich und technisch fortgeschrittenen Gegenden Europas. Vor allem trieb man dort schon eine intensive Landwirtschaft. Ähnliches gilt auch für die damals noch österreichischen Niederlande, das heutige Belgien, wo Franz in Brüssel Station machte. Das eigentliche Ziel der Reise aber lag jenseits des Ärmelkanals, im damals modernsten Land Europas.

England war dem Rest des Erdteils um einen, zwei oder mehr Schritte voraus. Nicht nur durch sein parlamentarisches System und die Schranken, die es der Monarchie gesetzt hatte – in der englischen Gesellschaft waren die Standesunterschiede weniger krass, gingen Adel und gehobenes Bürgertum ineinander über, weil immer nur *ein* Nachkomme den Titel erbte und die anderen wieder zu *Commoners* wurden. Vielleicht hat Fürst Franz etwas von dieser gesellschaftlichen Offenheit gespürt, als er sagte: »In England kann man ein ordentlicher Mensch werden«. Übrigens hatte er eine Affäre mit einer bürgerlichen Engländerin. Die wollte er sogar heiraten und dafür auf sein Thrönchen verzichten, um als Privatmann in England zu leben. Das redete man ihm aber daheim in Dessau wieder aus.

England stand am Vorabend der industriellen Revolution. Wenige Jahre später stellte James Watt seine erste Dampfmaschine auf. Ob der Fürst von solchen Erfindungen gehört und einen Begriff davon hatte, wie sie das Leben der Menschen verändern würden? Er hatte jedenfalls konkrete Vorstellungen von dem, was er lernen wollte, und hatte sich schon zu Hause durch die Lektüre von Fachbüchern vorbereitet.

Zum einen betrieb man in England moderne Landwirtschaft. Statt der aufwendigen, wenig ergiebigen Dreifelderwirtschaft, bei der immer ein Drittel des Landes brachlag, bewahrte man den Boden durch wechselnde Fruchtfolge vor Erschöpfung. Heimgekehrt, führte Fürst Franz den in Deutschland bis dahin unbekannten Kleeanbau auf seinem Gebiet ein. Der ermöglichte die Stallfütterung des Viehs. Damit und mit anderen Neuerungen, z. B. auch verbesserten Methoden des Obstbaus, verhalf er seinen Untertanen zu einem höheren Einkommen.

Zum anderen herrschte in England ein anderer Geschmack, ein anderer Stil in der Architektur. Englische Bauherren und Architekten hatten sich nicht so sehr an Versailles orientiert, an der prunkvollen Überladenheit des Barock oder der verspielten des Rokoko, sondern an den Bauten des italienischen Renaissancebaumeisters Palladio, also indirekt an der Formensprache der Antike. Englische Adelige wohnten nicht mehr in Schlössern, sondern in *Manor Houses*, großen Landhäusern von klarer, schlichter Eleganz. Das kam dem Kunstbegriff entgegen, den der Fürst und Erdmannsdorff aus Winckelmanns Buch gelernt hatten. Andererseits aber hatte man in England auch schon die Baukunst der Gotik entdeckt und versuchte, sie zu adaptieren und weiterzuentwickeln. Die»Neugotik« war der erste Schritt in den Historismus des späteren 19. Jahrhunderts.

Schließlich: In England war eine neue, andere Gartenkunst entstanden. Die Parks sollten nicht mehr aussehen wie ins Freie versetzte Kunstgebilde, mit geometrisch angelegten Bosketten, kugel- oder pyramidenförmig zurechtgestutzten, in schnurgeraden Reihen paradierenden Bäumen, exakt beschnittenen Hecken, einheitlich auf einen *point de vue* ausgerichteten Wegen und Anpflanzungen. So etwas nannte man einen französischen Park. Der»englische Garten« dagegen sah aus wie eine natürlich gewachsene Landschaft. (»Retournons à la nature!«, hatte Jean Jacques Rousseau gefordert und mit seinem Natur- und Gefühlskult die Aufklärung vollendet und zugleich überwunden.) Nur dass man dieser Natürlichkeit durch subtile Kunst nachhalf: Durchblicke und Sichtachsen schuf, an markanten Punkten Blickpunkte und stimmungsvolle Monumente aufstellte, manchmal auch künstliche Ruinen, denn man liebte es, genussvoll in melancholischen Stimmungen zu schwelgen. Wasserflächen arrangierte man so, dass sich Uferlinien, Bäume, Himmel, Wolken und die wechselnden Tönungen des Tageslichts stimmungsvoll und träumerisch in ihnen spiegelten. Sogar Regenschauer oder winterlicher Schnee können einem solchen Park einen besonderen Reiz verleihen.

Leopold III. Friedrich Franz von Anhalt-Dessau war der Erste, der diese neue Gartenkunst in Deutschland anwandte, zwanzig Jahre vor Graf Rumford und Kurfürst Karl Theodor in München. Er sprach übrigens nie von einem Park, weil ihm das zu sehr nach Abgeschlossenheit, nach adeliger Exklusivität klang. Seine Wörlitzer Anlagen sollten für alle Besucher offen sein. Die Leute aus dem Fürstentum, aber auch Fremde von weit her sollten kommen, schauen und lernen. Denn das »Gartenreich« (so die etwas blumige Bezeichnung, der sich heutige Tourismusexperten bedienen) enthält zugleich ein pädagogisches Programm.

Aber damit greifen wir weit vor. Zunächst nämlich, nach Anhalt zurückgekehrt, plante der Fürst gleich seine zweite Reise. Diesmal wurde es eine regelrechte *Grand Tour*: über Augsburg und Innsbruck nach Italien, Vicenza (wo es Palladio-Bauten im Original zu sehen gab), Venedig, Ferrara, Ravenna, Loreto und Rom (wo er sich, wie bereits erwähnt, mit Winckelmann austauschte), weiter nach Neapel. Mit seinem verängstigten Gefolge besichtigte er vom Kraterrand aus einen Ausbruch des Vesuvs. Das imponierte ihm so sehr, dass er sich später in Wörlitz einen kleinen Kunst-Vulkan errichten ließ, der allerdings meist nicht funktionierte. (Mittlerweile ist dieser Vulkan restauriert und wird zu besonderen Gelegenheiten »in Betrieb genommen«.) Zurück nach Norden: Pisa, Florenz, Mailand und Genua. Dann nach Marseille, Dijon, Paris, Calais, und wieder hinüber nach England: Canterbury, London, Rochester, York, Edinburgh und Glasgow. Auf der Rückreise noch Stationen in Lille, Luxemburg und Frankfurt. Als er heimkam, hatte er genug gelernt und machte sich an die Arbeit.

Wandert man heute durch die weitläufigen Wörlitzer Anlagen, bekommt man leicht den Eindruck, hier habe sich ein Ästhet sein traumhaftes Arkadien geschaffen, fernab der Welt und ihres hastigen Getriebes. Und man wird in solchen Meinungen von den Worten mancher Zeitgenossen des Fürsten Franz bestärkt.

Wörlitz, 14. Mai 1778.
... Hier ists iezt unendlich schön. Mich hats gestern Abend wie
wir durch die Seen Canäle und Wäldgen schlichen sehr gerührt
wie die Götter dem Fürsten erlaubt haben einen Traum um sich
herum zu schaffen. Es ist wenn man so durchzieht wie ein Märchen das einem vorgetragen wird und hat ganz den Charackter
der Elisischen Felder. In der sachtesten Manigfaltigkeit fliest eins
in das andre, keine Höhe zieht das Aug und das Verlangen auf einen einzigen Punckt, man streicht herum ohne zu fragen wo
man ausgegangen ist und hinkommt. Das Buschwerck ist in seiner schönsten Jugend, und das ganze hat die reinste Lieblichkeit.

Goethe an Charlotte von Stein, zit. nach: Thomas Weiss (Hg.),
›Dessau und Weimar – zum 250. Geburtstag von Johann Wolfgang von Goethe‹

Wieder müssen wir sagen: Nein, so idyllisch war es nicht. Es
galt, bevor Schönheit geschaffen werden konnte, zunächst eine
Reihe von Schwierigkeiten und Gefahren zu überwinden. Da
waren zunächst die jährlich oft mehrere Male wiederkehrenden
Hochwasser. Deiche existierten seit der Zeit des Alten Des-
sauers, aber sie waren unzulänglich und vernachlässigt. Franz
ließ sie verstärken, mit Schuppen (Wallwachhäusern) versehen,
wo das nötige Werkzeug und Material gelagert wurde, richtete
einen Wachdienst ein und entwarf einen Dienstplan, der genau
vorschrieb, was bei bestimmten Wasserständen zu unternehmen
sei. Er beaufsichtigte diesen Deichschutz persönlich. In der Stadt
Dessau wurde – auch das war damals noch nicht selbstverständlich – eine funktionierende Feuerwehr organisiert. (Man heizte,
kochte, leuchtete ja ausschließlich mit offenem Feuer und
Licht, beim Hausbau wurde viel Holz und Fachwerk verwendet.
Feuersbrünste waren in allen Städten ein immer wiederkehren-
des Ereignis.) Auch eine Brandkasse, also eine Feuerversiche-
rung, wurde eingeführt.

Mitarbeiter des Fürsten legten in seinem Auftrag ein Muster-
gut an, erprobten den Klee-, Futter- und Rapsanbau, die Stallfütterung und andere neue Wege der Tierhaltung. Auch der
Obstbau wurde intensiviert. Das brachte Anregungen für die
Bauern des Fürstentums und versprach ihnen ein besseres Einkommen. Also setzten sich solche Reformen ohne viel Zwang
durch. Erleichtert wurden sie dadurch, dass es in Anhalt-Des-

sau keinen landständischen Adel gab, der dem Fürsten in seine Planungen und deren Finanzierung hätte hineinreden können. (Schon der Alte Dessauer hatte diesen eingesessenen Adel aus dem Land geekelt.) Das ganze Land war, wie man damals sagte, eine Domäne, d. h. Grund und Boden gehörten zum großen Teil dem Fürsten, der sie den Leuten zuteilen konnte, die ihm bei der Verwirklichung seiner Pläne halfen. Wenn man vor Hochwasser sicher war, konnten jetzt auch Flächen genutzt werden, die bis dahin brachgelegen hatten.

Allerdings ging das nicht ohne Rückschläge vor sich. 1770 zerstörte eine Flut auch die ersten Anfänge der Wörlitzer Anlagen, und man musste von Neuem beginnen. Diese Anlagen sind im Übrigen wirklich kein reiner Park, nichts, was nur der Erholung und ästhetischen Erbauung dienen sollte. Sie enthielten immer auch Nutzflächen, Roggen- und Rapsfelder, Streuobstwiesen, Schaf- und Viehweiden. In der Nachbarschaft des Floragartens steht ein Kuhstall. Die Anlagen sollten schön *und* nützlich sein. Die Besucher sollten bei ihren Spaziergängen genießen, ihren Geschmack bilden und durch Anschauung lernen. Daher die vielen Denkmäler, das Pantheon, das Gotische Haus, der Venustempel und wie die liebenswerten Sehenswürdigkeiten alle heißen. Hervorheben wollen wir die Synagoge. Ein Sechstel der Einwohner des Fürstentums waren Juden. Das lässt darauf schließen, dass man dort seit längerer Zeit Toleranz geübt hatte. Dass der Fürst ihnen ein Bethaus in die Anlagen stellte, nicht sehr weit von dem schönen, klassizistischen Schloss (oder vielmehr Landhaus), das er für sich selber baute, war eine symbolträchtige Geste.

Die Brücken über die zahlreichen Wasserarme sind so gebaut, dass sie dem Betrachter die Geschichte eines Zweiges der Ingenieurkunst vor Augen führen: von einem einfach über einen Bach gelegten Baumstamm über chinesische, palladianische, venezianische, holländische Formen, eine Inka- und eine Hängebrücke bis zu einem verkleinerten Abbild der damals modernsten Eisenbrücke in England. Uns mag der Gedanke, den Golf von Neapel samt Vesuv auf einer Insel im Wörlitzer See im verkleinerten Maßstab nachzubauen, skurril und possierlich erscheinen. Man muss aber bedenken, dass damals nur die wenigsten Menschen die Mittel hatten, sich solche Gegenden im Original anzuschauen. Auch Abbildungen waren selten und teuer. Was Fürst Franz in Dessau betrieb, sprach sich in Deutschland herum. Vor allem unter den Bürgern, den Intellektuellen, den Aufklärern. Er beließ es ja nicht bei den Anlagen, sondern richtete ein für damalige Verhältnisse modernes Sozialwesen mit Arbeitsbeschaffung, Essensausgabe an Mittellose sowie kostenloser medizinischer Versorgung für arme Handwerker ein, baute ein Armen- und ein Krankenhaus und versuchte, die Bettler von den Straßen wegzubringen. Und er kümmerte sich um die Schulen: richtete ein Lehrerseminar ein, damit die Kinder nicht weiterhin von ausgedienten Feldwebeln das Abc lernen mussten, hospitierte auf der »Großen Schule« in Dessau, einer Art Gymnasium, gründete eine »Töchterschule« (bis dahin hatte es für Mädchen überhaupt keine geregelte Schulausbildung gegeben) und »Erwerbsschulen«, also Berufsschulen. Und er berief Johann Bernhard Basedow aus Altona nach Dessau. Der war, neben Pestalozzi, der bekannteste Pädagoge jener Zeit. In Dessau bekam er Gelegenheit, seine Ideen zu verwirklichen, obwohl es ihm nicht gelang, außer dem Fürsten noch andere Geldgeber zu finden. Der Fürst schickte seinen eigenen Erbprinzen auf Basedows »Philanthropin«, eine Schule, auf der nicht nur die alten klassischen Fächer sowie Fechten und Tanzen unterrichtet wurden (die Schüler kamen aus der Oberschicht), sondern vor allem moderne Fremdsprachen und, in möglichst anschaulicher Form, Naturwissenschaften, Physik, Geometrie, Mechanik, Biologie und speziell Gartenbau. Und, lange vor Jahn, Schulsport. Den gab es auch an den anderen Schulen des Fürstentums, auch für Mädchen. Jedes Jahr fand das »Drehbergfest« unter dem Protektorat des Fürsten statt, mit Pferderennen, Wettläufen und anderen agonalen Veranstaltungen (man kannte bereits 30 verschiedene sportliche Übungen). Erwähnenswert: Am Philanthropin und nach Möglichkeit auch an den anderen Schulen wurden Schüler niemals geschlagen. Keine Selbstverständlichkeit in einer Zeit, in der der Rohrstock geradezu als Zunftzeichen der Schulmeister galt.

Mit 37 Jahren bekam der Fürst von seinen Untertanen den Beinamen »Vater Franz«. Besucher kamen aus ganz Deutschland und Europa: Goethe mehrere Male mit seinem Herzog (persönlich waren sich der Dichter und der Fürst nicht uneingeschränkt sympathisch), Winckelmann, Georg Forster, der mit James Cook die Welt umsegelt hatte, der Dichter Friedrich von Matthisson, der österreichische Fürst de Ligne, Wieland, der Maler Tischbein und viele andere. Franz war so etwas wie der Idealherrscher, das Inbild dessen, was sich die Aufklärer, die Fortschrittlichen seiner Zeit erträumten. Hatte er nicht ein Theater gebaut, in dem es keine Fürstenloge mehr gab? Und eine Verlagsbuchhandlung gegründet, die die Autoren vor Ausbeutung durch geschäftstüchtige Verleger bewahren sollte? Hatte er nicht die »chalkographische Gesellschaft« ins Leben gerufen, die Kupferstich-Kopien von klassischen Werken der bildenden Kunst herstellen und so auch weniger bemittelten Schichten eine ästhetische Bildung ermöglichen sollte? In Berlin ärgerte sich der alternde König Friedrich darüber, dass auch in seiner Umgebung alles über den Fürsten von Dessau sprach.

Fürst Franz gewährte jedem Besucher und auch den eigenen Untertanen Zutritt in sein Schloss und ein offenes Ohr. Wer wollte, der sollte kommen, schauen und lernen. Eine Person allerdings fühlte sich in diesem offenen Haus immer weniger wohl: Luise Henriette Wilhelmine, die Fürstin, Franz' Frau. Sie war eine Prinzessin von Brandenburg-Schwedt, eine Nichte König Friedrichs, und die Ehe war auf dessen Veranlassung zustande gekommen. Franz hatte auf seine englische Liebe verzichtet und in diese Verbindung eingewilligt, weil seine Berater ihn überredet hatten, er müsse das tun, um die Beziehung zum übermächtigen Nachbarn wieder aufzubessern. Es war keine Liebe zwischen den beiden, aber anfangs versuchten sie, miteinander auszukommen. Die Fürstin sei, lesen wir, künstlerisch hochbegabt, gebildet und klug gewesen, »aber leider auch sehr empfindsam«, wir würden heute vielleicht sagen, ein bisschen zickig. Ihre Krankheiten, von denen wir erfahren, scheinen psychogener Natur gewesen zu sein: Hautekzeme, ein Hörsturz in noch jungen Jahren, zunehmende Schwerhörigkeit, Menschenscheu, Schwermut.

Es ist ja auch begreiflich: Franz genoss seinen Ruhm, den Strom von Besuchern, war ständig am Planen und Wirken, im-

mer von Menschen umgeben, die ihn bewunderten. Seiner Frau
dürfte diese Umtriebigkeit, dieser völlige Mangel an Privatheit
auf die Nerven gegangen sein. Und mehr noch: Gerade weil
sie eine sensible und, wie man sagt, kluge Frau war, muss ihr
bewusst gewesen sein, warum sie verehelicht worden und was
ihre Rolle in Dessau war. Es scheint ihr auf die Dauer nicht
möglich gewesen zu sein, sich damit abzufinden. Vielleicht entsprach das sogar den Absichten des misogynen Friedrich, der ja
selber eine unglückliche Nicht-Ehe führte oder vielmehr die
ihm Angetraute bewusst unglücklich machte. Wenn der junge
Dessauer sich schon nicht um preußischen Kriegsruhm scherte,
dann sollte er es wenigstens zu Hause nicht gar so behaglich
haben.

Die Rechnung ging nur zum Teil auf. Zwar weigerte Luise
sich, in die Scheidung einzuwilligen, aber die beiden trennten
sich. Franz ließ ihr von Erdmannsdorff nordöstlich von Dessau,
inmitten eines schon von seinem Vormund angelegten Parks
das Schloss Luisium bauen, eigentlich eher eine schöne klassi-
zistische Villa. Dort lebte sie teils allein, teils mit Freunden und
Freundinnen, wie der Schriftstellerin Elisa von der Recke und
dem Dichter Friedrich von Matthisson, genoss, wie sie es for-
mulierte, »die Wohltaten der Einsamkeit«, las, schrieb Briefe,
empfing Besucher aus dem Fürstentum nur an zwei Tagen der
Woche, solche von außerhalb aber immer. Auch ging sie auf Reisen, besuchte den damals berühmten Prediger und Physiogno-
men Johann Kaspar Lavater und seine Familie in Zürich, fuhr
auch nach Italien.

Fürst Franz dagegen ging eine Ehe »zur linken Hand« mit der
Tochter seines Chefgärtners Schoch ein. Wie das möglich war,
wird dem heutigen Betrachter nicht ganz verständlich. Schließlich war er ja nicht geschieden, und Bigamie war nach christ-
lichem Verständnis (die anhaltischen Fürsten waren Calvinis-
ten) auch für höchste Standespersonen nicht erlaubt. Wie auch
immer, Luise war einverstanden. Auch andere, wie Goethe und
Herzog Carl August von Weimar, fanden es ganz in Ordnung.
Des Fürsten unstandesgemäße Gesponsin wohnte im Gotischen
Haus in den Wörlitzer Anlagen und gebar ihm noch drei Kinder,
die später geadelt wurden. Sein einzig überlebender legitimer

Nachkomme, der Erbprinz Friedrich, starb noch vor ihm im Jahre 1811.

Niemand, auch kein Fürst, Aufklärer und Menschenfreund, kann immer glücklich und erfolgreich sein. Das Philanthropin musste nach einigen Jahren wieder geschlossen werden, weil Basedow zwar zündende Ideen hatte, den profanen Mühen pädagogischen Alltags aber auf die Dauer nicht gewachsen war. Franz' Bestrebungen während einer Krise in der Zeit nach den Bayerischen Erbfolgekriegen 1785, einen »Fürstenbund« der Kleineren zusammenzubekommen und so in die Rivalität zwischen Preußen und Österreich ein stabilisierendes Gegengewicht einzufügen, misslangen und spielten letztlich Friedrich dem Großen in die Hände. 1806, als das Alte Reich zerbrach, wehrte sich Franz lange gegen einen Beitritt zum Rheinbund, musste aber endlich doch nachgeben, als Vorletzter unter allen deutschen Fürsten. Napoleon versuchte sogar, sich das Ansehen zunutze zu machen, das Franz immer noch in ganz Europa genoss, und lud ihn deshalb nach Paris ein.

Immerhin, auch diesen Gewaltherrscher hat er überlebt, und er hat sich, nachdem Napoleon besiegt war, noch um die Folgen von dessen Kriegen kümmern können: wirtschaftlichen Niedergang, Armut, ruinierte Existenzen, Krüppel und Bettler. Seine letzten Worte sollen gewesen sein: »Haben auch alle Arbeit und Brot? Man muss für Arbeit sorgen, darauf kommt alles an.« Er starb 1817 nach einem Reitunfall – für einen Siebenundsiebzigjährigen ein bemerkenswerter Tod.

Warum aber, so fragt man sich, ist dieser Fürst, der zu seiner Zeit in aller Munde war, heute vergessen? Zumindest außerhalb des Bundeslandes Sachsen-Anhalt steht sein Name in keinem Schulbuch. Nicht dass ihm jemand etwas Übles nachsagt. Nicht einmal die Geschichtsschreibung der DDR war dumm genug, ihn als »feudalen Ausbeuter« zu brandmarken. Man redet überhaupt nicht von ihm. Auch historisch interessierte Menschen haben seinen Namen nie gehört.

Er war eben kein Held. Er ging von der Fahne. Das verübelten ihm die preußisch-deutschen Historiker des 19. Jahrhunderts. Ihm fehlte, was nach deren Ansicht einen richtigen Fürsten ausmacht. Um es mit Treitschkes Worten zu sagen: *zum Ersten*

Macht, zum Zweiten Macht und zum Dritten nochmals Macht.
Hingegen protegierte er Juden (Moses Mendelssohn, Lessings
Freund, das Vorbild seines Weisen Nathan, kam aus Dessau) und
baute ihnen eine Synagoge.

An seinem Hof lebte als Hofmarschall und Minister ein
Mann namens Georg Heinrich von Berenhorst. Auch er war
preußischer Offizier gewesen, zeitweise Adjutant Friedrichs des
Großen, und als solcher hatte er dem König einmal das Leben
gerettet, als der von einer Kugel getroffen wurde. Aber später, in
Anhalt, hatte er drei Bände ›Betrachtungen über die Kriegs-
kunst‹ geschrieben, in denen er nicht nur dartut, dass es mit
dieser Kunst im Allgemeinen nicht weit her ist. Er war auch der
Erste, der den stupiden Drill in der preußischen Armee und die
menschenverachtende Kriegführung des Nationalhelden Friedrich anprangerte. Das Werk schlug bei jüngeren preußischen
Offizieren ein wie eine Bombe und wurde jahrelang heiß disku-
tiert. Bei patriotischen Historikern und Schulmeistern machte
sich Berenhorst natürlich sehr unbeliebt, und etwas davon färbte
auf seinen Dienstherrn, den Fürsten von Anhalt-Dessau, ab.

Aber der hat sich mit den Anlagen von Wörlitz ein Denkmal
gesetzt. Nicht nur damit, aber damit vor allem. »A thing of
beauty is a joy for ever«, heißt es bei dem englischen Lyriker John
Keats. Wörlitz ist nicht nur »ein Ding voll Schönheit«, sondern
ein ganzer Bereich voller Schönheit. Vorher war das ein recht
trostloser Landstrich.

Vielleicht war es ja ein Fehler der bürgerlichen Intellektuellen seiner Zeit, sich vom Vorbild eines aufgeklärten Patriarchen
einen Fortschritt der gesellschaftlichen Verhältnisse zu versprechen. Wenn das öffentliche Wohl von einem Einzelnen abhängt,
ist das immer schlecht. Aber sein Gartenreich ist nach über
zweihundert Jahren noch immer bezaubernd. Dafür sollten wir
dankbar sein.

Blick vom Tempel der Beharrlichkeit, ›Andeutungen über Land-schaftsgärtnerei‹

Kapitel 6
Stenz und Standesherr
━━ Bad Muskau ━━

E r war einer der Schüler in Basedows Dessauer Philanthropin. Allerdings nicht sehr lange. Vorher war Graf Hermann Ludwig Heinrich von Pückler-Muskau bereits aus zwei anderen Internaten geflogen, dem Pädagogium in Halle und, früher noch, aus einer Erziehungsanstalt der pietistischen Herrnhuter, in die man ihn als Siebenjährigen abgeschoben hatte. Auch die Versuche, ihn, wie in seinen Kreisen üblich, zu Hause durch Hauslehrer (man sagte »Hofmeister«) erziehen zu lassen, schlugen fehl. Seine waren nämlich entweder unfähig und dem Schüler intellektuell unterlegen, hatten einseitige Interessen (wie etwa die Pferdezucht) oder sie machten sich missliebig, indem sie Lebensform und Moral ihrer Brotgeber, der Eltern ihres Zöglings, kritisierten und verspotteten.

Diese Eltern waren hochgeborene Herrschaften. Keine Reichsunmittelbaren wie der »Vater Franz« oder der Graf von Ortenburg (von dem wir in einem späteren Kapitel hören werden). Immerhin aber stammten sie beide, Vater wie Mutter, aus standesherrlichen Familien. Also ist auch der 1785 geborene Graf von Pückler-Muskau dazu ausersehen, dereinst ein Standesherr zu werden.

Schwer, einem heutigen, in einer egalitären Gesellschaft aufgewachsenen Menschen zu erklären, was ein Standesherr ist.

> **Standesherren,** Fürsten und Grafen, die seit 1806 durch die Mediatisierung aus der Reihe selbständiger Reichsstände in das Landesuntertanenverhältnis treten mussten ... Sie sind von denjenigen S. zu unterscheiden, die es schon vor 1806 in Österreich, in der Lausitz, in Sachsen und Schlesien gab. Diese waren Fürsten, die besondere Privilegien wie die Gerichtsbarkeit zweiter Instanz innehatten, aber keine Landesherren waren. ... Darüber hinaus übten die S. das Kirchen- und Schulpatronat auf ihren Ländereien sowie das Jagd- und Fischereiregal und Rechte in Berg- und Forstwesen aus ...
>
> Eckart Conze (Hg.), ›Kleines Lexikon des Adels‹

Genau solche Standesherren, »die es schon vor 1806 ... gab«, waren sowohl die Grafen Pückler wie auch die Grafen Callenberg, die Familie der Mutter des jungen Hermann. Sozusagen Überreste aus vorabsolutistischer Feudalzeit, deren Einkünfte zum großen Teil aus den Abgaben und Dienstleistungen erbuntertäniger Bauern und Kleinbürger stammten. Allerdings: Die Callenbergs waren reich, besaßen riesige Ländereien, unter anderem Schloss und Herrschaft Muskau, während der Besitz der Pücklers, um Schloss Branitz bei Cottbus gelegen, vergleichsweise geringfügig war. In dem von den beiderseitigen Vätern abgeschlossenen Ehevertrag zwischen Graf Erdmann von Pückler und Klementine (Kunigunde Charlotte Olympia Luise) von Callenberg wurde denn festgelegt, dass die Braut die Herrschaft Muskau als Mitgift bekommen, die Familie fortan Pückler-Muskau heißen solle. Standesherrin solle aber die Braut werden und der Vater des Bräutigams eine Art Aufsichtsrecht über seinen Sohn behalten. Erst mit dessen Sohn (eben unserem Hermann, der zu der Zeit noch nicht geboren ist) soll die Standesherrschaft an die Pücklers übergehen.

Man kann sich vorstellen, dass eine Ehe unter solchen Voraussetzungen keine großen Chancen hat, glücklich zu werden. Graf Erdmann leidet darunter, dass er auf dem riesigen Besitz, den er erheiratet hatte, praktisch nichts zu sagen hat. Gräfin Klementine, zum Zeitpunkt der Verehelichung gerade vierzehn Jahre alt und (glaubt man ihrem Sohn) ziemlich oberflächlichen Charakters, beginnt sich alsbald zu langweilen, sieht in ihrem ersten Kind (nach ihm kommen noch ein Sohn und drei Töchter) eine Art Spielzeug, dessen Unterhaltungswert umso geringer wird, je mehr der Junge aufwächst. Der Vater aber hegt einen tiefen Groll, geradezu einen Hass gegen den, der einmal all das bekommen wird, was man ihm selbst vorenthält. Unnötig zu sagen, dass die Eheleute ständig zerstritten sind. Als der junge Hermann vierzehn ist, trennen sich seine Eltern (sie, um alsbald wieder zu heiraten, er, um sich eine Reihe von Geliebten zu halten). Gräfin Klementine verzichtet zugunsten ihres Sohnes auf die Herrschaft Muskau. Aber das Sagen haben immer noch die Großväter. Hermann berichtet später von einer lieblosen, trostlosen Kindheit. Er habe sich »in den Händen teils dummer, teils roher Bedienter« befunden.

Vielleicht sollte man ihm dieses frühe Unglück zugutehalten, wenn man von den zahlreichen Extravaganzen, man könnte auch sagen, Unarten, erfährt, die seinen Charakter kennzeichnen. Überspringen wir sein bald abgebrochenes Jurastudium in Leipzig und die kurze Zeit als Leutnant, später Hauptmann bei den sächsischen Gardes du Corps (dem nobelsten Kavallerieregiment) in Dresden. Er zeichnet sich weder durch akademische noch durch militärische Disziplin aus, glänzt eher am Spieltisch, bei Champagnergelagen und bei einem Duell, das er wegen einer verheirateten Frau zu führen hat. Sein ganzes Leben wird er ein Spieler, Schuldenmacher, Schürzenjäger bleiben, eitel und geltungssüchtig, ein Connaisseur von Phantasieuniformen und Sammler von Orden, ein Mann, der sich noch mit sechzig Jahren Haare und Schnurrbart färbt, um jünger auszusehen, und der mit mehr oder weniger geschmacklosen Gags die öffentliche Aufmerksamkeit und die Sensationslust der damals schon aktiven Klatschpresse auf sich zieht. Als er 1811 die Nachfolge seines Vaters als Standesherr von Muskau antritt, lässt er als Erstes die Familiengruft öffnen, um sich auf romantische Art den sterblichen Überresten seiner Vorfahren zu nähern. Bald darauf gab er ein Festmahl für die Bürger seines Residenzstädtchens Muskau, zu dem er aber selbst nicht erschien. Die Tische waren mit schwarzen Tüchern gedeckt, und alsbald verbreitete sich das Gerücht, dies seien die Leichentücher aus dem Erbbegräbnis. Von einem versteckten Beobachtungsposten aus ergötzte sich der Graf an dem entsetzten Geschrei der biederen Leute und an ihrer überstürzten Flucht. Dass er später in Berlin in einer mit vier gezähmten Hirschen bespannten Kutsche die Straße Unter den Linden auf und ab zu karriolen pflegte, wirkt demgegenüber eher harmlos. Tierschützer gab es damals noch nicht.

Er scheint sich (das macht es so schwer, ihn zu verurteilen) seiner Schwächen sehr bewusst zu sein, beurteilt sich selbst ohne jede Heuchelei und versucht keine Ausreden. Und manchmal will er sich wohl beweisen, dass er auch anders kann: 1806, im Jahr der Schlacht von Jena und Auerstedt, im Jahr, als das Heilige Römische Reich Deutscher Nation endgültig zerbricht, macht ihm der Verwalter seines Vaters klar, dass man angesichts der Kriegslasten, die auch die Herrschaft Muskau bedrücken, für seine Schulden nicht weiter aufkommen und auch eine geplante Reise nicht finanzieren könne. Daraufhin lässt er sich einen Pass auf den Namen »Sekretär Hermann« (ohne jeden Titel) ausstellen und zieht zu Fuß los: von Wien, wo er sich wegen einer Duellaffäre aufhält und verschwinden muss, in die Schweiz, nach Frankreich und Italien, meist allein, manchmal mit zufälligen Weggefährten, er, der nie gelernt hat, ohne Dienerschaft und Luxus auszukommen. Unterwegs wird er auch noch krank, das Geld geht ihm aus, er muss Bittbriefe an die ungeliebte Mutter schreiben.

Acht Jahre später, nach der Schlacht bei Leipzig, wird er wieder Soldat. Und zwar nicht in der Armee des Königs von Sachsen, seines Landesherrn, der Napoleon bis zum Schluss die Treue hält, sondern in russischen Diensten und später als Verbindungsoffizier beim Großherzog von Sachsen-Weimar. Er scheint seine Sache nicht schlecht gemacht zu haben. Seltsamerweise hat er davon wenig berichtet. Jedenfalls wird er zum Oberstleutnant befördert, erhält einige Orden und fungiert einige Zeit als Militärgouverneur von Brügge.

In die Jahre 1810 und 1814 fallen zwei Erlebnisse, die sein Leben bestimmen und ihn in jene Richtung lenken, derentwegen wir uns heute noch an ihn erinnern oder zumindest erinnern sollten. Er besucht Goethe in Weimar. Der zeigt ihm den Landschaftsgarten, den er dreißig Jahre vorher an der Ilm angelegt hat, und bemerkt nebenher: »Verfolgen Sie diese Richtung. Sie scheinen Talent dafür zu haben.« Und vier Jahre danach – Napoleon lauert zu dieser Zeit auf Elba auf eine Gelegenheit zur Rückkehr – fährt Pückler das erste Mal nach England, und zwar im Gefolge des Großherzogs Karl August, des preußischen Königs Friedrich Wilhelm III. und des Zaren Alexander, die zu einer großen Siegesparade nach London anreisen.

Dies erleichtert dem Grafen natürlich den Zugang zur englischen Gesellschaft, in englische Schlösser und, was für ihn noch wichtiger war, in englische Parks. Nachdem die Monarchen schon wieder abgereist sind, bleibt er noch eine Weile, logiert im teuersten Hotel, nimmt an Fuchsjagden und anderen Vergnügungen teil, wie sie der englische Adel liebt, geriert sich als Dandy nach Landesart. Sein Verwalter muss die nötigen Gelder aus Muskau schicken.

Die Kunst des englischen Gartenbaus hatte seit den Tagen des Vaters Franz zwar zu keinen grundsätzlich neuen, aber zu differenzierteren Formen gefunden. Man legt den Park jetzt in drei verschieden großen Teileinheiten an: Nah beim Schloss (oder Manor House) tritt man zunächst in den Garten, der mit Beeten, Hecken, Springbrunnen, Pavillons, Sitzgelegenheiten so etwas wie die Fortsetzung der Wohnräume im Freien darstellt. Er geht über in den *Pleasureground* (ein unübersetzbares Wort), dem die gärtnerische Gestaltung und die Zweckbestimmung, Schauplatz gesellschaftlichen Lebens zu sein, auch noch offensichtlich aufgeprägt ist. Der wiederum geht, je weiter der Besucher fortschreitet, in den eigentlichen Landschaftsgarten über. Im Park von Muskau kann man sich diese Dreiteilung heute noch vor Augen führen.

Der Graf ist Feuer und Flamme. Er hat, kann man sagen, seinen Lebensinhalt gefunden. Heimgekehrt richtet er einen Aufruf an die Bewohner seiner Standesherrschaft, in dem er sie auffordert, ihm bei der Verwirklichung seiner Pläne zu helfen. Das Problem ist allerdings: So ein künstliches Paradies kostet Geld, sehr viel Geld. Und Geld ist in Muskau schon seit den Tagen des alten Grafen Erdmann knapp. Jetzt aber, im Jahre 1815, ist es knapper denn je, das Land ist ausgepowert durch die zurückliegenden Kriege. Außerdem ist die Lausitz (in der Muskau liegt) seit dem Wiener Kongress preußisch. Man hat sie dem König von Sachsen weggenommen, zur Strafe für seine allzu ausdauernde Treue zu Napoleon. Graf Pückler und seine Untertanen sind jetzt Preußen (»Musspreußen«, sagte man). Das heißt unter anderem, dass jetzt auch für sie die Stein-Hardenbergschen Reformen der Jahre 1807–1811 gelten. Die Erbuntertänigkeit, bisher eine der Haupteinnahmequellen der Standesherren, ist abgeschafft. Zumindest ein Teil des Grundes und Bodens gehört jetzt denen, die ihn bebauen. Natürlich ist Graf Pückler immer noch reich. Er gehört zu den fünfzehn größten Grundbesitzern in Preußen. Ihm gehören auch verschiedene vorindustrielle Produktionsbetriebe wie z. B. ein Alaunbergwerk, und die Bauern sind ihm Ablösung für seine verlorenen Rechte schuldig. Aber es ist nicht so einfach, das alles in flüssiges Kapital zu verwandeln, und er kann über die Grundstücke, die er zum Ausbau seines Parks benötigt, nicht mehr einfach verfügen, sondern muss verhandeln und Prozesse führen.

Wir wollen das nicht im Einzelnen darstellen. Pückler hat für diese unerfreulichen Notwendigkeiten einen tüchtigen Verwalter, auch er eine ziemlich skurrile Gestalt: ein Mann namens Schefer, der sich für einen Dichter hält und schwülstige Poeme produziert. Aber im Gegensatz zu seinem Grafen kann er mit Geld umgehen. Das ändert freilich nichts daran, dass die Verbesserung des Bodens, die nötigen Arbeiten, etwa die Umleitung des Flusslaufes der Neiße oder die Verpflanzung ausgewachsener Bäume, und natürlich auch der Bau des Neuen Schlosses riesige Summen verschlingen. Die Schulden des Grafen steigen in beängstigendem Ausmaß, was ihn aber keineswegs veranlasst, seinen Lebensstil bescheidener zu gestalten.

1817 heiratet er. Und zwar zur Überraschung der Berliner Gesellschaft eine neun Jahre ältere, geschiedene Frau, die Gräfin Lucie von Pappenheim, eine Tochter des preußischen Staatskanzlers Hardenberg. Es sei, schreibt er später, keine Liebes-, sondern eine »Konventionsehe« gewesen, also auf Deutsch eine Geldheirat. Eigentlich hatte man erwartet, er werde die Tochter oder die »Pflegetochter« heiraten, die die Gräfin seinerzeit in die Ehe mit dem Erbmarschall von Pappenheim mitgebracht hatte. Beide waren hübscher und natürlich jünger als die schon etwas pummelige Mama. Wahrscheinlich erhoffte sich der Graf gute Beziehungen zu seinem mächtigen Schwiegervater, womit er sich allerdings geschnitten hatte, denn der alt und konservativ gewordene Staatsreformer begegnete dem Lebemann und Hallodri mit unverhohlenem Misstrauen, enterbte die Tochter sogar. Trotzdem bildete sich alsbald ein enges, ja zärtliches Verhältnis zwischen den Eheleuten aus, und Lucie stand Hermann ihr Leben lang treu zur Seite, obwohl er von Anfang an deutlich zu verstehen gab, dass Treue im üblichen Sinn von ihm nicht zu erwarten war. Er belegte sie mit dem eher kleinbürgerlichen Kosenamen »Schnucke«, manchmal auch »Schnucki« oder »Schnuckilein«. 1822 wurden sie beide vom König von Preußen in den Fürstenstand erhoben. Man versteht nicht recht, wofür. Es war das eine Ehre, die sonst nur dem »Marschall Vorwärts«, Leberecht von Blücher, und dem Kanzler Hardenberg widerfuhr. Vielleicht honorierte der König die Tatsache, dass sich Pückler mit seinem Parkausbau zwar ruinierte, aber der Bevölkerung in der armen Lausitz Arbeit verschaffte. Oder es war eine Geste an den neu eingepreußten Adel der Region.

Die Treue der Schnucke ging so weit, dass sie nach neun Jahren Ehe, als der Pleitegeier immer bedrohlicher über Schloss und Park Muskau kreiste, auf einen höchst ausgefallenen Plan einging: Sie willigte nämlich in eine Scheidung ein, die es dem Fürsten ermöglichen sollte, nach England zu reisen und dort eine reiche Erbin aufzugabeln, mit deren Geld man Schloss, Park und Standesherrschaft zu sanieren gedachte.

Um es vorwegzunehmen: Entweder hatte der Fürst seinen Charme sehr über- oder er hatte den Verstand der reichen Engländerinnen stark unterschätzt. Jedenfalls ging ihm, obwohl er sich voll ins Gesellschaftsleben stürzte, drei Jahre blieb und angeblich nicht weniger als vierzehnhundert Visiten absolvierte, keine auf den Leim. Im Gegenteil, man machte sich lustig über ihn, über sein pompöses Auftreten mit Kalesche und eigener Dienerschaft (denn natürlich kann man nicht als armer Schlucker daherkommen, wenn man reich heiraten will), über sein schlechtes Englisch und seine Angewohnheit, sich ständig Notizen zu machen. Charles Dickens karikierte ihn in den ›Pickwick-Papers‹ als »Count Smorltork«. Vielleicht kam er den

Engländern auch ziemlich halbseiden vor. In England ist ein
Prince (so die Übersetzung des Fürstentitels) immer ein Mitglied der Königsfamilie und kein verschuldeter Lebe- und Land-
edelmann. Auch machte er den Fehler, offen zuzugeben, dass er
immer noch die besten Beziehungen zu seiner Ex aufrechter-
hielt, die auch weiter auf seinen Besitzungen residiere. Man ver-
dächtigte ihn, er wolle in Wirklichkeit eine Ehe zu dritt führen.
Damit lag man wahrlich nicht sehr weit daneben.

Die ganze Zeit schrieb er häufige, zärtliche und lange Briefe
nach Hause an seine Schnucke. In ihnen berichtete er nicht nur
von den jungen Damen, bei denen er sich (vergeblich) Chancen
ausrechnete und von deren eventueller Mitgift, sondern auch
von den Parks und Schlössern, die er zwischenhinein erstaun-
licherweise auch noch besuchte, von den Menschen, die ihm be-
gegneten: Dandys, die sich elfmal am Tag umzogen und jedes
Mal ein frisches Hemd brauchten (Pückler bemühte sich, es
ihnen gleichzutun, aber er war doch zu intelligent, um das Läp-
pische einer solchen Lebensform nicht zu bemerken), aber auch
Angehörige der Mittelschicht und der »Gentry«, jener Klasse
zwischen niederem Adel und gehobenem Bürgertum, die gerade in dieser Zeit anfing, dem britischen Lebensstil, der »feinen englischen Art«, ihr Gepräge zu geben. Aber auch Leute aus
dem Volk: Dienstboten, Bauern, Arbeiter. Als wacher Beobach-
ter bemerkte er, dass in England, weil es dem Kontinent in der
wirtschaftlich-industriellen Entwicklung so weit voraus war,
eine neue, eine Massengesellschaft entstand, mit einem eigenen
Lebensstil, eigenen Problemen und Vergnügungen, eigenen, von
der Tradition abweichenden Wertbegriffen. Er berichtete darüber nicht ohne Ironie, in einem an Heinrich Heines ›Reisebil-
dern‹ geschulten Stil.

Die Schnucke, treu wie immer, bewahrte diese Briefe auf,
stellte sie mit Hilfe des befreundeten Literaten Karl August
Varnhagen von Ense zusammen und bereitete eine Buchveröf-
fentlichung vor.

Auf diese Art wurde aus der missglückten Brautschau doch
noch ein Erfolg. Die ›Briefe eines Verstorbenen‹ nämlich, die
1832 zu erscheinen begannen, wurden das, was wir heute einen
Superbestseller nennen. Die Auflage soll höher gewesen sein als

die der Werke Goethes, Schillers und Heines zusammengenommen. Übersetzungen ins Englische und Französische und in andere Sprachen erschienen alsbald, auch in Amerika wurde eine Ausgabe gedruckt. Dieser Erfolg kann auf verschiedene Art erklärt werden. Einmal war da zweifellos ein gewisser Yellow-Press-Effekt. Natürlich schmeichelt es der Eitelkeit des Lesers, wenn er sich, begleitet von einem echten Fürsten, in die feine Gesellschaft imaginieren kann. Zum anderen war das reiche, freiheitliche und fortschrittliche England für die deutschen Bürger tatsächlich ein großes Vorbild, der Inbegriff dessen, was man hätte sein wollen, wenn die Verhältnisse daheim nicht so bedrückend, Metternich und die Reaktion nicht so mächtig gewesen wären. Und schließlich: Wenn man zwischen den Zeilen las, dann war vieles, was Pückler an ironischer Kritik über die englische Oberschicht vorbrachte, mutatis mutandis auch auf die in Deutschland Herrschenden anwendbar. Nur durfte man es hier nicht so offen aussprechen, ohne es mit der Zensur und der Geheimpolizei zu tun zu bekommen. Etliche hochgestellte Herrschaften waren denn auch empört über diesen Standesherrn mit liberalen Tendenzen. Der König Friedrich Wilhelm III. dagegen soll sich amüsiert haben.

Ein »normaler« Literat hätte von den Tantiemen für die ›Briefe eines Verstorbenen‹ bequem einige Jahre leben können. Für jemanden, der weiter an Schloss und Park Muskau bauen wollte, war das nur ein Tropfen auf den heißen Stein. Die Schulden des Fürsten stiegen weiter an. Und er plante schon eine noch weitere Reise, von der er hoffte, sie würde ihm noch höhere Auflagen und noch mehr Geld einbringen. Diesmal ging es nach Afrika: Algerien (das erst kurz vorher von den Franzosen besetzt worden war), Tunis, dann Ägypten, wo er von dem Vizekönig Mohammed Ali als Staatsgast empfangen und freigehalten wurde. Dass er sich mit diesem Bluthund auf eine Zusammenarbeit einließ, einem Offizier albanischer Abstammung, der die alte Herrscherkaste der Mamelucken beseitigt hatte, indem er sie zu einem Gastmahl einlud und dann kollektiv abmurksen ließ, empfand seine deutsche und mittlerweile auch europäische Leserschaft als Skandal. Pückler malte in ›Aus Mehemed Alis

Reich‹ (erschienen 1844) das Bild einer Entwicklungsdiktatur, die dem Land am Nil einen Modernisierungsschub verpasste, der unter dem alten, korrupten Regime nicht möglich gewesen wäre und innerhalb des osmanischen Reiches, zu dem Ägypten damals gehörte, einzigartig dastand.

Von Kairo aus stieß er, oft unter Lebensgefahr, weit nach Süden vor, tief in den Sudan hinein. Auf seine zahlreichen Abenteuer können wir nicht eingehen. Für einen weiteren Skandal sorgte er, als er auf einem Sklavenmarkt »für eine nicht unbeträchtliche Summe« eine etwa zehn- bis zwölfjährige Äthiopierin kaufte, Machbuba, angeblich eine Prinzessin, die er auch auf die Heimreise mitnahm, welche über Palästina, Syrien, den Libanon, Anatolien und Istanbul und dann die Donau hinauf bis Wien führte. In Pressburg traf er sich mit der guten Schnucke, die ihm entgegengereist war. Selbst sie, sonst ein Ausbund an Toleranz, war recht ungehalten, dass er Machbuba mit nach Muskau nehmen wollte. Ebenso wenig wie die Öffentlichkeit nahm sie ihm ab, dass sein Verhältnis zu der Äthiopierin rein väterlicher Natur sei. Man beschloss, sie zunächst für ein Jahr in einem Wiener Internat unterzubringen. Aber wo sollte sie denn hin, das arme Kind, in dieser für sie so fremden Welt? Sie kam dann doch nach Muskau. Dort ist sie, nicht ganz sechzehn Jahre alt, an Tuberkulose gestorben. Man kann ihre Totenmaske und den Gipsabguss ihrer rechten Hand heute noch in Schloss Branitz besichtigen.

Hier wollen wir aufhören, den Lebenslauf des Fürsten Pückler zu referieren. Er hat nach seiner Afrika- und Orientreise (sie dauerte von 1834 bis 1840) noch einunddreißig Jahre lang gelebt, siebzehn Jahre länger als seine Schnucke, hat noch viel geschrieben, eine große Anzahl von Affären gehabt (unter anderem mit Bettine von Arnim), ist gereist und hat Duelle ausgefochten. Auch in den Krieg ist er noch zweimal gezogen, 1864 gegen Dänemark und 1866 mit 81 Jahren gegen die Österreicher, im Rang eines Generals. 1871 erst fand ihn König Wilhelm dann doch zu alt. Seltsam ist, dass er bald nach seiner Rückkehr den Gedanken fasste, Schloss und Park Muskau, die ganze Standesherrschaft zu verkaufen. Es ist, als habe er jetzt, da das Werk einigermaßen vollendet war (ganz fertig wird ein solcher Garten nie), das Interesse daran verloren, so wie ein Maler sich nicht mehr übermäßig für ein Bild interessiert, wenn der letzte Pinselstrich getan ist, oder wie ein Schriftsteller nicht mehr in ein Manuskript schaut, sobald der Punkt hinter das letzte Kapitel gesetzt ist. Auch da hatte er mit dem Widerstand seiner Frau zu rechnen. Aber das Geschäft wurde dann doch abgeschlossen, neue Besitzer wurden zunächst ein Dreierkonsortium, das alsbald an einen Prinzen Friedrich der Niederlande weiterverkaufte. Schefer und andere Mitarbeiter Pücklers blieben im Amt und gestalteten den Park weiter im Sinne des Fürsten aus.

Der war jetzt – man kann sagen, zum ersten Mal in seinem Leben – ohne Schulden, hatte sogar ein beträchtliches Kapital zur Verfügung. Er zog sich auf den eigentlichen Stammsitz seiner Familie, nach Branitz, zurück, renovierte das Schloss und legte auch dort einen Park an. Der ist, im flachen Land vor Cottbus gelegen, kleiner und nicht von so bewegter Schönheit wie der im von der Neiße durchflossenen Hügelland bei Muskau, aber dafür intimer, fast möchte man sagen, sublimer. Als Reminiszenz an seine Zeit in Ägypten hat der Fürst zwei Pyramiden errichten lassen – grasbewachsen, nicht steinern wie die von Gizeh. Die eine steht an Land, die andere inmitten eines künstlich angelegten Sees. In ihr sind der Fürst und seine Frau, seine Ex, seine Lucie, seine Schnucke begraben.

Besucht man heute den Park von Muskau (er gehört zum Weltkulturerbe der UNESCO; auch das Schloss, im Krieg und während der SED-Herrschaft zur Ruine verfallen, wird wieder hergestellt) und will vom Garten und dem Pleasureground in den weiteren, eigentlichen Landschaftspark wechseln, dann muss man über eine Brücke gehen. Dort stehen zwei Polizisten und kontrollieren, nicht sehr martialisch, eher ein bisschen verschlafen, die Ausweise. Es sind ein deutscher und ein polnischer Beamter, denn in der Neiße, das weiß man, verläuft seit 1945 die Grenze zwischen beiden Ländern.

Das versetzt unsereinem, auch wenn das Bild so schön und friedlich ist, doch einen Stich in einen verborgenen Winkel des Bewusstseins. Aber irgendwie passt eine solche Grenze zum Fürsten Pückler. Er war, und das macht den Reiz seiner Persönlichkeit aus, immer ein Mensch zwischen verschiedenen Wirk-

lichkeiten. Als Sachse geboren, wurde er zum Preußen, aber als
Preuße war er Deutscher, Europäer und Kosmopolit. Als Jugend-
licher ist er bei Aufklärern wie Basedow in die Schule gegangen,
später hat er Romantiker wie E. T. A. Hoffmann, Heine, Eichen-
dorff, Bettine von Arnim gekannt und überlebt. Als alter Mann
hat er noch von Bismarcks Blut-und-Eisen-Rede erfahren und
die Anfänge des Wilhelminismus gesehen. Aus dem Feudaladel
stammend, lebte er im Stil (und mit allen Fehlern und Lastern)
eines großen Herrn, machte skrupellos Gebrauch von seinen
Privilegien. Aber sein Verstand sagte ihm, dass die Zeit der großen Herren vorbei war und das bürgerliche Zeitalter, das Zeitalter der kleinen Leute, heraufzog. Als Schriftsteller rechnete er
sich dem »Jungen Deutschland« zu, und politisch war er eher
ein Linker, auch wenn er sich aus der aktiven Politik heraus-
hielt.

Sein Muskauer Schloss ist noch immer eine Baustelle, aber
im Vorwerk gibt es eine Gastwirtschaft und ein kleines Museum, in dem Ausstellungen über Werk und Wirken des Fürsten
geboten werden. Das Interesse des feiertäglichen Ausflugspu-
blikums daran ist mäßig. An schönen Sommertagen sitzt man
lieber an den Tischen im Hof vor dem Restaurant und verzehrt
riesige Eisbecher, die in erstaunlicher Anzahl und Fülle geboten
werden.

Natürlich, das Fürst-Pückler-Eis, das kennt doch jeder! Dabei
hat er das nun gerade nicht erfunden, sondern nur einem findi-
gen Konditormeister erlaubt, sich seines Namens zur Verkaufs-
förderung zu bedienen. Vielleicht war es ja auch umgekehrt, und
der Fürst meinte, Leute, denen das Halbgefrorene geschmeckt
hatte, würden dann in der Buchhandlung auch zu seinen Büchern greifen. Wie man von sich reden macht, davon verstand er
etwas.

Blick auf die Stadt

Kapitel 7
Fachwerk und große Damen
▬ Quedlinburg ▬

Diejenigen von uns, die etwas älter sind oder in der Schule einen Musiklehrer mit altmodischem Geschmack hatten, kennen sie vielleicht noch, die Ballade von Johann Nepomuk Vogl, vertont von Carl Loewe, in der ein Herr Heinrich am Vogelherd sitzt und zu seiner Überraschung erfährt, dass er eben zum Kaiser gewählt worden ist. Aber haben Sie sich schon einmal gefragt, wo sich das abgespielt haben soll? Eher nicht. Man macht sich ja auch keine Gedanken darüber, wo genau der Brunnen im Odenwald geplätschert hat, an dem der böse Hagen den blonden Siegfried … Sie wissen schon, die Geschichte mit dem Lindenblatt. Solche Sagen darf man natürlich nicht allzu wörtlich nehmen. Historisch gesehen war Heinrich I. (ca. 875–936 n. Chr., um ihn handelt es sich nämlich) erstens niemals Kaiser, sondern König, und zwar König der Ostfranken (Deutsche nannte man sie erst viele Jahre nach seiner Zeit). Und zweitens wusste er sehr gut Bescheid, denn der Wahl waren langwierige Verhandlungen vorausgegangen. Er hatte auch selbst an ihr teilgenommen.

Aber den Ort, wo angeblich der Vogelherd stand, kann man tatsächlich noch aufsuchen. (Was ist eigentlich ein »Vogelherd«? Offenbar ein mit Netzen behängtes Gestell, um Vögel einzufangen. Damals galt es als volkstümlicher Zeitvertreib – im Gegensatz zur noblen Jagd auf Rot- und Schwarzwild.) Er liegt am Quedlinburger Domberg, etwas unterhalb von Schloss und

Dom, ein Plätzchen mit Namen »Finkenherd«. Dort kann man sich im »Café am Finkenherd« vor oder nach dem Besuch der Domburg vom Marsch über das schöne, aber keineswegs fußfreundliche Kopfsteinpflaster erholen. Außerdem steht dort das Haus, in dem 805 Jahre nach Heinrichs Wahl der größte Sohn Quedlinburgs geboren wurde, Friedrich Gottlieb Klopstock, dessen geschraubt klingende Oden und Hymnen literarhistorisch wichtig sind, aber schon bei ihrer Entstehung eine spröde Lektüre gewesen sein müssen, wie ein Epigramm von Gotthold Ephraim Lessing bezeugt. Sein Vaterhaus ist übrigens aus Fachwerk gebaut, wie in alter Zeit alle Häuser Quedlinburgs. Von denen sind noch etwa 1200 erhalten, und die Stadt ist als das größte Ensemble von Fachwerkbauten in die UNESCO-Liste des Weltkulturerbes aufgenommen worden. Aber davon später. Dass Heinrich I. gerade hier auf Vogelfang gegangen sei, hat,

> Wer wird nicht einen *Klopstock* loben?
> Doch wird ihn jeder lesen? – Nein!
> Wir wollen weniger erhoben
> Und fleißiger gelesen sein.
>
> zit. nach: Gotthold Ephraim Lessing,
> ›Werke in drei Bänden‹

wenn es nicht eine Legende ist, mit der seine Nähe zum einfachen Volk gezeigt werden sollte, einige Wahrscheinlichkeit für sich. Er war ja ursprünglich Herzog von Sachsen, und seiner Familie, den Liudolfingern (die als Kaiser später Ottonen genannt wurden), gehörte in der Gegend reicher Besitz. Er, sein Sohn, sein Enkel und sein Urenkel, also die Kaiser Otto I., II. und III., hielten sich öfter hier auf. Lokalhistoriker verkünden stolz, Quedlinburg sei in der Ottonenzeit so etwas wie die erste deutsche Hauptstadt gewesen. Nur war es eben noch keine Stadt, sondern eine Burg mit einer vorerst noch nicht sehr großen Kirche auf einem Sandsteinfelsen und dahinter, im Tal, wo heute die Kirche St. Wiperti steht, einer »Villa«, was in der Sprache der Zeit keineswegs ein Einfamilienhaus bezeichnet, sondern einen Wirtschaftshof, der im Namen des Grundherrn (hier des Herzogs und späteren Königs) betrieben wurde.

Diese Burg und den Wirtschaftshof sowie eine ganze Reihe von Ortschaften in der Umgebung vermachte Heinrich vor seinem Tode seiner zweiten Frau Mathilde als »Wittum«, zu ihrer Versorgung. Er selber wurde in der Burgkirche beigesetzt, wo die Königin-Witwe ihm im Gebet nahe sein konnte. Allerdings brannte die Kirche im Jahre 1070 ab, und wir wissen nicht, was dabei mit Heinrichs Sarg und seinen sterblichen Überresten geschah. Das sei hier vermerkt, denn es wird in unserer Erzählung noch eine Rolle spielen.

Mathilde begründete mit ihrem Erbe noch im selben Jahr 936 ein, wie man später sagte, adeliges Damenstift, und ihr Sohn, Otto I., versah dieses Stift mit weiteren Besitzungen und Privilegien und bestimmte urkundlich, dass es nur dem König unterstehen, also reichsunmittelbar sein sollte. Die Äbtissin gehörte demnach dem Reichsfürstenstand an und war auf ihrem Gebiet auch weltliche Obrigkeit. Als kirchliche Autorität stand nur der Papst über ihr.

Solch ein weltliches Damenstift (im Gegensatz zu geistlichen Stiften, die klösterlichen Ordensregeln unterlagen), war eine Institution, die der Versorgung hochgeborener Damen diente. Eine Art Mittelding zwischen Kloster, Mädchenpensionat und Witwenheim. Die Stiftsdamen schworen Gehorsam und für die Dauer ihrer Zugehörigkeit auch Keuschheit, aber wenn es sich ergab und sie auf ihre Pfründe verzichteten, durften sie heiraten. Sie behielten ihr Vermögen und kleideten sich »ihrem Stande gemäß«, trugen kein Nonnenhabit, hatten keine Residenzpflicht. Manche von ihnen ließen sich – vor allem in späteren Jahrhunderten – eher selten im Stift sehen, blieben aber weiter Mitglieder und an den Einnahmen des Stifts beteiligt.

Um diese Einnahmen und überhaupt um die wirtschaftlichen Belange des Stifts kümmerte sich ein von der Äbtissin eingesetzter Vogt, auch er ein Adeliger. Das Amt war begehrt, weil es für seinen Inhaber reichlich Gewinn abwarf und Einflussmöglichkeiten beinhaltete, besonders seit Kaiser Otto III. im Jahre 994 dem Stift auch das Markt-, Münz- und Zollrecht verliehen hatte. Außerdem hatte das Stift – schließlich lebte man in kriegerischen Zeiten – gegen äußere Feinde, aber auch gegen den Freiheitsdurst der eigenen Untertanen einen Schutzherrn. Das waren am Anfang die ottonischen Könige, später die Herzöge und Kurfürsten von Sachsen. Einer von denen, August der Starke (1670–1733), verkaufte die Schutzherrschaft 1698 an den Kurfürsten von Brandenburg. Vorher allerdings hatte er dort noch eine abgelegte Geliebte als Pröpstin (Stellvertreterin der Äbtissin) untergebracht: Maria Aurora Gräfin von Königsmarck, die ihm eines von seinen angeblich 364 Kindern geboren hatte, den späteren Maréchal de Saxe, Moritz oder Maurice, der sich in französischen Diensten hohen Kriegsruhm erfocht. Diese Dame hielt nichts von klösterlicher Zurückgezogenheit, sondern lebte meist in Berlin, Dresden oder Hamburg.

Ähnlich hielt es etwa vierzig Jahre später Prinzessin Anna Amalie von Preußen, jüngste Schwester Friedrichs des Großen. Die hatte als Einundzwanzigjährige angeblich eine Affäre mit einem jungen Kornett gehabt, einem Freiherrn Friedrich von der Trenck. Genaues darüber ist nicht bekannt, es gibt keine Zeugen oder Belege, nur Trenck selber berichtet darüber in seiner Autobiografie (was ja nicht gerade die Art des feinen preußischen Kavaliers ist). Nun war Friedrich der Große bekanntlich ein aufgeklärter Monarch, aber so aufgeklärt wieder nicht, dass er einem Subalternoffizier erlaubt hätte, sich seiner königlichen Schwester zu nähern. Trenck wurde unter dem Vorwand der Spionage – er hatte in Österreich einen Vetter, den berüchtigten Panduren-Trenck – gefangen gesetzt, brach aus, wurde wieder geschnappt und nach einem neuen Fluchtversuch in Ketten geschmiedet. Erst nach zehn Jahren kam er frei. Amalie aber blieb unverheiratet und soll eine zunehmend unleidliche Wesensart entwickelt haben, rechthaberisch und boshaft geworden sein. Ihr Bruder sorgte dafür, dass sie in Quedlinburg zur Äbtissin gewählt wurde, aber sie lebte meist in Berlin. 1787, nach Friedrichs Tod, hat sie Trenck noch einmal getroffen. Gesehen hat sie ihn nicht mehr, denn da war sie schon erblindet. Er ging dann nach Paris und starb 1794 unter der Guillotine.

Solchen Klatschgeschichten kann man immerhin entnehmen, dass die Gründung der Königin Mathilde und des Kaisers Otto I. sehr lange bestehen blieb – fast bis zum Ende des Alten Reiches, nämlich bis zur Säkularisation im Jahre 1802. Da wurde Quedlinburg endgültig preußisch, nachdem Brandenburg/Preußen schon seit 1698 Schutzmacht gewesen war und so verhasste Dinge eingeführt hatte wie militärische Einquartierungen, Rekrutierungen und die Akzise, eine Verbrauchssteuer ähnlich unserer Mehrwertsteuer.

Das bringt uns darauf, dass es in Quedlinburg natürlich nicht nur adelige Stiftsdamen und deren Dienstleute gab, sondern auch Bürger. Nördlich der Burg, an der Stelle, wo heute der Marktplatz ist, kreuzten sich zwei wichtige Handelsstraßen, eine, die von der Kaiserpfalz und den Bergwerken von Goslar nach Osten führte, und eine von Magdeburg nach Halle und Leipzig. Dort siedelten sich schon im 10. Jahrhundert Kaufleute an, denen auch die erwähnten Markt-, Zoll und Münzrechte zugutekamen, die Otto III. dem Stift verlieh. Die Stadt wuchs schnell und wurde, wie im Mittelalter üblich, mit Mauern und Türmen bewehrt. Die Quedlinburger Kaufleute hatten, wie sonst nur die Bürger großer Städte wie Magdeburg oder Köln, das Recht, im ganzen Reich Handel zu treiben. Sie blieben aber Untertanen der Äbtissin und mussten ihr jährlich huldigen, auch dann noch, als sie sich in einer Fehde gegen einen lokalen Machthaber, den Grafen von Regenstein, durchgesetzt hatten. Ihn sperrten sie angeblich in einem heute im Schlossmuseum zu besichtigenden Fichtenholzkasten ein. Auch nach ihrem Beitritt zur Hanse im Jahre 1426 blieben sie Untertanen.

Dass das den Quedlinburgern nicht passte, liegt auf der Hand. Das 14. und das 15. Jahrhundert waren eine Zeit, in der sich viele Städte von ihren Stadtherren lösten und das Bürgertum auch politisch ein neues Selbstbewusstsein entwickelte. Als äußeres Zeichen dafür stellte man in Quedlinburg eine Rolandfigur vor dem Rathaus auf. Solche Statuen eines etwas ungeschlacht wirkenden Mannes mit Harnisch, Schild und Schwert stehen ja in vielen norddeutschen Städten, die berühmteste in Bremen. Sie signalisieren den Anspruch auf Gerichtshoheit und damit auf den Status einer reichsunmittelbaren freien Stadt.

Damit kamen die Quedlinburger bei der 1477 regierenden Äbtissin Hedwig von Sachsen an die Falsche. Die rief ihre zwei Brüder, die Herzöge Ernst und Albrecht, zu Hilfe. Deren Streitkräfte belagerten und stürmten die Stadt. Quedlinburg musste aus der Hanse und allen anderen Bündnissen austreten. Der Roland wurde vom Sockel gestürzt und zertrümmert. Erst beinahe vierhundert Jahre später, 1869, hat man die Bruchstücke wieder zusammengesetzt und die Figur erneut vor das 1615 umgebaute Rathaus postiert, wo sie heute noch steht, freilich ohne ihre alte konkret-symbolische Bedeutung.

Wirtschaftlich scheint die Stadt unter diesem Misserfolg nicht allzu sehr gelitten zu haben. Dem Stift und seiner Äbtissin konnte nichts daran liegen, die eigenen Einkommensquellen zu verschütten. Daran änderte sich auch nichts, als Stift und Stadt 1539 evangelisch wurden. Es gab, wie wir gesehen haben, weiterhin eine Äbtissin, eine Pröpstin und andere Würden in der Gemeinschaft der Damen, und die Mächtigen des Landes, auch wenn sie Protestanten geworden waren, konnten hier weiterhin ihre unverheirateten Töchter unterbringen. Die alte Energie aber hatte doch einen Dämpfer aufgesetzt bekommen. Auch verlagerten sich die großen Handelswege von Norddeutschland nach Westen und Süden. Und die Wollerzeugung, ein anderes Standbein des Quedlinburger Handels, konnte es wohl nicht mit der englischen und flämischen Konkurrenz aufnehmen.

Und natürlich blieb die Stadt nicht vor den Unbilden bewahrt, die die Zeitläufte ganz allgemein für Deutschland bereithielten. Im Bauernkrieg von 1525 brannten die aufständischen Haufen die vier Klöster der Stadt nieder. Im Dreißigjährigen Krieg hatte sie mehrmals unter Plünderung und militärischer Einquartierung zu leiden. Danach erholte sie sich zwar rasch. Die meisten der heute noch erhaltenen 1200 Fachwerkhäuser stammen aus dem 17. und 18. Jahrhundert. Einige wenige sind allerdings erheblich älter, stammen noch aus dem 15. und 14. Jahrhundert.

Der Wechsel von der sächsischen zur brandenburgisch-preußischen Schutzherrschaft war aber für Quedlinburg ein schwererer Schlag, als man zunächst annehmen möchte. Um das zu verstehen, sollten wir uns erinnern, dass zu dieser Zeit, um 1700 herum, die größeren deutschen Territorien sich durch eine absolutistische Politik zu konsolidieren und zu stärken versuchten. (Zwei Jahre nach der Besetzung von Quedlinburg proklamierte sich Kurfürst Friedrich III. von Brandenburg zum

»König in Preußen«.) Absolutismus heißt: Der Monarch ist der alleinige Herr, die Bürger haben nichts mitzureden, etwa durch ein Parlament oder eine Ständeversammlung. Die Macht des Staates wird erhöht und gefestigt, nach außen durch eine schlagkräftige Armee, nach innen durch eine straffe, bürokratisch und zentralistisch aufgebaute Verwaltung. Das nötige Geld dazu beschafft sich der Staat durch Besteuerung der Untertanen und durch eine merkantilistische Wirtschaftspolitik. Eine der grundlegenden Thesen des Merkantilismus behauptet, dass ein Gemeinwesen dann wohlhabend wird, wenn es möglichst viele Waren exportiert und möglichst wenig importiert. Um dies zu erreichen, belegt der Staat den Außenhandel mit hohen Zöllen.

Für die Quedlinburger Kaufleute und Produzenten bedeutete das, dass sie von ihren bisherigen Geschäftspartnern plötzlich abgeschnitten waren und sich auf einen neuen Markt einstellen mussten, auf dem es für manche ihrer Produkte keinen Bedarf gab. Sie waren findig, stellten sich um und entdeckten eine Marktlücke: In ihrer Stadt hatte es neben Kaufleuten und Handwerkern schon immer einen großen Anteil von Ackerbürgern gegeben. Die richteten jetzt Gärtnereien ein, züchteten Pflanzensamen und verkauften sie nach ganz Deutschland und Europa. Im Laufe des 18. und 19. Jahrhunderts wurde Quedlinburg führend in dieser Branche. Aber es ist klar, dass eine solche Umstellung nicht ohne Verwerfungen vor sich geht, dass alte Firmen Bankrott machen, Familien plötzlich verarmen, Menschen ihre Arbeit verlieren, bevor alles einigermaßen wieder ins Lot kommt.

Die brandenburgischen Truppen, die Quedlinburg besetzten und die zunächst verteidigungswillige Stadtwache austricksten, wurden übrigens von Leopold von Anhalt-Dessau kommandiert, dem »Alten Dessauer«, Großvater in spe von »Vater Franz«. Der war zwar ein Kommisskopf mit einem schnurrbärtigen Nussknackergesicht, aber er richtete die Eroberung doch so ein, dass die Stadt keinen großen Schaden nahm.

Auch in späteren Kriegen und sogar im Zweiten Weltkrieg waren die Beschädigungen relativ gering. Die Stiftskirche (auch Dom genannt) verlor durch amerikanischen Artilleriebeschuss ihre Turmhauben, aber die stammten sowieso aus dem 19. Jahrhundert und waren stilwidrig. Ein amerikanischer Oberleutnant allerdings, der von seinen Vorgesetzten beauftragt war, den Domschatz zu bewachen, klaute vierzehn kostbare Stücke und nahm sie mit nach Texas. Das kam erst vierzig Jahre später auf, als seine Erben ein Evangeliar aus dem 9. Jahrhundert verkaufen wollten. Da war der Diebstahl nach amerikanischem Recht schon verjährt und der Bundesrepublik blieb nichts anderes übrig, als die Kostbarkeiten von der Familie zurückzukaufen.

Eine andere, schönere Geschichte handelt von dem Quedlinburger Bürger Hermann Klump, der fünfzig Ölbilder und zahlreiche Grafiken des großen deutsch-amerikanischen Expressionisten Lyonel Feininger vor dem Zugriff der Nazis verbarg, als sie dessen Malerei für »entartet« erklärten und ihn selbst 1937 zur Emigration zwangen. Nach seinem Tod einigte man sich mit der Familie: Sie bekam die Ölbilder zurück, die Grafiken blieben in Quedlinburg und bekamen ein eigenes Museum in einem Fachwerkhaus am Finkenherd, das 1993 durch einen Glasbau erweitert wurde – der einzige moderne Bau auf dem Schlossberg, der sich aber harmonisch in das Ensemble einfügt. Es ist ein tröstlicher Gedanke, dass Feiningers Werke hier eine Heimat gefunden haben. Ein großer Teil von ihnen ist ja inspiriert von der Architektur dieser niedersächsischen und thüringischen Orte Mitteldeutschlands. Eine Schande, dass man ihn von hier vertrieb!

Über diese Architektur sollte man reden: über Quedlinburgs alte Kirchen – die Stiftskirche St. Servatius, St. Wiperti auf dem Gelände der liudolfingischen Villa, die Marktkirche St. Benedikt, St. Nikolai, dessen Doppeltürme alle anderen überragen, St. Blasii und St. Ägidii, ferner über das Renaissance-Rathaus, natürlich über das Schloss mit seinem Museum und über die Türme, die von der alten Stadtbefestigung noch stehen. (In einem Turm, der früher die Folterkammer beherbergte, kann man heute eine Ferienwohnung mieten.) Es gäbe unendlich viel zu erzählen, aber wir überlassen das den Kunstgeschichtlern und Reiseführern. Nach Quedlinburg fährt man nicht wegen einzelner Kostbarkeiten, obwohl die zahlreich vorhanden sind, sondern um die Stadt als Ganzes zu erleben und auf sich wirken zu lassen, die Spannweite zwischen dem Domberg mit seiner Anmutung einer tiefen, beinahe sagenhaften Vergangenheit und der Bürgerstadt, auch sie mit imposanten Bauwerken, aber vor allem mit der Vielzahl ihrer Fachwerkhäuser.

Einzelne davon sind ebenfalls architektonische Kunstwerke, drücken etwas von der Wohlhabenheit und dem Selbstbewusstsein ihrer Erbauer und Besitzer aus. Alle aber, auch die weniger aufwendigen, zeigen Maß und Harmonie, Ausgewogenheit zwischen Anspruch und Verwirklichung, solide Handwerkskunst mit jahrhundertealter Tradition. Sie sind, als Einzelne wie als Gesamtheit, einfach schön. Und es hat etwas Anrührendes, dass diese Schönheit in einer Bauweise entstanden ist, die eigentlich dem Mangel entstammt: Weil nicht genügend Stein zur Verfügung stand und auch Backsteine teuer waren, verlegte man sich auf die Technik des Fachwerks. Ja, das hat zuweilen etwas Kleinstädtisches, Kleinbürgerliches, etwas verhockt Deutsches. Aber wenn Kleinbürgerlichkeit so daherkommt wie hier, wirkt sie bezaubernd und anheimelnd. Man gibt sich für Momente der Illusion hin, in solchen Häusern, in solchen Gassen, könne es keinen Größenwahn geben, keine Zerrissenheit, keinen Fanatismus und keine hochmütige Bösartigkeit.

Natürlich kann es das doch. Das bezeugt nicht nur die Folterkammer im »Schreckensturm«. In der Krypta der Stiftskirche ist eine Dokumentation zu besichtigen, die zeigt, dass auch Heinrich Himmler, Hitlers »Reichsführer SS«, die Schönheit – oder sagen wir es deutlich: die sehr deutsche Schönheit dieser Stadt – für sich und seine Bande vereinnahmt hatte und zu nutzen verstand. Er war nämlich ein Verehrer des »Reichsgründers« Heinrich I., sah in ihm den Schöpfer des »Reichsgedankens«, den die Nazis zu verwirklichen im Begriff seien, und glaubte, er selbst sei eine Reinkarnation des erlauchten Vogelfängers. (Über Himmlers mythische Phantastereien haben sich sogar Hitler und Goebbels gelegentlich mokiert.) Also ließ er im Jahre 1936, zu Heinrichs tausendstem Todestag, mit großem Brimborium eine »Weihestunde« aufziehen, und in den folgenden Jahren wurde die Stiftskirche als »Weihestätte« renoviert, an der – an Stelle von Gottesdiensten – die Novizen der SS eingeschworen werden sollten. Dabei wurde der Chor auf romanischen Stil umgefälscht, weil seine gotische Architektur dem Reichsführer wohl nicht heroisch-düster genug vorkam und auch zeitlich nicht zu Heinrich I. passte. Außerdem wurde das Gestühl entfernt. (SS-Männer saßen nicht, wenn sie feierten, sie standen, und zwar stramm.)

Peinlich war nur, dass die Feier ohne das Hauptrequisit abgehalten werden musste. Heinrichs Holzsarg mit seinem Leichnam war, wie schon erwähnt, seit dem Brand von 1070 unauffindbar. Suchgrabungen im 19. und am Anfang des 20. Jahrhunderts waren ergebnislos geblieben. Eine Führernatur wie Heinrich Himmler freilich dachte nicht daran, vor so ernüchternden Tatsachen zu kapitulieren. Im Jahr darauf ging durch die Presse die Meldung, Heinrichs Gebeine seien bei Grabungen auf dem Domberg aufgefunden worden. Es fanden sich auch wissenschaftliche Experten, die dem Reichsführer SS bescheinigten, dies seien tatsächlich die Knochen des ersten Heinrich und keines anderen. Auffällig war, dass man den Vorgang der Grabung nicht wie üblich dokumentiert und fotografiert hatte.

1948 – da hatte Himmler schon längst auf seine Zyankalikapsel gebissen – hat man dann den angeblichen Sarg Heinrichs I. noch einmal geöffnet. Er enthielt einen Totenschädel und ein paar Bretter. Himmlers Mannen hatten sich nicht einmal die Mühe gemacht, ein komplettes Skelett unterzuschieben.

Die Gefährdung, der Quedlinburgs historische Bausubstanz in den folgenden Jahrzehnten ausgesetzt wurde, war nicht mehr so schaurig-grotesk, sondern nur mehr deprimierend und trist. Wer jemals die DDR besucht hat, erinnert sich an die in allen Städten abblätternden Fassaden, an den Geruch von Braunkohlenrauch und den überall lagernden gelblichen Ruß, an eingestürzte oder einsturzgefährdete Gebäude. Es war dies eine Methode der SED im Klassenkampf: Private Besitzer von Baulichkeiten durften nur minimale Mieten verlangen und bekamen kein Material für Reparaturen zugewiesen. So sollten sie gezwungen werden, sich von ihrem Eigentum zu trennen.

Dass jahrhundertealte Fachwerkhäuser besonders intensiver Instandhaltung bedürfen, muss man auch Laien nicht lange erklären. Das macht Arbeit und kostet Geld. Beides brachten die Oberen der DDR nicht oder nicht in ausreichendem Maße auf. Ob es nun Schlamperei war oder ein gezielter Anschlag auf

»bourgeoise« Traditionsbegriffe: eine Anzahl der alten Fachwerkhäuser verfielen so sehr, dass sie nicht mehr zu retten waren. Man riss sie ein und ersetzte sie durch modifizierte Plattenbauten, von denen man glaubte, sie würden zu dem Ensemble passen. Glücklicherweise blieben Pläne zu weiteren, großflächigen Abrissarbeiten unausgeführt. (Was es bedeutet, wenn eine alte Stadt zerstört wird, kann man unter anderem auch in Quedlinburgs Nachbarstadt Halberstadt studieren. Die wurde drei Tage vor Kriegsende durch einen Luftangriff plattgemacht – Fachwerk brennt natürlich hervorragend. Wenn man zwischen den restaurierten Kirchen Halberstadts durch die betongesäumten Straßen geht und sich vorzustellen versucht, wie es hier einmal ausgesehen haben muss, würgt man an einem Kloß von Trauer im Hals.)

Heute sieht man in Quedlinburg viele sorgfältig renovierte Fassaden. Die Stadt bezaubert wieder durch helle Schönheit. Was man als Tourist auf den ersten Blick allerdings nicht bemerkt: Die Gefahr ist noch lange nicht gebannt. Bei manchen Häusern sind die Besitzverhältnisse unklar, sodass mit der Arbeit nicht begonnen werden kann. Zudem: Die Arbeitslosigkeit lag in Quedlinburg schon 2004 bei 23,5 Prozent. Allein zwischen 1998 und 2004 hat die Zahl der Einwohner um beinahe 2000 abgenommen (von 24 776 auf 22 842.) Bekanntlich sind es vor allem junge, arbeitswillige Menschen, die ihre Zukunft anderswo suchen. Wie soll eine Stadt sich unter solchen Umständen erneuern und ihr Erbe bewahren? Den Menschen, die das in einer krisengeplagten Situation, nach vierzig Jahren DDR und einer desaströs planlosen »Wende« dennoch versuchen, sollten wir unsere Sympathie, vielleicht sogar ein bisschen Bewunderung und, wenn's denn sein muss, den Soli nicht missgönnen.

Das Schloss (Barockfassade und Renaissanceturm)

Kapitel 8
Welfen, Bücher, Hexen und
der Schmerz eines Dichters
▬ Wolfenbüttel ▬

Heinrich dem Löwen (1129–1195), Herzog von Sachsen und Bayern, sind wir bereits in einem früheren Kapitel begegnet: als Gründer der Städte Lübeck und München, wobei er in beiden Fällen mit dem Eigentum und den Rechten anderer Leute wenig rücksichtsvoll umging. Manche dürften sich aus dem Geschichtsunterricht vage erinnern, dass er später abgesetzt wurde und nach England ins Exil gehen musste – weil er Kaiser Barbarossa die Heerfolge im Kampf gegen die aufständischen Lombarden verweigert hatte.

Davon soll hier nicht die Rede sein. Auch nicht davon, dass Heinrich seinen Eigenbesitz, die Stadt Braunschweig und Ländereien in ihrer Umgebung, behalten, später dorthin zurückkehren durfte, und dass Kaiser Friedrich II. diesen Teil des früheren Herzogtums Sachsen 1235 unter dem Namen »Herzogtum Braunschweig-Lüneburg« als Reichslehen an den Sohn des Löwen (»Heinrich das Kind«) vergab. Wir erwähnen es nur, weil Heinrich der Löwe die auffälligste und – wie soll man das ausdrücken: nein, bewundernswert war er nicht – sagen wir, die erstaunlichste Gestalt in der Generationenkette einer Familie ist, die heute noch existiert, mit ihren Anfängen aber in sagenhaften, beinahe mythischen Zeitgründen, zumindest aber im archaischen Halbdunkel der Karolingerzeit wurzelt.

Bis ins 19. Jahrhundert hinein glaubten manche Leute, dass diese Welfen (ursprünglich ein abwertender Spitzname, der

»junges Raubtier« bedeutete) von dem römischen Verschwörer Catilina abstammten, gegen den seinerzeit der Redner Cicero gewettert hatte. Oder von einem Skirenfürsten aus der Völkerwanderungszeit. (Die Skiren waren ein ostgermanischer Stamm, dessen berühmtester Sohn, Odoaker, 476 n. Chr. den letzten weströmischen Kaiser absetzte.) Strenge Historiker verwarfen solche imaginären Stammbäume. Fest steht indessen, dass die Welfen zum Hochadel des Frankenreiches gehörten und dass einer von ihnen 888 zum König von Burgund aufstieg, eine Würde, die bis 1032 in der Familie blieb. Später waren sie in Schwaben reicher begütert als die Staufer. Es gab Welfen als Herzöge von Kärnten, von Sachsen und Bayern, von Spoleto, Ferrara, Modena, als Connetable des Königreichs Jerusalem und als Despot eines Fürstentums Romania auf der Peloponnes. Einer von ihnen, Otto IV. (1175–1218), auch er ein Sohn des Löwen, versuchte sich glücklos als römisch-deutscher Kaiser. Die Herzöge von Braunschweig-Lüneburg stiegen zu Kurfürsten, später zu Königen von Hannover auf. 1714 wurde einer von ihnen unter dem Namen Georg I. König von England. Wenn man die weibliche Erbfolge anerkennt, sind die britischen Royals eigentlich heute noch Welfen. Nur nennen sie sich seit dem Ersten Weltkrieg »Haus Windsor«, weil es damals in England nicht opportun war, sich zu einer deutschen Abstammung zu bekennen.

Über die Geschichte dieses Hauses gibt es keine neuere zusammenhängende Darstellung. Und das hat einen einfachen Grund: Im Mittelalter (nach Heinrich dem Löwen) und in der frühen Neuzeit oblagen die Welfen fast noch intensiver als andere deutsche Fürstenhäuser der Sitte oder Unsitte der Erbteilung. Schon Heinrich das Kind teilte Braunschweig-Lüneburg unter zwei seiner Söhne auf. Später kamen zu Braunschweig und Lüneburg dann noch Braunschweig-Bevern, Braunschweig-Celle, Göttingen, Calenberg, Grubenhagen und andere. Immer wieder starb eine Linie aus, ihr Gebiet wurde mit dem einer anderen vereinigt, die es ihrerseits wieder teilte oder selbst ausstarb und durch eine andere ersetzt wurde. Selbst heimatverbundene niedersächsische Welfen-Loyalisten blicken da nicht mehr durch. Ein Historiker zitiert einen Lokalpoeten, der schrieb, der

Stammbaum des Welfenhauses sehe aus »wie der Rangierbahnhof von Lehrte«.

Mit einem dieser Klein- oder Kleinstwelfen aber wollen wir uns doch beschäftigen, nämlich mit August dem Jüngeren (1579–1666). Er war das siebte Kind eines Herzogs von Dannenberg (auch dies eine welfische Nebenlinie), und eigentlich sollte er gar nichts erben, sondern bekam zu seiner Versorgung Dorf und Amt Hitzacker – ein Elbfischerdorf mit etwa 500 Einwohnern – als »mediale« Herrschaft zugewiesen. Das heißt, er war kein reichsunmittelbarer Fürst, sondern nur ein Standesherr. Dieser kleine Wirkungsbereich scheint ihn nicht ausgefüllt zu haben. Er tat auch nicht das, was jüngere Söhne seiner Herkunft sonst zu tun pflegten, wurde weder Offizier in irgendeiner Armee noch strebte er eine geistliche Pfründe an.

Seine Neigungen waren für einen Adeligen der damaligen Zeit eher ungewöhnlich. Schon mit fünfzehn Jahren hatte er die Universität Rostock bezogen. Später studierte er noch in Tübingen und Straßburg, lernte Latein, Griechisch, Italienisch, Französisch und Englisch, ging anschließend auf Reisen: nach Italien, Frankreich, Holland und England.

Die Herrschaft Hitzacker übernahm er mit fünfundzwanzig Jahren. Er soll sie zu einer Art Musterländchen ausgebaut haben und brachte sie durch diplomatisches Geschick leidlich durch die Gefahren des Dreißigjährigen Krieges. Wahrlich keine geringe Leistung! Das Einkommen, das er dort zusätzlich zu seiner Apanage von 3000 Talern erzielte, war nach fürstlichen Maßstäben bescheiden. Er investierte es in eine Leidenschaft, die damals nur wenige Leute seines Standes mit ihm teilten: in Bücher. Schon in Hitzacker ließ er ein Bibliotheksgebäude errichten, etwas, was es im Europa nördlich der Alpen sonst nur in Klöstern gab. Seine Agenten kauften überall Bücher und Handschriften auf: in Leipzig, Amsterdam, Italien und Frankreich. So lebte er dreißig Jahre lang, anscheinend nicht unzufrieden. Er war nach damaligen Begriffen bereits ein alter Mann, als 1634 Friedrich Ulrich von Braunschweig-Wolfenbüttel starb und mit ihm wieder einmal eine Welfenlinie erlosch. Außer August gab es noch sechs andere Prätendenten auf das vakante Fürstentum, aber aus einem komplizierten Prozess ging er als Gewinner hervor. Allerdings musste er noch weitere acht Jahre – bis 1644 – warten, bis er in seine von den Kaiserlichen geräumte Residenzstadt einziehen konnte. Braunschweig, wo er inzwischen Quartier nahm, war für ihn kein behaglicher Wohnort, weil die Bürger dort notorisch gegen ihren Herzog aufmuckten. Deswegen war schon 1432 die Residenz nach Wolfenbüttel verlegt worden. Das war eine der stärksten Festungen Norddeutschlands, im Übrigen aber, wie im Kern auch heute noch, ein Fachwerkstädtchen. Sogar das Schloss war (und ist) aus Fachwerk errichtet. Das Fürstentum, obwohl größer als die Herrschaft Hitzacker, gehörte eher zu den Zwergstaaten innerhalb des Heiligen Römischen Reiches Deutscher Nation. Großen Aufwand konnte man sich nicht leisten. Jetzt war das Ländchen zusätzlich durch Krieg, Plünderungen und Besatzung ruiniert.

Herzog August brachte 55 Bücherkisten mit. Viel Zeit zum Lesen dürfte ihm zunächst nicht geblieben sein, denn er machte sich an die Arbeit, sein heruntergekommenes Fürstentum zu sanieren, baute ein funktionierendes Justizwesen auf, richtete Schulen ein, brachte die Landeskirche auf Vordermann. Er gab eine Aufstellung aller Kriegsschäden und einen Plan für den Wiederaufbau in Auftrag, erhöhte die Einnahmen aus dem Bergbau im Harz und begnügte sich mit einer einfachen Hofhaltung. Im Umgang mit Finanzen war er recht geschickt. So kamen das Land und die Stadt wieder zu bescheidener Blüte. Für die Handwerker, die man benötigte, plante und baute er einen neuen Stadtteil, die Auguststadt.

Er blieb mit seinem Wirken nicht in den engen Grenzen seiner Herrschaft. Als Mitglied der »Fruchtbringenden Gesellschaft« setzte er sich für eine geregelte deutsche Orthografie und Aussprache ein, für die Reinigung der deutschen Sprache, die im Dreißigjährigen Krieg ebenso heruntergekommen war wie das Land, ein mit unnötigen Fremdwörtern durchsetztes, ungefüges Kauderwelsch. Er selbst schrieb alle seine Werke auf Deutsch, nicht, wie unter Standesgenossen üblich, auf Latein oder Französisch.

Und an einem sparte er nicht: an seinen Büchern. Als er starb, war die Bibliothek mit 115 000 Schriften die reichste nördlich der Alpen, eine der größten in Europa. Mit ihr hat er sich ein

Denkmal gesetzt, obwohl das Gebäude mit der berühmten Rotunde damals noch ebenso wenig stand wie der wilhelminische Bau, in dessen Sälen wir heute die Regale voll ledergebundener Folianten, die Land- und Seekarten, Erd- und Himmelsgloben, die kostbaren Handschriften und Inkunabeln bestaunen können. (Nur das teuerste Buch der Welt, das Evangeliar Heinrichs des Löwen, 1983 für 32,5 Millionen D-Mark bei Sotheby's ersteigert, bekommt kein gemeiner Sterblicher zu sehen, das liegt unter Verschluss.)

Ein tüchtiger, ein gebildeter, gelehrter und welterfahrener, persönlich anspruchsloser, wohlgesinnter, verantwortungsvoller Landesherr, ein Freund der Bücher und der Sprache. Wer ihn so weit kennengelernt hat, den erwartet ein Schock: Dieser sympathische und bewundernswerte Musterfürst war ein Anhänger obskurer Geheimlehren, der Alchimie und des Rosenkreuzertums – und er war ein erbarmungsloser Hexenjäger. Allein in Hitzacker (Gesamteinwohnerzahl von Dorf und Amt nicht über 2000) schickte er siebzig Frauen auf den Scheiterhaufen, nachdem er sie hatte foltern lassen. In seiner gesamten Regierungszeit sollen es etwa zweihundert gewesen sein.

Wie kann das sein? Man fällt ins Schaudern, ins bedrückte Nachdenken. Natürlich, zu seiner Zeit gab es ein Grenzgebiet zwischen Naturwissenschaften und magischen Praktiken, zwischen Rationalität, Religiosität und Aberglauben, wo all dies zusammentraf und oft giftige Mischungen ausdünstete. Man kann die Frage aber auch weiter fassen: Gibt es denn nichts, nicht Klugheit, Bildung, guten Willen, das den Menschen gegen die Wahnvorstellungen, Grausamkeiten und Verrücktheiten seiner Epoche gefeit macht? Herzog August war dazu noch ein frommer Mann und ein liebender Gatte und Familienvater. Aber mit der Hexenjagd in Hitzacker hörte er erst auf, als sein älterer Bruder ihm eine Strafaktion androhte. Und später, als Landesherr, setzte er sie in Wolfenbüttel fort. Trotzdem gilt er als einer der fähigsten Herrscher aus dem Welfenhause.

Die Tausende von Bänden, die Augusts Bibliothek zum Zeitpunkt seines Todes 1666 umfasste, wurden zunächst im Gebäude des Marstalls untergebracht – unten die Pferde, darüber die Bücher. Ein eigenes Gebäude mit der berühmten Kuppel-

halle wurde erst 1705–1713 errichtet. Zu den Bibliothekaren gehörte ab 1691 der große Philosoph und letzte Universalgelehrte
der europäischen Geistesgeschichte, Gottfried Wilhelm Leibniz.
Der scheint den Posten allerdings eher als Ehrenamt und Si-
nekure aufgefasst zu haben. In Wolfenbüttel ließ er sich kaum
blicken, dazu war er viel zu beschäftigt mit wissenschaftlichen
und diplomatischen Projekten.

Ein anderer dagegen glaubte, hier einen Hafen nach bewegter
Lebensreise und den Platz für ein spätes Glück zu finden: Gotthold Ephraim Lessing (1729–1781), der Aufklärer und erste Klassiker unserer deutschen Literatur. Er kam 1770 hierher, als
berühmter Mann bereits, hatte schon ›Miss Sara Sampson‹,
›Minna von Barnhelm‹, den ›Laokoon‹ und die ›Hamburgische
Dramaturgie‹ geschrieben, war Magister der Medizin, hatte
aber vorwiegend als Journalist und freier Schriftsteller in Leipzig und Berlin gearbeitet, war im Siebenjährigen Krieg Sekretär
des preußischen Stadtkommandanten von Breslau gewesen,
später Dramaturg und Theaterkritiker in Hamburg, wo kunst-
sinnige Bürger den – letztlich scheiternden – Versuch unter-
nahmen, mit seiner Hilfe ein deutsches Nationaltheater aufzubauen. Er hatte als Erster in Deutschland versucht, von der
Schriftstellerei zu leben – in einer Zeit ohne geregeltes Urheberrecht ein gewagtes, nahezu aussichtsloses Unterfangen. Sein
Versuch, zusammen mit einem Kompagnon in Hamburg eine
Druckerei zu gründen, scheiterte ebenfalls und kostete ihn seine Ersparnisse.

Nach Wolfenbüttel brachte – oder lockte – ihn der Erbprinz
Karl Wilhelm Ferdinand von Braunschweig, der seit 1773 die
Regentschaft für seinen Vater führte. Diesen Ferdinand sollten
wir etwas näher betrachten, um zu verstehen, was Lessing in
Wolfenbüttel erwartete.

1735 geboren, hatte er sich im Siebenjährigen Krieg auf preußischer Seite erste militärische Meriten erworben. Seine Mutter war eine Schwester Friedrichs des Großen, verheiratet war
er mit einer Schwester Georgs III. von England (auch ein Welfe!),
zu der er allerdings ein eher formelles Verhältnis unterhielt. Unter seinen Mätressen war diejenige, die er am längsten beibe-
hielt, Maria von Branconi, eine Italienerin. Sein Erzieher war

der evangelische Abt Jerusalem gewesen, Hofprediger und Vater jenes jungen Mannes, der später zum Vorbild für Goethes »Werther« wurde, weil er sich wegen Liebeskummers erschoss.

Ferdinand sah sich gern als aufgeklärten Fürsten, brachte auch einige Reformen in Gang, umgab sich mit Künstlern, Schriftstellern, Wissenschaftlern, die er dann manchmal zu bezahlen vergaß. Auch seine militärischen Ambitionen kosteten Geld. Das beschaffte er sich, indem er, vor allem während des amerikanischen Unabhängigkeitskrieges (1775–1783), Soldaten an die Engländer verkaufte. In Wolfenbüttel erinnert noch eine Gedenktafel an einem Haus an den Kommandeur dieser unglücklichen Truppe, einen Oberst Riedesel. Am gewinnbringendsten für Ferdinand war es, wenn möglichst viele Soldaten umkamen, denn er erhielt für jeden Gefallenen eine Extraprämie. Die Verwundeten und Invaliden durften nicht heimkehren, sondern mussten in Amerika bleiben. 1787 wurde der Herzog zum preußischen Feldmarschall ernannt, und als solcher führte er 1792 ein preußisch-österreichisches Heer gegen die Revolutionäre in Frankreich. Unterwegs erließ er ein großmäuliges Manifest, in dem er den Franzosen schwere Strafen androhte, sollten sie sich an ihrer königlichen Familie vergreifen. Damit hat er nicht unwesentlich dazu beigetragen, dass Ludwig XVI. und Marie Antoinette unter der Guillotine endeten. Seine Offensive blieb alsbald in Dreck, Regen und Kälte stecken, und nach der Kanonade von Valmy musste sich seine Armee ruhmlos zurückziehen. (Goethe hat davon in seiner ›Campagne in Frankreich‹ berichtet.) Trotzdem berief man den Herzog noch einmal zum preußischen Oberbefehlshaber, als es 1806 gegen Napoleon ging. Da war er schon 71 Jahre alt. Die Konfrontation zwischen preußischem Kasernenhofdrill und Kadavergehorsam auf der einen Seite und den Erben der großen Revolution, geführt von einem militärischen Genie, auf der anderen Seite endete mit der Katastrophe von Jena und Auerstedt, der völligen Niederlage des preußischen Heeres und dem Ende des friderizianischen Systems. Herzog Ferdinand überlebte das nicht lange. Er starb bald danach an den Verwundungen, die er in der Schlacht davongetragen hatte. Im Ganzen, und damit kehren wir in die Zeit Lessings und nach Wolfenbüttel zurück, kann man sagen, dass Ferdinand als Landesherr eine merkwürdige Mischung von intendierter Aufgeklärtheit, sozusagen unbewusster, weil schon zur Gewohnheit gewordener Tyrannei und administrativer, wirtschaftlicher, vor allem finanzieller Wurstelei personifiziert, wie sie für viele deutsche Kleinstaaten des 18. Jahrhunderts kennzeichnend ist.

Was Lessing veranlasste, das Angebot des Herzogs anzunehmen, waren drei Motive: einmal natürlich die Bibliothek als solche. Lessing war ein Büchermensch, man kann sagen, ein Büchernarr. Seine eigene Sammlung, die er erworben hatte, als er in Breslau gut verdiente, hatte er verkaufen und das Geld in das missglückte Druckerei-Experiment stecken müssen. Zum anderen lockte ihn die Aussicht auf ein festes Einkommen. Sechshundert Taler Jahresgehalt und freie Unterkunft, mit Aussicht auf baldige Erhöhung, hatte ihm der Erbprinz versprochen. Das hätte es ihm ermöglicht, die Frau, die er liebte, zu heiraten: Eva König, die Witwe eines seiner Hamburger Freunde, eine Mutter von vier Kindern. Zwar war sie selbst vermögend. Ihr erster Mann hatte ihr, neben anderem, eine Tapeten- und eine Seidenfabrik in Wien hinterlassen. Aber Lessing hätte sich nie darauf eingelassen, Geld anzurühren, das seiner Ansicht nach den Kindern des Verstorbenen zustand.

Seinen Posten als Bibliothekar trat er zunächst sehr hochgemut an. Allerdings hält diese Hochstimmung nicht lange vor,

Die Stelle selbst ist so, als ob sie von jeher für mich gemacht wäre: und ich habe es umsoviel weniger zu betauren, daß ich bisher alle andern Anträge von der Hand gewiesen. Sie ist auch einträglich genug, daß ich gemächlich davon leben kann, wenn ich nur erst wieder auf dem Trocknen, das ist, aus meinen Schulden, sein werde: Sechshundert Taler Gehalt, nebst freier Wohnung und Holz auf dem fürstl. Schlosse.

Das allerbeste aber dabei ist die Bibliothek, die Ihnen schon dem Ruhme nach bekannt sein muß, die ich aber noch weit vortrefflicher gefunden habe, als ich mir sie jemals eingebildet hätte. Ich kann meine Bücher, die ich aus Not verkaufen müssen, nun sehr wohl vergessen ...

Aus einem Brief Lessings an seinen Vater,
zit. nach: Wolfgang Drews, ›Lessing‹

> Ich wohne in einem großen verlassenen Schloße ganz allein: und
> der Abfall von dem Zirkel, in welchem ich in Hamburg herum-
> schwärmte, auf meine gegenwärtige Einsamkeit ist groß, und
> würde jedem unerträglich seyn, der nicht alle Veränderung von
> Schwarz in Weiß so sehr liebt wie ich.
>
> Aus einem Brief Lessings an Nicolai,
> zit. nach: Dieter Hildebrand, ›Lessing‹

die Enttäuschung, man kann sagen, die Depression folgt auf dem
Fuße. Dazu muss man wissen, dass Wolfenbüttel damals eine
sterbende, besser gesagt, eine bereits halb ausgestorbene Stadt
war. 1671 war es den vereinigten Streitmächten der welfischen
Teilfürstentümer gelungen, die ungebärdige Stadt Braunschweig
endlich wieder der herzoglichen Macht zu unterwerfen. Und
1753 hatte Ferdinands Vater, Karl I., die Residenz von Wolfenbüttel wieder nach Braunschweig in ein neu erbautes Schloss
verlegt. Für Wolfenbüttel bedeutete das den Verlust seines wichtigsten Wirtschaftsfaktors, einen Exodus von katastrophalen
Ausmaßen. Nicht nur der Hof übersiedelte in die Nachbarstadt,
sondern auch die kirchlichen und die Verwaltungsbehörden
sowie eine große Anzahl von Handwerkern und Gewerbetrei-
benden, die vom Hof lebten. Von ehedem 12 000 Einwohnern
blieben gerade 7000 übrig, wahrscheinlich nicht die unterneh-
mendsten und beweglichsten.

In Hamburg hatte Lessing einen großen und lebhaften Freun-
deskreis. (Wenn irgendwo im Deutschland dieser Zeit eine halb-
wegs freie, von feudalen und absolutistischen Fesseln nicht ein-
geengte, rege und anregende bürgerliche Gesellschaft existierte,
dann in der wohlhabenden und weltoffenen Hafenstadt.) Jetzt
musste er, um Gesprächspartner zu finden, die zwölf Kilometer
nach Braunschweig hin und zurück wandern – zu Fuß, denn
eine geregelte Verbindung gab es nicht und Mietkutschen waren teuer.

Andere Widrigkeiten kamen hinzu. Der Sekretär, der Lessing
bei seiner Arbeit beistehen sollte, hatte sich augenscheinlich
selbst Hoffnung auf den Posten des Bibliothekars gemacht. Gekränkt, dass man ihm einen berühmten Quereinsteiger vor die
Nase setzte, ergriff er jede Gelegenheit, zu stänkern und zu in-

trigieren. Die Bürokraten in Braunschweig nahmen Anstoß an
Lessings Buchführung und zögerten die Auszahlung seines Ge-
halts hinaus. Und von einer Erhöhung dieser Bezüge war nicht
mehr die Rede. Auf wiederholte Gesuche reagierte der Erbprinz
so, wie er auf vieles reagierte, das ihm ungelegen kam – nämlich überhaupt nicht.

1771 hatten sich Lessing und Eva König verlobt. Sieben Jahre
sollten vergehen, bis sie endlich ihre Ehe schließen konnten –
eine Zeit des Wartens und der Briefe. Lessings Position blieb
lange ungesichert, einige Male war er nahe daran, verbittert und
enttäuscht alles hinzuwerfen, sich anderswo ein Auskommen
zu suchen. Eva selbst musste sich um die Hinterlassenschaft
ihres ersten Mannes kümmern, wollte möglichst viel davon für
die Kinder bewahren. Was sollte mit den zwei Fabriken in Wien
geschehen? Konnte man sie einem Verwalter anvertrauen? Eva
musste selbst nach Österreich reisen. Sie kam zu dem Schluss,
dass es am günstigsten sei, zu verkaufen. Aber das war nicht so
einfach und ging vor allem nicht so schnell. Behördliche Geneh-
migungen waren nötig, und die habsburgische Bürokratie arbeitete notorisch träge. Drei Jahre musste sie in Wien zubringen,
getrennt nicht nur von ihrem Verlobten, sondern auch von ihren
Kindern. Als schließlich alles geregelt war (eine bemerkenswer-
te Leistung in einer Zeit, in der den meisten Frauen Geschäft-
liches absolut fremd und unheimlich war), reiste Lessing selbst
nach Wien, um sie heimzugeleiten.

Dort kommt ihm zu Bewusstsein, wie berühmt er inzwischen
ist. Wien feiert ihn euphorisch, im Theater erhält er stehende
Ovationen. Er wird überallhin eingeladen, Kaiser Joseph II.
empfängt ihn in Audienz. Sein Verhältnis zu Madame König ist
Stadtgespräch, die Wiener lieben solchen Klatsch.

Hatte Erbprinz Ferdinand im fernen Braunschweig von dem
Aufsehen um seinen Bibliothekar erfahren und missfiel es ihm?
Jedenfalls tauchte ein anderer Welfenprinz namens Leopold in
Wien auf, mit dem Befehl, Lessing solle ihn auf seiner Kavaliers-
tour nach Italien begleiten. Von einer solchen Reise hatte Les-
sing lange Zeit geträumt. Jetzt kam sie ihm höchst ungelegen.
Aber er muss gehorchen, will er seine Stellung und seine Zu-
kunft in Wolfenbüttel und damit die geplante Heirat nicht ge-

fährden. Die Reise geht nach Mailand, Venedig, Florenz, Korsika, Genua, Turin, Rom und Neapel. Kein Wunder, dass sich Lessings Tagebuch bar jeder Begeisterung, trocken und knurrig liest. Unter diesen Umständen scheint er kein Auge für die Schönheiten Italiens gehabt zu haben. Eva musste allein nach Hamburg zurückfahren. Und diesmal kam es zu einer ernsthaften Entfremdung zwischen dem Paar. Es gab keine direkte Postverbindung von Italien nach Hamburg. Lessing schickte seine Briefe an eine Zwischenadresse in Wien. Dort blieben sie – pure Schlamperei – liegen, wurden nicht weiterbefördert. Als er monatelang keine Antwort erhielt, hörte auch er auf zu schreiben, dachte wohl, Eva habe sich anders besonnen. Und sie, zurück in Hamburg, fürchtete dasselbe von ihm.

Das klärt sich erst auf, als Lessing Ende 1775 aus Italien zurückkehrt. Jetzt scheint sich alles zum Guten zu wenden. Ein Gespräch mit dem Erbprinzen sichert endlich Lessings finanzielle Verhältnisse. Sein Gehalt wird auf achthundert Taler aufgestockt. Eine geräumige Wohnung am Schlossplatz wird ihm eingeräumt, als vorläufige Bleibe, denn endgültig soll ihm jenes anmutige Haus – mit seinen fünfzehn Zimmern fast ein kleines Schlösschen – in der Nachbarschaft der Bibliothek zur Verfügung stehen, das heute seinen Namen trägt und als Museum an ihn erinnert.

Im Oktober 1776 wird geheiratet. Eine schlichte Feier, nicht in Wolfenbüttel, nicht in Hamburg, sondern in einer Dorfkirche im Alten Land. (Lessing hat sich geweigert, sich einen neuen Rock nähen zu lassen.) In der Wohnung am Schlossplatz verbringen sie, zusammen mit zwei der vier Kinder Evas, ein glückliches Jahr, wahrscheinlich das glücklichste in Lessings Leben. Als sie Ende 1777 in das Haus neben der Bibliothek einziehen, ist Eva hochschwanger. Am 25. Dezember bringt sie einen Sohn zur Welt, der Traugott hätte heißen sollen. Er stirbt nach 48 Stunden. Seine Mutter folgt ihm am 10. Januar 1778 nach.

Ich ergreife den Augenblick, da meine Frau ganz ohne Besonnenheit liegt, um Ihnen für Ihren gütigen Antheil zu danken. Meine Freude war nur kurz: Und ich verlor ihn so ungern, diesen Sohn! Denn er hatte so viel Verstand! so viel Verstand! – Glauben Sie nicht, daß die wenigen Stunden meiner Vaterschaft mich schon zu so einem Affen von Vater gemacht haben! Ich weiß, was ich sage. – War es nicht Verstand, daß man ihn mit eisernen Zangen auf die Welt ziehen mußte? Daß er so bald Unrath merkte? – War es nicht Verstand, daß er die erste Gelegenheit ergriff, sich wieder davon zu machen? – Freylich zerrt mir der kleine Ruschelkopf auch die Mutter mit fort! – Denn noch ist wenig Hoffnung, daß ich sie behalten werde. – Ich wollte es auch einmal so gut haben, wie andere Menschen: Aber es ist mir schlecht bekommen. (Wolfenbüttel, 31. Dezember 1777.)

Meine Frau ist todt: u. diese Erfahrung habe ich nun auch gemacht. Ich freue mich, daß mir viel dergleichen Erfahrungen nicht mehr übrig seyn können zu machen; u. bin ganz leicht. – Auch thut es mir wohl, daß ich mich Ihres u. unsrer übrigen Freunde in Braunschweig, Beyleids versichert halten darf. Wolfenb, den 10. Jenner 1778.

Zwei Briefe an Lessings Freund Johann Joachim Eschenburg,
zit. nach: ›Zwei Briefe Lessings über den Tod Eva Königs‹,
Faksimileblätter der Herzog-August-Bibliothek

Der Mann ist ein Schriftsteller mit Haut und Haaren und ein Mensch des 18. Jahrhunderts. In diesen Stunden und Tagen des tiefsten, bittersten Leidens kann er nicht anders: Er muss formulieren, muss eine schmerzliche Pointe suchen, einen todeskranken Witz: »…so viel Verstand! so viel Verstand!« und »Ich freue mich, daß mir viel dergleichen Erfahrungen nicht mehr übrig seyn können zu machen…«

Von dem, was Lessing in Wolfenbüttel geschrieben hat, war hier noch nicht die Rede. Neben kleineren Schriften sind es zwei seiner heute noch lebendigen Dramen. Schon am Anfang seines Aufenthalts, 1772, entstand die ›Emilia Galotti‹ als eine Art Auftragswerk, und zwar als Geburtstagsgeschenk für die Herzogin Charlotte Philippine, die Mutter des Erbprinzen Ferdinand und Schwester Friedrichs des Großen. Eine seltsame, provokante Gabe an eine Fürstin ist diese Lucretia-Geschichte über ein junges Mädchen, das seinen Vater dazu bringt, es zu erste-

chen, weil es nicht die Geliebte eines Fürsten werden will. Prinz
Ettore Gonzaga von Guastalla ist genau der eigentlich nicht bös-
artige, aber launisch egozentrische Sinnenmensch und Tyrann,
den man auch in manchem deutschen Duodezfürsten des Zeit-
alters sehen kann – unter anderem in Ferdinand von Braunschweig–Lüneburg und seinem Vater Karl I. Trotzdem – oder
gerade deswegen – wurde das Stück mit großem Erfolg am
Braunschweiger Hoftheater aufgeführt und nahm seinen Weg
über die deutschen Bühnen. Uns mag der Kult um die Jungfräu-
lichkeit und auch die eiserne Biederkeit des Heldenvaters Odo-
ardo etwas fremd geworden sein, aber der Ruf nach bürgerlicher
Freiheit, nach Achtung der Menschenwürde hat die Jahrhunderte überdauert.

Lessings Grand Œuvre ›Nathan der Weise‹ hat eine noch be-
wegtere, man kann sagen, dramatische Vorgeschichte. Lessing
hatte in den Jahren 1774–1777 unter dem Titel ›Fragmente eines
Ungenannten‹ Auszüge aus den hinterlassenen Schriften seines
Freundes Samuel Reimarus, eines Theologen und Zoologen, herausgegeben. Der hatte, freilich nur in persönlichen Aufzeich-
nungen, zum ersten Mal rationalistische Bibelkritik betrieben
und, nicht ohne Ironie, Zweifel an Wundern wie der Auferstehung Christi oder dem Zug der Juden durch das Rote Meer an-
gemeldet. So etwas zu publizieren war ein Risiko. Lessing ver-
schwieg denn auch die Identität des Verfassers und behauptete,
das Manuskript unsigniert in der Wolfenbütteler Bibliothek
gefunden zu haben. Trotzdem rief die Veröffentlichung einen
wortgewaltigen Vertreter der lutherischen Orthodoxie auf den
Plan, also jener Richtung, für die jedes Wort der Heiligen Schrift
unverrückbare, nicht zu bezweifelnde Glaubenswahrheit darstellte: den Hamburger Hauptpastor Goeze. Für ihn waren die
Gedanken des »Ungenannten« nicht nur Ketzerei (wenn er als
Lutheraner dieses Wort auch mied), sondern vor allem eine Gefährdung der staatlichen und bürgerlichen Ordnung, die ja
schließlich auf dem christlichen Glauben gründeten. Er forderte, unter heftigen persönlichen Angriffen gegen Lessing, das
Verbot der Fragmente. Der schoss im Namen der Meinungsfrei-
heit und Toleranz ebenso heftig zurück.

> Gott weiß es, ich habe nichts dagegen, daß Sie und alle Schulrektoren in Niedersachsen gegen meinen Ungenannten zu Felde ziehen. Vielmehr freue ich mich darüber; denn eben darum zog ich ihn an das Licht, damit ihn recht viele prüfen, recht viele widerlegen können. Ich hoffe auch, er wird noch Zeit genug unter die rechten Hände kommen, unter welchen er mir noch nicht zu sein scheinet, und sodann glaube ich wirklich der christlichen Religion durch seine Bekanntmachung einen größern Dienst erwiesen zu haben als Sie mit allen Ihren Postillen und Zeitungen.
>
> Notgedrungene Beiträge zu den »Freiwilligen Beiträgen« des Herrn Pastor Goeze, zit. nach: Wolfgang Drews, ›Lessing‹

So ging es hin und her. Es wurde nicht mit dem Florett gefochten, sondern mit Knüppeln aufeinander eingedroschen. Schließlich erreichte Goeze, dass der Herzog Lessing jede weitere Polemik gegen ihn verbot – und das, obwohl ihm bei Antritt seines Dienstes vertraglich Zensurfreiheit zugesichert worden war.

Lessing war nicht der Mann, sich mundtot machen zu lassen. Er werde jetzt, sagte er, eben auf seine alte Kanzel zurückkehren. Und schrieb den Nathan, dessen Kernaussage in der Ringparabel zusammengefasst ist: Man darf den Menschen nicht nach seiner Religions- oder Konfessionszugehörigkeit beurteilen, sondern danach, wie er versucht, gut zu sein und Gutes zu tun. Als Vorbild für den weisen alten Juden stand ihm Moses Mendelssohn vor Augen, der Freund aus Berliner Tagen, aber in Nathans Bericht über das Ende seiner Familie in einem Pogrom mag etwas von Lessings eigenen Verlusterfahrungen eingeflossen sein. Goeze dagegen fand sich in der Figur des zelotischen Patriarchen von Jerusalem karikiert. Übrigens verwendete Lessing im ›Nathan‹ zum ersten Mal den Blankvers, den reimlosen fünfhebigen Jambus, als Sprachform. Goethe, Schiller, Grillparzer, Hebbel haben ihn von ihm übernommen und zum Versmaß des klassischen deutschen Dramas gemacht. Uraufgeführt wurde das Stück 1783 in Berlin. Da war Lessing nicht mehr am Leben.

Er starb, zweiundfünfzig Jahre alt, am 15. Februar 1781 in Braunschweig an einem Schlaganfall. Dorthin war er wieder einmal gekommen, um sich mit Freunden zu treffen.

> Sein Tod hat ihn einigermaßen geahndet, denn als an seinem
> Sterbemorgen Herr Justizrath von Ungar begraben wurde, und
> sein Lohndiener bei diesem Begräbnis gebraucht wurde, sagte
> ihm Lessing des Nachmittags, er sollte machen, daß er mit sei-
> nem Begräbniß fertig würde, damit er seines ausrichten könnte.
>
> Elise Reimarus, zit. nach: Dieter Hildebrand, ›Lessing‹

Zur Bibliothek gehören heute nicht nur das 1884–1887 errichtete Hauptgebäude und das Lessinghaus, sondern auch eine Reihe von anderen Gebäuden, meist um den Schlossplatz herum gelegen, so jenes »Meißnerhaus«, in dem Lessing und seine Frau
ihr glückliches Jahr verbrachten, und vor allem das Zeughaus,
einstens außer den Kirchen und Befestigungsanlagen der einzige Steinbau in der ganzen Stadt. Dort, wo Waffen und Munition
für die Braunschweigische Armee gelagert wurden, ist jetzt ein
Lesesaal mit schönem Gewölbe und langen Bücherregalen.

Im Schloss ist nichts mehr von der Verlassenheit zu spüren,
die dem Dichter so zu schaffen machte. Besucher können die
Prunkgemächer der Herzöge und daneben noch ein Museum
mit Relikten bürgerlicher Lebensführung aus dreihundert Jahren besichtigen. Den größten Teil des Gebäudes aber hält eine
Schule besetzt. Sie ist weder nach Lessing noch nach Herzog
August oder einem seiner Verwandten benannt, sondern heißt
einfach »Gymnasium im Schloss«. Wenn man gegen zehn Uhr
früh kommt (um die Zeit öffnet das Museum), kann man einzelne Teenager sehen, wie sie durch den barocken Torbogen ge-
radelt kommen, ihre Fahrräder im Innenhof abstellen, durch
eine Glastür und dann die Treppe hinauf sprinten. Haben sie
verschlafen oder sind die ersten Stunden ausgefallen? Man spürt
etwas wie Neid auf sie und ihre Lehrer: an so einem Ort lernen
oder arbeiten zu dürfen! Jeden Tag über den Schlossplatz mit
seinen schönen alten Häusern, über die Brücke und durch das
Tor, aber vorher wirft man noch einen Blick auf die Bibliothek,
das Lessinghaus, das Zeughaus: So viel Schönheit, Geist, Tradition und in ihrer Mitte das junge Leben.

Lessing, da sind wir überzeugt, würde das gefallen.

St. Marien, die Kirche der Lübecker Bürgerschaft

Kapitel 9
Die Liebliche im Norden
Lübeck und die Hanse

Wie die Stadt Lübeck gegründet wurde, haben wir schon erwähnt: von Herzog Heinrich dem Löwen im Jahre 1159, auf ziemlich gewaltsame Art. Allerdings ist das nicht der allererste Anfang. Schon sechzehn Jahre vorher hatte Graf Adolf von Schauenburg die strategischen und wirtschaftlichen Chancen erkannt, die die nur an einer engen Stelle zugängliche Halbinsel zwischen den Flüssen Trave und Wakenitz bot. Bereits seit dem 9. Jahrhundert existierte einige Kilometer traveabwärts eine slawische Siedlung. Die wurde 1138 von anderen, von der Insel Rügen stammenden Slawen zerstört. Ihren Namen aber, »Liubica«, die Liebliche, übernahm Graf Adolf und nach ihm Herzog Heinrich für die neue Stadt.

Das weist auf den Hintergrund hin, vor dem man die frühe Geschichte dieser nicht nur durch ihre Schönheit erstaunlichen Stadt (zeitweise nach Köln die zweitgrößte in Deutschland) sehen muss: die Ausdehnung des deutschen Siedlungsgebietes und die christliche Mission in den bis dahin von slawischen Stämmen dünn besiedelten Gebieten östlich der Elbe. Die wurden möglich durch das starke Bevölkerungswachstum in West- und Mitteleuropa seit dem Ende des 10. Jahrhunderts. Gleichzeitig entstanden in Polen und in Skandinavien christliche Feudalstaaten. Russland kam in den Gesichtskreis der Europäer und ihres Handels. Man kann sagen, Europa dehnte sich nach Osten aus, die Ostsee wurde zum europäischen Binnenmeer.

Heinrich der Löwe stattete Lübeck mit großen Privilegien aus, begann mit dem Bau eines romanischen Doms und setzte durch, dass die Stadt Bischofssitz wurde. Aber auch der Sturz des Löwen kam den Lübeckern zugute. Ohne ihn als starken Stadtherrn konnten sie – nach einem Zwischenspiel dänischer Oberherrschaft – bereits 1226 durch kaiserliches Dekret Friedrichs II. den Status einer freien Reichsstadt erlangen.

Auch an anderen Stellen der Ostseeküste und des neu gewonnenen Binnenlandes entstanden Städte: Wismar, Rostock, Stralsund, Stettin (um nur die wichtigsten zu nennen) und im Staat des Deutschen Ordens, der nicht nur das spätere Ostpreußen, sondern zeitweise große Teile des Baltikums umfasste, Danzig, Königsberg und weiter im Nordosten Riga, Reval und Dorpat. In Visby auf Gotland hatten sich schon früher deutsche Kaufleute niedergelassen (wir werden sehen, warum). Aber durch seine günstige Lage lief Lübeck dieser älteren Ansiedlung bald den Rang ab.

In Lübeck nämlich trafen die Handelswege des Ostens auf die des Westens. In Westeuropa (England, Flandern, Nordfrankreich, im Rheinland und in Süddeutschland) wuchs die Bevölkerung bis zur großen Pestwelle des 14. Jahrhunderts immer schneller. Es entwickelten sich neue Gewerbezweige wie die Tuch- und später die Barchentweberei, differenzierte Techniken der Metallverarbeitung, der Herstellung von Glas und Keramik, ein reiches Kunsthandwerk. Dazu kamen neue Produktionsweisen wie das Verlagswesen, die einen vermehrten Warenausstoß möglich machten. Die Städte konnten sich nicht mehr nur aus ihrem unmittelbaren Umland versorgen. Man benötigte die Rohstoffe aus den dünner besiedelten, technisch weniger entwickelten Ländern des Ostens und Nordens: Getreide, Wachs und Honig (der einzige Süßstoff, Zucker gab es noch nicht), auch Rohmetalle (vor allem Kupfer, Eisen und Blei), Bauholz für Schiffe und Häuser, Pech und Pottasche (aus Holzasche hergestelltes Kaliumkarbonat, wichtig für die Glas- und Seifenherstellung und andere Zwecke) und Luxusartikel wie Pelze, Bernstein, Gewürze oder Orientwaren, die über die Seidenstraße nach Russland gelangten. In Lübeck wurden diese Waren vom Schiff auf Wagen umgeladen, um den zeitraubenden, gefähr-

lichen Umweg um Jütland herum zu vermeiden. So brachte
man sie zu den Nordseehäfen, vor allem nach Hamburg, von wo
sie weiter nach England und Nordfrankreich verschifft oder auf
dem Rhein stromaufwärts geschickt werden konnten. Außerdem führten von Lübeck eine Fahrstraße und später ein die
Flüsse Delvenau und Stecknitz verbindender Kanal, auf dem
Lastkähne getreidelt wurden, zu der Saline von Lüneburg. Das
Salz war wichtig für den Heringsfang vor Schonen (der Südspit-
ze Schwedens, damals zu Dänemark gehörend) und Gotland.
Das war ein höchst bedeutender Wirtschaftszweig. Der Hering
kam in der Ostsee in großen Mengen vor, war also ein billiges
Nahrungsmittel für die immer zahlreichere Bevölkerung. Zudem hielt man kirchliche Fastengebote damals strenger ein als
heute, und da war preiswerter Fisch sehr gefragt. Die einzig bekannte Methode, ihn zu konservieren, um ihn über weitere
Strecken und ins Binnenland zu transportieren, war das Einsal-
zen. Klar, dass die Lübecker mit dem Salz und mit den Herin-
gen gute Geschäfte machten. Die Salzspeicher an der Obertrave
kann man heute noch bewundern. Es gab in Lübeck eine eigene
Vereinigung der Gotlandfahrer und auf Gotland selbst, in Visby,
eine Kolonie deutscher Kaufleute. Sie alle lebten vom Herings-
geschäft.

   Das Leben solcher Kaufleute in der Fremde und ihre Fahrten
dorthin und zurück nach Hause darf man sich nicht so bequem
und sicher vorstellen wie heutige Geschäftsreisen. Über Land
oder See zu fahren war ein mühseliges, zeitraubendes und, besonders wenn man Waren, Geld oder andere Habseligkeiten mit
sich führte, oft riskantes Abenteuer. Zur See zumal war man
nicht nur von Wind, Wetter, Seegang und Sturm bedroht und
hatte sich mit unzureichenden nautischen Instrumenten zu-
rechtzufinden. (Chronometer und Sextant waren noch unbekannt.) Gefahr drohte vor allem von Mitmenschen, seien es
nun lokale Machthaber, die am Profit der Pfeffersäcke teilhaben
wollten (so wie der König von Dänemark mit seinem Sundzoll),
oder ganz einfach Seeräuber. Die Kaufleute bildeten aus diesem
Grund Fahrgemeinschaften von mindestens zwei Koggen, die
sich bei einem Überfall besser wehren konnten als ein einzelnes
Schiff.

Solch eine Fahrgemeinschaft bezeichnete man als »Hanse«. Das ist das niederdeutsche Wort für Gemeinschaft, Vereinigung oder Schar. Hanse nannten sich auch die Zusammenschlüsse niederdeutscher Kaufleute in außerdeutschen Städten, die es bereits seit dem 11. Jahrhundert gab, also schon vor der Gründung Lübecks. Auch sie waren für die Beteiligten nicht nur nützlich, sondern lebensnotwendig. Wir müssen uns vergegenwärtigen, dass mittelalterliches Recht sich nie auf Individuen bezog, sondern immer auf Korporationen: Gilden, Zünfte usw. Erst als Mitglied einer solchen Korporation konnte auch der Einzelne Rechte beanspruchen. Allein war er dort, wo er keiner Vereinigung angehörte, praktisch rechtlos. Er musste sich mit anderen seinesgleichen zusammentun und die Herrschenden im Gastland zu überzeugen versuchen, dass es in ihrem Interesse lag, wenn er bei ihnen sein Gewerbe betrieb. Die Könige Englands und der skandinavischen Länder, der russische Großfürst oder Zar zogen natürlich Nutzen daraus, wenn der Handel mit den Produkten ihrer Länder in Schwung kam. Nur deswegen erteilten sie den Hanseaten die Erlaubnis, sich niederzulassen und Handel zu treiben.

So bescheiden also waren die Anfänge jenes Städtebundes, der zu seiner Blütezeit über zweihundert Gemeinwesen von Groningen bis Reval umfasste und dessen Bezeichnung heute noch etliche Städte (Hamburg, Bremen, Lübeck, Rostock, Greifswald, Stralsund, Demmin und Wismar) stolz ihrem Namen voranstellen und sogar auf den Autokennzeichen vermerken: der deutschen (oder um die plattdeutsche Amtssprache des Bundes zu gebrauchen, dudeschen) Hanse oder Hense.

Was übrigens das Deutsche betrifft: Zu den Klischeevorstellungen, die andere und die wir selbst von uns Deutschen haben, gehört ja wohl, dass bei uns alles genauestens geregelt, in Paragrafen, Vorschriften und Geschäftsordnungen festgelegt sein, dass man wissen muss, wo oben und unten ist, wer das Sagen und wer zu parieren hat. In diesem Sinne war die deutsche Hanse so ziemlich das Undeutscheste, was man sich vorstellen kann. Weder gab es eine offizielle Gründungsurkunde noch eine Verfassung oder ein Statut. Es gab nicht einmal ein Mitgliederverzeichnis. Als der König von England einmal eines verlangte, verweigerten es ihm die Hanseaten. So konnte man von keiner Stadt mit Bestimmtheit sagen, ob sie nun dazugehörte oder nicht, und keine Stadt konnte für die Schulden oder Verfehlungen einer anderen haftbar gemacht werden. Die Hanse hatte keine gemeinsame Kasse, keine Beamten, keinen festen Sitz mit zentralen Institutionen. Lübeck genoss einen gewissen Vorrang, weil es die geschäftlich erfolgreichste unter den Städten war und weil die Hansetage, die Versammlungen der Bevollmächtigten der Mitgliedstädte, meist (aber nicht immer) in Lübeck stattfanden. Das hieß aber nicht, dass Lübeck den anderen etwas befehlen konnte. Zu den Hansetagen schickten auch beileibe nicht alle Mitgliedstädte ihre Deputierten, sondern immer nur die, die ein Interesse an jeweils der Sache hatten, die gerade verhandelt wurde. Und wenn der Hansetag etwas beschloss, lag es bei jeder einzelnen Stadt, ob sie den Beschluss ausführte oder nicht. Nur wenn eine Stadt etwas tat, was direkt gegen die Geschäftsinteressen des Verbands verstieß, wurde sie mit »Verhansung«, mit Ausschluss, bestraft. Ansonsten gab es auch keine allgemeingültigen Kriterien für die Mitgliedschaft: Zur Hanse gehörten freie Reichsstädte wie Köln, Bremen oder eben Lübeck, landständische Städte wie Berlin, Brandenburg, Breslau oder Königsberg, Bischofsstädte wie Münster und Osnabrück, große und reiche Städte und kleine und unbedeutende. Es gab kein verbindliches Aufnahmeverfahren. Anfangs wuchsen die Städte einfach durch Teilnahme am hansischen Handel in den Bund hinein. Ab dem 14. Jahrhundert stellten manche formelle Aufnahmeanträge. Andere, vor allem kleinere, hängten sich sozusagen an eine größere Stadt an und wurden auf diese Weise aufgenommen. Auch nichtstädtische Gemeinwesen wie der Deutsche Orden konnten Mitglied werden. Auffällig ist, dass sie alle, mit Ausnahme von Dinant, Krakau und, wenn man will, Breslau, im norddeutschen und nordosteuropäischen Bereich liegen. Die gesamte Hanse war in Drittel unterteilt: das lübisch-sächsische, das westfälisch-preußische und das gotländisch-livländische Drittel.

Dass aus der Kaufmanns- eine Städtehanse wurde, hängt damit zusammen, dass Kaufleute überall die städtische Oberschicht bildeten, die Bürgermeister, Ratsherren und Kämmerer stellten und damit entscheidenden Einfluss auf die Stadtpolitik ausübten. Wenn man sich über Stadt- und Landesgrenzen hinweg gegenseitig kannte, lag es nahe, zu gemeinsamen Zwecken und Unternehmungen zusammenzuarbeiten. Die Entwicklung des Geld-, Kredit- und Bankwesens brachte es mit sich, dass die Chefs großer Fernhandelshäuser nicht mehr mit Wagen- oder Schiffsladungen über Land und See reisten. Das überließen sie ihren Angestellten. Sie selbst blieben zu Hause und betrieben ihre Geschäfte schriftlich vom Kontor aus. Auch an den Zielorten ihrer Warenzüge hatten sie ihre Vertreter sitzen, Faktoren, meist junge Kaufleute, Söhne der Chefs oder von Geschäftsfreunden, die auf diese Weise ihre beruflichen Fertigkeiten, ihre Fremdsprachenkenntnisse, ihre Weltläufigkeit vervollkommneten.

Erstaunlich bleibt, dass ein so locker, man könnte auch sagen, chaotisch organisierter Verbund über Jahrhunderte hinweg ein Handelsmonopol für den Ostseeraum und bis Flandern, England und Norwegen entwickeln und halten konnte und auch politisch ein gewichtiges Wort mitzureden hatte. Notfalls – aber wirklich nur im alleräußersten Notfall – führte die Hanse sogar Krieg. (So zweimal gegen den Dänenkönig Waldemar IV. 1361–1365 und 1368–1369 sowie gegen England 1470–1474.) Lieber, als zu diesem letzten Mittel zu greifen, verhängte sie allerdings Handelssperren gegen bestimmte Länder – etwa gegen Nowgorod und Flandern, aber auch gegen Polen, Norwegen, England, Schottland, Frankreich, Kastilien, einmal sogar gegen Venedig. Meistens erreichte man auf diese Weise die gesteckten Ziele. Es ging der Hanse dabei nie um politische Macht, sondern immer ums Geschäft, um ihre Handelsprivilegien, die Freiheit ihres Handels. Natürlich waren diese Privilegien nie unangefochten, und je mehr die Länder Europas – und auch Deutschlands – sich von Feudal- zu Territorialstaaten entwickelten, desto mehr waren ihre Herrscher darauf bedacht, die Einnahmen aus dem Handel in die Taschen ihrer eigenen Untertanen und Steuerzahler zu lenken, anstatt sie von den Hanseaten abschöpfen zu lassen.

Wir haben schon die Bezeichnung Koggen für Hanseschiffe gebraucht. Die Kogge wurde anfangs vor allem in Lübeck und Danzig gebaut. Sie war das wichtigste Transportmittel des hanseatischen Handels, ein bauchiger, hochbordiger Einmaster mit Kastellaufbauten auf Bug und Heck, einem am Heck aufgehängten Steuerruder und einem Rahsegel, mit dem sie auch gegen den Wind kreuzen konnte. Eine Kogge fasste etwa fünfzig »Lasten«. »Last« bedeutet ursprünglich die Getreidemenge, die ein vierspänniger Wagen transportieren konnte, etwa zwei Tonnen. Natürlich waren unterschiedliche Waren unterschiedlich schwer, es kam weniger auf das Gewicht an als auf den benötigten Stauraum. Eine Kogge hatte (vermutlich, man weiß es nicht genau) zehn bis zwanzig Mann Besatzung. Der Seetransport war also billiger, weniger personalaufwendig und zudem schneller als der über Land. Im 15. Jahrhundert wurde die Kogge dann mehr und mehr durch einen dreimastigen Schiffstyp mit noch größerem Laderaum ersetzt, Holk oder Kraweel (Karavelle), manchmal aber ebenfalls Kogge genannt.

Mindestens ebenso wichtig wie Innovationen im Schiffbau, seemännisches Geschick und seemännischer Wagemut war für den Erfolg der Hanse die Organisationsform ihres Handels. Die Städte betrieben gemeinsam ein Netz von Handelshöfen und Niederlassungen in ganz Nordeuropa von England bis Russland, von Schweden bis Bordeaux und Venedig. Die vier bedeutendsten dieser Niederlassungen – in London, Brügge, Bergen (Norwegen) und Nowgorod – bezeichnet man als Kontore. So ein Kontor war nicht einfach ein Büro, wo die Kaufleute aus verschiedenen Städten ihre Schreibarbeiten und Geschäftsabschlüsse erledigen konnten. Es war vielmehr eine Art geschlossene Ansiedlung in der fremden Umwelt. Die deutschen Kaufleute hatten die Möglichkeit (und außer in Brügge die Pflicht), in den Gebäuden des Kontors zu wohnen. Es gab eine »Hofordnung« mit strikter Disziplin, etwa eine Sperrstunde um zehn Uhr abends, eine eigene Gerichtsbarkeit für interne Streitigkeiten. Um die auszuüben, wurde ein Oldermann oder Ältermann gewählt, der den Vorsitz führte, das Urteil aber fällte die Versammlung der Fahrtgenossen. Der Oldermann vertrat die Gemeinschaft auch nach außen, also gegenüber den lokalen Behörden und dem Herrscher. Er hatte neue Mitglieder bei den Vertretern des Gastlandes einzuführen und ihre Seriosität als

Kaufleute zu garantieren. Um das zu können, war er ermächtigt, ihnen bestimmte Verhaltensregeln vorzuschreiben.

Man sieht, allzu gemütlich war der Aufenthalt in einem solchen Kontor keineswegs. Im Mittelalter wurde man als Ausländer vorwiegend mit Neid und Misstrauen betrachtet. (Der Ausdruck »im Elend« bedeutete ursprünglich nichts anderes als »in der Fremde«.) Die Arbeit in den verschiedenen Kontoren war denn auch unterschiedlich beliebt. In Nowgorod und auch in Bergen, wo hauptsächlich mit Stockfisch gehandelt wurde, waren die Sitten recht urtümlich und so rau wie das Klima, das tägliche Leben eher eintönig. In Brügge ging es da zivilisierter zu, und am meisten los war in London.

In Lübeck ist der Geist der Hanse zu Stein, oder besser gesagt zu Backstein geworden. Anders als in Hamburg und Bremen erinnern nicht nur einzelne Bauten und Denkmäler an die Blüte zwischen dem 13. und dem 15. Jahrhundert, sondern die Innenstadt als Ganzes hat, trotz zeitbedingter Veränderungen, trotz Zerstörungen im und mancher Bausünden nach dem Zweiten Weltkrieg, ihren Charakter behalten. Man kann sagen: Wer etwas über die Hanse lernen, wer sie verstehen will, der tut gut daran, erst einmal nach Lübeck zu fahren und die Stadt auf sich wirken zu lassen.

Nicht nur ihre Sehenswürdigkeiten! Obwohl natürlich die Kirchen – der Dom, die Marienkirche, St. Jakobi, St. Ägidien und auch die heute nicht mehr für Gottesdienste genutzte Kirche St. Petri – durch ihre Architektur ebenso beeindruckend sind wie durch die trotz aller Verluste noch immer zahlreichen, zum Teil bewundernswert wiederhergestellten Kunstwerke in ihrem Inneren. (Wir überlassen es zuständigeren Autoren, dies im Einzelnen auszuführen.) Staunen und Nachdenklichkeit erweckt vor allem der Gedanke, dass es Menschen von eher nüchterner Wesensart waren, Kaufleute eben, Handwerker, Schiffsbauer und Reeder, Seeleute, die all diese Schönheit ermöglichten und die offenbar einen Blick dafür hatten, wie ein europäischer Stil – der der Gotik – mit den Materialien und der Technik verwirklicht werden konnte, die ihnen zur Verfügung standen. Ihre Geschäftstüchtigkeit hat ihren Sinn für Ästhetik keineswegs beeinträchtigt.

Der drückt sich sogar in reinen Zweckbauten aus, wie den schon erwähnten Salzspeichern, dem Heiligen-Geist-Hospital (ein siebenhundert Jahre altes Seniorenheim mit angeschlossener Kirche), dem Holstentor (früher schmückte sein Bild die Fünfzigmarkscheine) und dem Burgtor, die ja nichts anderes waren als Teile der im 19. Jahrhundert geschleiften Stadtbefestigungen. Auch das über Jahrhunderte gewachsene Rathaus mit seiner Renaissancetreppe und der Blendfassade war im Grunde so ein Zweckbau. In ihm wurden die Hansetage abgehalten, aber gelegentlich diente es auch als Verkaufshalle, Weinlager, Fest- und Versammlungssaal, für Gerichtssitzungen und natürlich, wie heute noch, als Amtssitz des Bürgermeisters und der Stadtverwaltung. Solch ein Bau sollte – genau wie auch die Stadttore – selbstverständlich auch repräsentieren und Respekt einflößen. Der Bürger und auch der Fremde sollte wahrnehmen, spüren, wohin er auch kam, dass dies eine Stadt war, die auf sich hielt, die etwas darstellte. Aber das hat nichts mit dem architektonischen Imponiergehabe gemein, das wir, besonders seit der Barockzeit, an fürstlichen Residenzen bemerken. Augenscheinlich gab es im Alten Reich noch andere Lebensformen, andere Selbstwertgefühle als die des Feudaladels.

Um sich das vor Augen zu führen, sollte man einmal einfach durch die Straßen schlendern und sich die alten Häuser anschauen, auch die, die man nicht von innen besichtigen kann, weil sie immer noch bewohnt sind oder zu praktischen Zwecken benutzt werden: gotische Häuser mit Spitzbogenfenstern, Stufengiebeln und Satteldächern, Renaissancehäuser mit waagrechten Gesimsen und »Beischlag« vor den Türen (Sitzbänke, die man hochklappen konnte), Barock- und Rokokohäuser mit Voluten und pastellfarbenem Verputz, schließlich die antikisierenden Fassaden der Biedermeierzeit mit Säulen und Tympanongiebeln. Manche dieser Häuser wurden mehrere Male umgebaut, um sie dem jeweiligen Zeitgeschmack anzupassen.

Man sollte aber auch die »Gänge« nicht versäumen. Die sind eine Lübecker Besonderheit. Da man das Stadtgebiet aus Sicherheitsgründen nicht über die Halbinsel hinaus ausweiten, also keine Vorstädte bauen konnte, musste, als die Bevölkerungszahl immer mehr anstieg, innerhalb der Stadt jeder Quadratmeter genutzt werden. Die Hausbesitzer, reiche Kaufleute, bauten dort, wo anfangs Gärten, Hinterhöfe oder Grünflächen gewesen sein mochten, Reihen von kleinen Häusern, die sie an ärmere Leute vermieteten: Dienstboten, Handlungsgehilfen, Hafenarbeiter, Kapitänswitwen und dergleichen Minderbemittelte. Heute nehmen sich diese Häuschen, mit reichlich Blumenschmuck, weißen Fenstervorhängen, sauberem Klinker oder Verputz oft sehr idyllisch aus. Man muss sich aber vorstellen, dass es seinerzeit keine Kanalisation und auch kein fließendes Wasser in den Häusern gab. Auch in einer Stadt wie Lübeck war das Leben armer Leute bedrückt, ungesund und oft kürzer als das der Reichen.

Dass dies alles relativ gut erhalten ist, hat seinen Grund: Von einem bestimmten Zeitraum ab (die Historiker sind sich da nicht einig, aber man kann sagen, seit der zweiten Hälfte des 16. Jahrhunderts) hatte die Hanse, hatte vor allem Lübeck seine führende Rolle ausgespielt. Es lebte weiter, entwickelte sich auch noch, aber nicht mit der Dynamik wie z. B. Hamburg oder Bremen, die im 19. Jahrhundert zu Häfen des neuen Deutschen Reiches und zu modernen Städten wurden.

Dafür gibt es verschiedene Ursachen. Zum einen machten andere, vor allem holländische Kauf- und Seeleute den Hanseaten Konkurrenz. Sie entwickelten neue, schnellere und geräumigere Schiffstypen, einigten sich mit den alten Feinden der Hanse, den Dänenkönigen, über die Durchfahrt durch den Sund und konnten jetzt in den Ostseeländern direkt einkaufen, brauchten den hansischen Zwischenhandel nicht mehr. Außerdem waren ihre Gilden straffer organisiert als die Hanse mit den Gruppen- und Einzelegoismen ihrer vielen Städte und den end- und oft fruchtlosen Verhandlungen der Hansetage. Weiter im Süden machten oberdeutsche Kaufleute aus Nürnberg, Augsburg und Ravensburg den Hanseaten die Märkte streitig.

Zum anderen sahen es, je mehr sich die Territorialstaaten in Europa konsolidierten, ihre Monarchen immer weniger gern, dass Ausländer ihren Handel beherrschten oder gar monopolisierten. Die Kontore und Handelshöfe bekamen es zunehmend mit Schikanen zu tun. 1494 ließ Großfürst Iwan III. den Peterhof, das Hansekontor in Nowgorod, schließen, 1595 Königin

Elisabeth I. den Stalhof in London beschlagnahmen und alle Privilegien aufheben. Ein lockerer Städtebund konnte mit solchen Staaten nicht mehr konkurrieren. Es hätte einer Schutzmacht bedurft, aber die war nicht vorhanden. Die kaiserliche Macht war in Norddeutschland seit jeher schwächer gewesen als im Süden, und jetzt spielte sie dort fast keine Rolle mehr. Auch die deutschen Territorialfürsten machten es den landständischen Städten auf ihren Gebieten immer schwerer, sich an der Hanse zu beteiligen, zwangen sie nach Möglichkeit zum Austritt.

Die Hanseaten selbst machten Fehler: Als sich in Flandern das wirtschaftliche Zentrum von Brügge nach Antwerpen verlagerte, versäumten sie es, rechtzeitig zu reagieren, und als sie endlich nachzogen, hatte sich dort schon die oberdeutsche Konkurrenz etabliert. Schließlich gibt es noch eine Theorie, die wissenschaftlich kaum haltbar, aber so originell ist, dass wir sie hier wiedergeben wollen: Die Heringsschwärme seien von der Ost- in die Nordsee abgewandert, die Fänge vor Schonen und Gotland fielen aus. Außerdem war nach der Reformation Fisch als Fastenspeise nicht mehr so begehrt wie in katholischen Zeiten, und das habe dem Lübecker Handel das Rückgrat gebrochen.

Entscheidend war indes etwas anderes: 1492 entdeckte Christoph Columbus (ohne es zu wissen) Amerika, und in der Folgezeit verlagerten sich die Handels- und Schifffahrtswege immer mehr weg aus den europäischen Binnenmeeren Mittelmeer und Ostsee, hin zum Atlantik, nach London, Amsterdam, Rotterdam, Le Havre und Sevilla, in zunächst bescheidenerem Ausmaß auch nach Bremen und Hamburg. Lübeck verlor seine Rolle als Drehscheibe und Umladestation zwischen Ost und West. Es ist die gleiche Entwicklung, die auch Städte wie Genua und Venedig betroffen hat. Und wie sie lebte Lübeck weiter, auch wenn die alte Größe dahin war. Es blieb weiter eine freie Stadt und, zusammen mit Travemünde, eine eigene Republik im Alten Reich, im Deutschen Bund und auch im wilhelminischen Kaiserreich und der Weimarer Republik. Erst die Nazis machten 1934 Lübeck zu einem Teil Preußens und der Provinz Schleswig-Holstein.

Was dem heutigen Lübeck allerdings abgeht, ist jener Hauch

von Melancholie, der solche gefallenen Größen wie Venedig, Wien, Granada, Damaskus und viele Städte in Osteuropa oft umweht. Obwohl es Massen von Touristen anzieht, hat man nie das Gefühl, es lebe von der Vermarktung seiner Vergangenheit. Man kann an den Anlagen am Klughafen entlanggehen, zum Krähenteich und der Kanaltrave, sich auf eine Bank oder in ein Uferrestaurant setzen. Wenn man Glück hat und es ist schönes Wetter, kann man dort, wo früher Lastschiffe anlegten, jungen Ruderern in ihren Einern und Vierern beim Trainieren zuschauen. Man wird nicht zu düsteren Gedanken über Vergänglichkeit bewegt, sondern bemerkt, dass auch dieser Anblick (obwohl es hier keine alten Bauwerke zu sehen gibt) wunderschön ist. Der heutige Lübecker Schiffsverkehr wird zum größten Teil über Travemünde abgewickelt: die großen Fährschiffe nach Skandinavien und ins Baltikum. Aber das spielt nicht mehr die gleiche Rolle wie in früheren Zeiten. Lübeck hat andere Mittel gefunden, seinen Bestand und seine Zukunft zu sichern.

St.-Andreas-Kirche

Kapitel 10
Unter dem Krummstab
▬▬ Die fromme Stadt Cloppenburg ▬▬

Von Markt Ortenburg, Niederbayern, werden wir gegen Schluss dieses Buches sprechen. Aber schon jetzt fällt uns eine Frage ein: Ob es dort viele Leute gibt, die auf Anhieb sagen könnten, wo die Stadt Cloppenburg liegt? Und vice versa? Dabei sind sich die beiden Orte – der eine im äußersten Südosten der Bundesrepublik, der andere im Nordwesten, fast schon bei den Friesen – in mancher Beziehung nicht unähnlich, wenn die Ähnlichkeit auch teilweise spiegelverkehrt ist. Beide liegen in einer landwirtschaftlich orientierten Umgebung. Ortenburg ist berühmt für seine Obstbäume, der Landkreis Cloppenburg hat, wie es amtsdeutsch heißt, die höchste Geflügeldichte Deutschlands. Vor allem aber: Auch Cloppenburg, eine Mittelstadt von etwa 33 000 Einwohnern, hat seine eigenwillige, zäh und nicht ohne Stolz bewahrte Tradition.

Wenn man ihr das auch zunächst nicht unbedingt ansieht. Die Stadt muss im Zweiten Weltkrieg sehr gelitten haben. Bei einem Luftangriff wurden 150 Häuser zerstört, gegen Kriegsende wurde hier noch heftig gekämpft, viele Häuser und Straßenzüge sind offensichtlich in den Jahren des Wirtschaftswunders erbaut oder renoviert worden. Cloppenburg hat viele Flüchtlinge und Spätaussiedler aufgenommen. Aber schon im 19. Jahrhundert ist die Stadt erheblich gewachsen – von ein paar Hundert auf 15 000 Einwohner. Der Eisenbahnanschluss ermöglichte gute Geschäfte: Man lieferte landwirtschaftliche

Produkte ins expandierende Ruhrgebiet. Es findet sich, wie ein Lokalhistoriker schreibt, wenig alte Bausubstanz. Die Burg, die der Stadt den Namen gegeben hat, wurde schon am Anfang des 18. Jahrhunderts durch Brand zerstört, ihr Turm später gesprengt und eingeebnet, ebenso die Wälle und Stadttore.

Und auch an der Andreaskirche wären wir wahrscheinlich vorbeigelaufen, hätte uns nicht eine ortskundige Dame auf sie hingewiesen. Von außen wirkt sie eher unauffällig. Man muss etwas genauer hinschauen, um zu bemerken, dass der untere Teil ihres Turmes aus Findlingssteinen erbaut ist, Überrest eines Baus aus dem 13. Jahrhundert. Der obere Teil des Turmes dagegen zeigt barocke Formen und wird von einer Art Zwiebeldach gekrönt, einer »welschen Haube«. Hier in der Norddeutschen Tiefebene? Seltsam!

Noch größer wird das Erstaunen, wenn man das Innere der Kirche betritt. Ebenso wenig wie eine evangelische Predigtkirche in Niederbayern erwarten wir hier, in Niedersachsen, im früheren Herzogtum Oldenburg, eine so üppig anmutende barocke Pracht, einen goldglänzenden Hochaltar und zwei Seitenaltäre, mit Heiligenfiguren, Strahlenkränzen und (ein Katholik würde sagen: Wie es sich für einen richtigen Altar gehört) mit einem Tabernakel. Dies ist die älteste und war lange Zeit die einzige Kirche am Ort. Der oben zitierte Lokalhistoriker nennt sie »den nördlichsten Pfeil des bayerischen Barock in Europa« und weist nach, dass der Architekt Friedrich von Corfey (1668–1733) aus Münster seine Vorbilder in italienischen Jesuitenkirchen wie Il Gesú in Rom fand. Cloppenburg nämlich war bis zu den Bevölkerungsumschichtungen des 20. Jahrhunderts eine erzkatholische und ist immer noch eine ziemlich fromme Stadt.

Unsere Verwunderung darüber, gestehen wir es, rührte aus historischer Unkenntnis und daher, dass wir einer Klischeevorstellung aufgesessen sind: *Katholiken gibt es in Bayern und im Rheinland, der Norden ist evangelisch.* Aber so simpel lassen sich die Spuren der Geschichte nicht sortieren. Als diese Kirche gebaut wurde, gehörte Cloppenburg nicht zum Land Niedersachsen (das gibt es als politische Einheit erst seit 1946) und auch nicht zu Oldenburg, sondern zum Hochstift Münster. Fürstbischof von Münster (und zugleich Erzbischof und Kurfürst von

Köln, Bischof von Hildesheim, Bischof von Paderborn und von Osnabrück) war 1728, als die Kirche fertiggestellt wurde, Clemens August von Bayern, jüngerer Sohn des Kurfürsten Max Emanuel und Bruder jenes Karl Albrecht, der sich später, 1740, zu seinem und seines Landes Unglück zum Römisch-Deutschen Kaiser (Karl VII.) wählen ließ.

Clemens August war genau das, was wir uns unter einem Barockfürsten vorstellen. Der Papst hatte gezögert, ihn in seinen Bischofswürden zu bestätigen, weil Clemens August seinerseits lange Zeit nicht bereit war, sich zum Priester weihen zu lassen. Er hatte sich, wie viele seiner Standesgenossen, die geistliche Laufbahn nicht selbst ausgewählt, sondern war von seinem Vater dazu bestimmt worden. Obwohl er theologische Studien betrieben hatte, war er an anderen Dingen weit mehr interessiert: an der Jagd, an den Damen (zumindest eine seiner Geliebten, die ihm eine Tochter schenkte, ist namentlich bekannt), an Kunstwerken und aufwendigen Möbeln und an prunkvollen, luxuriös eingerichteten Bauten. Bei Brühl, unweit, aber auch nicht allzu nahe seiner Residenz Bonn (schließlich musste nicht alle Welt zuschauen, wie er ein wenig priesterliches Leben führte), ließ er die Schlösser Augustusburg und Falkenlust errichten und in München ausnahmsweise sogar eine Kirche, nämlich Sankt Michael in Berg am Laim. Andere Schlösser hatte er von einem Onkel übernommen, der vor ihm Erzbischof von Köln gewesen war. Die ließ er im Stil der Zeit renovieren. Das alles verschlang viel Geld, und man sagte ihm nach, dass seine Politik sich weniger am Wohl des Landes, des Reiches oder der Kirche ausrichte, sondern eher danach, wo Mammon aufzutreiben war. Auch habe er des Öfteren Geld, das er zu politischen Zwecken bekommen hatte, dazu verwendet, seinen Bauwurm zu füttern oder seine aufwendigen Vergnügungen zu finanzieren. Natürlich verstieß es gegen die Gesetze der Kirche, dass er gleich fünf Bistümer in seiner Hand vereinigte und zudem noch Hochmeister des Deutschen Ordens war. Spöttisch nannte man ihn den »Herrn von Fünfkirchen«. Aber weil man die Familie Wittelsbach als Gegengewicht zu den mächtigen Habsburger Kaisern brauchte, sahen die deutschen Fürsten und sah auch der Papst über solche Unregelmäßigkeiten hinweg.

> Bei Clemens August trug man Blau und Weiß,
> Man lebte wie im Paradeis.

Trotz oder vielleicht gerade wegen seiner Extravaganzen scheint der Erzbischof/Kurfürst bei seinen Untertanen nicht unpopulär gewesen zu sein. Später sehnte man sich nach der Zeit seiner Regierung zurück: Er hatte Geld unter die Leute gebracht und Hunderte von Handwerkern beschäftigt. Aber auch der Adel hat ihm seine Sünden nicht allzu schwer angekreidet. Mit Vorliebe taufte man Söhne auf seinen Namen. Aus einem lokalhistorischen Aufsatz über adeliges Landleben um 1800 kann man fast den Eindruck gewinnen, jeder zweite westfälische Edelmann habe Clemens August geheißen. Noch einer der größten Kirchenmänner des 20. Jahrhunderts, auch er Bischof von Münster, der Kardinal Graf von Galen, trug diesen Namen: der »Löwe von Münster«, der unerschrocken gegen die von Hitler, Himmler und Rosenberg betriebene Euthanasie an Behinderten predigte.

Nach Cloppenburg ist Clemens August (der bayerische Prinz, nicht Graf Galen) nie gekommen. Das Hochstift Münster war für ihn ein Nebenland, an dem ihn vor allem die Einkünfte interessierten. Dessen nördlicher Teil, das sogenannte Niederstift, in dem Cloppenburg lag, war eine arme, dünn besiedelte Gegend, kein Aufenthalt für einen lustbetonten geistlichen Kavalier, es sei denn zur Jagd, für die er sich das Schloss Clemenswerth im Emsland bauen ließ.

Der ganze Landstrich ... gehört nicht nur zu den schlechtesten in Westphalen, sondern in ganz Deutschland. Man glaubt in den Steppen von Sibirien zu sein, wenn man die Haiden durchwatet und vor sich den Wind mit Bergen oder Hügeln spielen sieht. Alles ist öde, nicht ein Vogel singt sein Morgenlied und ergötzt das Ohr des Wanderers. Nicht ein Baum, nicht ein Busch bietet ihm Schatten dar, nicht ein Thal nimmt ihn auf, in dem er lieblich träumte, was jenseits sey, nicht ein grüner Hügel gewährt ihm einen fröhlichen Überblick romantischer Scenen. ... Die Schöpfung scheint hier noch unvollendet zu sein.

J. G. Hoche, ›Reise durch Osnabrück und Niedermünster in das Saterland, Ostfriesland und Groningen‹, Bremen 1800, zit. nach: Michael Hirschfeld (Hg.), ›Das Niederstift Münster an der Schwelle zum 19. Jahrhundert‹

Man sollte allerdings misstrauisch sein. Der Verfasser dieses Textes firmiert auf dem Titelblatt als »Doktor der Philosophie, Prediger in Rödinghausen in der Grafschaft Ravensberg, und Mitglied der Königl. Litterarischen Gesellschaft in Halberstadt«. Er war also ein protestantischer Pastor aus einem benachbarten Territorium und ein Anhänger der um 1800 in den Universitäten noch immer vorherrschenden Spätaufklärung. Für so einen Mann waren katholische Gegenden a priori zurückgeblieben und armselig, ihre Bewohner borniert, ungebildet und abergläubisch. Er sah vor allem das, was seinen eigenen Vorurteilen entsprach. Für den Charme der Volks-, aber auch für die Pracht katholischer Hochkultur (etwa eine schöne Barockkirche) hatten solche Leute kein Auge, das war für sie alles Aberglaube und Firlefanz.

Immerhin mag an seinen Angaben so viel richtig sein, dass das Niederstift Münster (ungefähr die heutigen Landkreise Cloppenburg und Vechta) keine sehr wohlhabende Gegend war. Der Bischof von Münster, verbündet mit seinem Amtsbruder von Osnabrück, hatte es im Jahre 1400 erworben, und zwar auf ebenfalls recht unpriesterliche Weise, indem er die Grafen von Tecklenburg, mit denen er schon lange in Fehde lag, mit Waffengewalt zur Abtretung zwang. Und zwar – so kompliziert konnten die Verhältnisse im Alten Reich sein – fiel die *weltliche* Herrschaft an das Hochstift Münster, die *geistliche* Amtsgewalt aber an das Bistum Osnabrück. Erst sehr viel später, nämlich 1668, also hunderteinundfünfzig Jahre nach Beginn der Reformation und zwanzig Jahre nach dem Dreißigjährigen Krieg, erlangte der Bischof von Münster auch die geistliche Oberherrschaft über das Niederstift.

Das war für die weitere Entwicklung insofern von Bedeutung, als im Bistum Münster der Grundsatz »cuius regio, eius religio« und die Gegenreformation konsequent durchgeführt wurden. Protestanten, die es auch dort in erheblicher Zahl gegeben hatte, mussten entweder konvertieren oder das Land verlassen. Für Osnabrück dagegen hatte man im Westfälischen Frieden eine Sonderregelung vereinbart: Dort wechselten sich Katholiken und Protestanten im Bischofsamt ab. Starb der vom Domkapitel gewählte katholische Bischof, hatte der Herzog von Braunschweig-

Lüneburg das Recht, einen protestantischen Nachfolger zu bestimmen. Versammelte der sich seinerseits zu seinen Vätern, wählte das Domkapitel wieder einen Katholiken. In Osnabrück war man also zu einer Art Toleranz gezwungen. Es ist kein Zufall, dass der bedeutendste liberale Publizist des 18. Jahrhunderts, Justus Möser (1720–1794), aus Osnabrück stammte, sein Leben lang dort wohnte und eine große Rolle auch im politischen Leben spielte. Seine ›Wöchentlichen Patriotischen Intelligenzblätter‹ wurden in ganz Deutschland gelesen. (Die Kaiserin Maria Theresia soll stets darauf bedacht gewesen sein, bei ihm keine schlechte Presse zu bekommen.) Für die Bürger Osnabrücks wirkte sich das als eine Art Gewissensfreiheit aus. Jeder konnte bleiben, was er nun einmal war. Man mochte sich gegenseitig nicht besonders, aber man musste miteinander auskommen.

Nicht so im Hochstift Münster, im Niederstift und in der Stadt Cloppenburg. Dort blieb man konfessionell eindeutig ausgerichtet (wenn auch, wie wir gesehen haben, nicht immer sehr fromm). Man kann annehmen, dass der Neubau und die prachtvolle Ausstattung der Andreaskirche auch dazu gedacht waren, eventuell noch verbliebene Kryptoprotestanten zu beeindrucken und einzuschüchtern. Der katholischen Selbstvergewisserung dagegen diente der Wallfahrtsort Bethen, wenige Kilometer von Cloppenburg, der nördlichste Wallfahrtsort Deutschlands überhaupt.

Das alles entsprach natürlich nicht mehr dem Zeitgeist im Jahrhundert der Aufklärung, wie er in Preußen und anderswo in Norddeutschland wehte. Zwar gab es auch im Hochstift Münster aufklärerische Bestrebungen: Man gründete eine Freimaurerloge, eine Buchhandlung belieferte Pfarrer, Juristen, Schulmeister und andere Honoratioren mit fortschrittlicher Literatur. Der Generalvikar Franz von Fürstenberg (eine Art Premierminister) erließ neue Schulordnungen für Gymnasium und Grundschulen, hob zwei Klöster beschaulicher Orden auf. Das alles blieb aber im Rahmen katholischer Glaubensvorstellungen. Und mit seinem Plan, die Armee des Landes nach preußischem Vorbild zu reformieren oder eine Miliz aufzustellen, scheiterte Fürstenberg am Widerstand der Stände und allgemeinem Desinteresse. Man hielt Soldaten schlichtweg für überflüssig, verließ sich, wie in allen geistlichen Fürstentümern und auch in kleineren weltlichen Territorien und Reichsstädten, auf Recht und Gesetz, auf geschlossene Verträge und auf den Schutz durch Kaiser und Reich.

Auch damit war man, im Zeitalter Friedrichs des Großen, seiner Kriege und der aufstrebenden preußischen Macht, offensichtlich nicht auf der Höhe der Zeit, selbst wenn man vorläufig noch verschont blieb. Das Aus für das Hochstift Münster wie für alle anderen geistlichen Fürstentümer, Hochstifte, Erzstifte, Reichsabteien, aber auch für die meisten freien Reichsstädte und viele kleinere weltliche Herrschaften kam erst im neuen Jahrhundert, im Jahre 1803. Im Frieden von Lunéville hatte das Reich das linke Rheinufer dem Frankreich des »Ersten Konsuls« Napoleon Bonaparte abtreten müssen, und jetzt entschädigten sich die Großen und Mittelgroßen für ihre Verluste, indem sie die Kleinen und von denen vor allem die Geistlichen mit Gewalt kassierten. Das heißt, eigentlich vereinnahmten sie sehr viel mehr, als sie linksrheinisch verloren hatten, und das ganze Verfahren war ein eindeutiger Rechtsbruch, auch wenn es der immer noch existierende Immerwährende Reichstag in Regensburg durch seinen »Reichsdeputationshauptschluss« formal legitimierte. Aber da sich das Reich im Zustand des Zerfalls befand (drei Jahre später erklärte es Kaiser Franz II. für aufgelöst), scherte sich niemand mehr um sein Recht und seine Gesetze.

> Unter der milden und allbekannten weisen Regierung unsers Durchlauchtigsten Herzogs hoffen wir, so manches ausgestandene Ungemach zu vergessen, und recht glücklich zu seyn.
>
> Aus dem Bericht über eine »Huldigungsfeier«,
> zit. nach: Michael Hirschfeld (Hg.), ›Das Niederstift Münster
> an der Schwelle zum 19. Jahrhundert‹

Auf diese Art also kam das Niederstift Münster an das Herzogtum Oldenburg, hieß fortan und bis heute »Oldenburgisches Münsterland«. Befremdlich wirkt auf uns, dass die Bewohner oder jedenfalls die Honoratioren des Gebiets die neue Herrschaft auffällig devot und geradezu mit Jubel begrüßten. Vielleicht war man froh, wenigstens nicht preußisch geworden zu sein. Preußen wurde wegen seiner Bürokratie, seiner hohen Steuern und

der autoritären Rücksichtslosigkeit, mit der es seine Untertanen, besonders seine Soldaten, behandelte, allgemein verab-
scheut. Vielleicht war man auch nur resigniert und versuchte
nolens volens, sich mit der neuen Herrschaft gut zu stellen. An-
derenorts war man den neuen Verhältnissen gegenüber nicht so
bereitwillig. Von einem Kemptener Stadtprediger wird der Ausspruch überliefert: »Jetzt müssen wir bayerisch werden, aber
wegen unserer Sünden haben wir nichts Besseres verdient.« Und
in Nürnberg soll eine Mutter ihre Kinder in die Arme geschlossen haben: »Ihr Armen! Jetzt müsst ihr Fürstenknechte werden!« In Mergentheim, das zu den Besitzungen des Deutschen
Ordens gehört hatte, musste gar ein Aufstand der Bauernbur-
schen gegen die württembergischen Rekrutierungskommissio-
nen mit militärischer Gewalt niedergeschlagen werden.

Immerhin wurde den Neu-Oldenburgern zugebilligt, dass sie
ihre angestammten Rechte, etwa was Besitz und Erbansprüche
anging, und auch ihre Konfession beibehalten durften. Mit dem
Bischof von Münster (der ja geistlicher Oberhirte blieb, auch
wenn er nicht mehr Landesherr war) wurde später vereinbart,
dass er einen eigenen Betreuer, »Offizial« betitelt, für die Oldenburger Katholiken einsetzte. Dieses Amt gibt es bis heute.

Tatsächlich scheint es den Münsterländern unter der neuen
Herrschaft nicht schlecht gegangen zu sein. Von dem Wirt-
schaftsaufschwung, den das 19. Jahrhundert und der Eisenbahnanschluss brachten, war schon die Rede. Cloppenburg profitier-
te von der Industrialisierung, die anderswo stattfand. Es wuchs,
erhielt schon 1806 ein neues »Amtshaus«, später ein Gerichts-
gebäude, ein Gymnasium, weitere Schulen, behielt aber seinen
kleinstädtisch-ländlichen Charakter. Auch die bäuerliche Umgebung scheint an der Konjunktur teilgehabt zu haben. Das kann
man sich bei einem Besuch im Cloppenburger »Museumsdorf«
vor Augen führen. Das ist etwas Ähnliches wie die Bauernhaus-
museen, die man anderswo, etwa in Oberbayern, auch hat, nur
größer. Und man hat nicht nur alte Bauernhöfe und ländliche
Nutzbauten neu zu einem Ensemble zusammengestellt, sondern auch zwei Windmühlen, ein Brauhaus, Handwerkerhäuser
und Werkstätten, den Wohnsitz einer Adelsfamilie (ein Mittelding zwischen Landhaus und Schlösschen, samt Mobiliar,

Stammbaum und Porträts der Bewohner) und sogar eine kleine, aus Fachwerk erbaute Kirche. Was auffällt: Zumindest in den größeren Anwesen scheint man sich im 19. Jahrhundert bei der Einrichtung der Wohnstuben an bürgerlichen Standards orientiert zu haben. (Auf einem der Höfe steht sogar ein Klavier im Wohnzimmer.) Also kann das Oldenburgische Münsterland nicht oder nicht mehr der armselige, zurückgebliebene Landstrich gewesen sein, als den es Pastor Hoche denunziert hatte. Die Höfe, jedenfalls die größeren unter ihnen, drücken mit ihren breiten Fronten, den hohen Satteldächern und weiten Einfahrten ein solides Selbstbewusstsein aus. Man bestand darauf, seine eigene Vergangenheit, seine Geschichte, seinen regionalen Charakter zu haben. Dazu gehörte vor allem auch die »überkommene« Religion.

Manche Leute mögen solche lokalpatriotische Frömmigkeit beschränkt und hinterwäldlerisch finden. Dieser Ansicht war offenbar im Jahre 1936 der oldenburgische Minister für Schulen und Kirchen, ein Herr Julius Pauly oder besser gesagt, der Parteigenosse Julius Pauly, denn natürlich hatten in Oldenburg, wie überall im Reich, die Nationalsozialisten zu diesem Zeitpunkt das Sagen. Er ordnete an, dass aus allen öffentlichen Gebäuden religiöse Symbole, Kruzifixe, Statuen, Bilder zu verschwinden hätten. Dieser Erlass betraf auch die katholischen Konfessionsschulen, deren Fortbestand die Naziregierung der Kirche im (vom Nuntius Pacelli, dem späteren Papst Pius XII., ausgehandelten) Reichskonkordat von 1933 vertraglich zugesichert hatte.

Wahrscheinlich hatte Parteigenosse Pauly nicht mit dem wütenden Protest gerechnet, der ihm entgegenschlug. Im Wallfahrtsort Bethen versammelten sich 2000 Kriegsteilnehmer (damals sagte man »Frontkämpfer«) und tausend andere Wallfahrer. Ein junger Kaplan, auch er früherer Frontsoldat, hielt eine kämpferische Predigt. In der Münsterlandhalle in Cloppenburg schrien empörte Bauern einen Nazifunktionär nieder, bewarfen ihn mit Steinen. Auch Dreschflegel und Mistforken hatten sie mitgebracht. Peinlich: Diese norddeutschen Ex-Soldaten, Bauern und Kleinstädter, blond, starkknochig, normalerweise eher bedächtig und nicht unbedingt redegewandt, entsprachen in Phänotyp, Temperament und Lebensweise ziemlich genau dem Menschenbild, das die Nazis propagierten. Gerade erst hatten sie das frühere Heimatmuseum zum Museumsdorf ausgebaut, um diesen »wertvollen Menschenschlag« gehörig herauszustellen. Und jetzt das! Protestschreiben an die Oldenburger Regierung. Delegationen, die beim Minister und beim Gauleiter vorsprachen. Sogar ein Autokorso kam zustande. Die Geistlichen bildeten ein Netzwerk, indem sie sich gegenseitig Protestpredigten zuschickten. Diese fanden ein zahlreiches und aufmerksames Publikum. Der sogenannte Kreuzkampf war eine der ganz wenigen Gelegenheiten während des Dritten Reiches, bei denen größere Menschenmengen in der Öffentlichkeit gegen das Regime aufstanden. Tatsächlich wichen die Nazis zurück, die Kruzifixe konnten hängen bleiben. Erst als auch noch die Forderung laut wurde, die Rassenlehre und andere nationalsozialistische Dogmen aus den Lehrplänen der Schulen zu streichen, griffen sie durch. Ein Mann kam ins Konzentrationslager, es gab eine Reihe von Verhaftungen.

Seltsam ist, wie wenig Aufhebens in Cloppenburg von diesem Aufstand gemacht wird. Gegenüber der Münsterlandhalle, einem eher unauffälligen Bau, steht ein Gedenkstein, der ebenfalls nicht viel hermacht und dessen Inschrift man nur versteht, wenn man schon weiß, worum es hier geht. In einem Kurzführer über die Stadt, der auch die wichtigsten historischen Daten auflistet, ist vom Kreuzkampf überhaupt keine Rede. Will man sich nicht rühmen, weil man am Ende ja keinen wirklichen Sieg erfochten hatte und die späteren, die ganz großen Verbrechen nicht verhindern konnte? Eine solche Zurückhaltung wäre sympathisch. Dem Besucher möge es aber erlaubt sein, sich mit Schadenfreude den Ärger des Parteigenossen Pauly und seiner Gesinnungsfreunde über diese vernagelten Provinzkatholen, diese Heuchler und Frömmler, Weihrauchschnüffler und Hostienfresser vorzustellen, die die Neue Zeit und die hehre Botschaft des Führers einfach nicht verstehen wollten.

Auch heute noch scheint Cloppenburg an seiner Tradition festzuhalten, mit dem Zeitgeist möglichst keine allzu enge Liaison einzugehen. Natürlich ist es das, was man eine moderne Mittelstadt nennt, mit Fußgängerzone, Autobahnanschluss, Umgehungsstraße, Neubauvierteln, Reihenhäusern, Gewerbegebieten, einem »Bildungswerk«, einem Freizeitbad »mit Norddeutschlands längster Wasserrutsche«. Mit dem Museumsdorf, liebevoll gepflegt und von Reminiszenzen an braunen Blut-und-Boden-Quatsch längst befreit, hat es sogar eine Touristenattraktion. Andererseits hält man am Herkommen fest. Die Zahl der katholischen Kirchen ist mittlerweile auf sieben angewachsen. Dazu kommt noch eine evangelische.

Im März 2006 überraschte, informierte und unterhielt eine in München erscheinende Tageszeitung ihre Leser unter der Schlagzeile »Die sind Deutschland« mit einer Reportage über die Stadt am anderen Ende der Republik. Von ihrer Geschichte war darin nicht die Rede, sondern hauptsächlich von Kindern, der Geburtsstation des St.-Joseph-Hospitals, dessen Ärzten, dem Bürgermeister, der selbst dreifacher Vater ist, sowie von einer Fotografin, die hauptsächlich Babys aufnimmt. Cloppenburg nämlich ist, laut einem demografischen Handbuch, die kinderreichste Stadt Deutschlands. Während im Bundesdurchschnitt auf eine Frau 1,3 Kinder kommen, sind es hier 1,9. Das sind immer noch nicht die 2,1 Kinder pro Frau, die nötig wären, um die Bevölkerungszahl stabil zu halten. Aber immerhin. Der Bürgermeister führt das darauf zurück, dass die Rolle der Frau bei den Katholiken der Stadt »konservativ definiert« sei: Wenn Kinder da sind, bleibt die Mutter bei ihnen zu Hause. Außerdem sei Bauland billig und die Arbeitslosenquote die niedrigste in Norddeutschland. (Weil man sich immer noch vor allem auf die Verarbeitung landwirtschaftlicher Produkte spezialisiert. Diese ist von der Globalisierung weniger bedroht als andere Industrien.) Man hat also Grund, optimistisch in die Zukunft zu schauen.

Falsch, sagt ein evangelischer Pastor. Der Verdienst an dem Kindersegen gebührt vor allem den sechseinhalbtausend russlanddeutschen Spätaussiedlern in der Stadt. Die gehören meistens evangelischen Freikirchen an (wie der Pastor selbst auch), lehnen Verhütungsmittel ab und haben manchmal bis zu zehn Kinder.

Wie auch immer: Sollten die Deutschen tatsächlich aussterben (wovon neuerdings oft die Rede ist), dann werden dabei wohl die Cloppenburger die Letzten sein. Manchmal kann es ein Vorteil sein, wenn man ein bisschen unzeitgemäß ist.

Maria Kunigunde, Gemälde von Pietro Antonio Graf Rotari

Kapitel 11
Die eiserne Kunigunde
▬ Essen ▬

Auf den Gedanken, Essen eine Domstadt zu nennen, ist bis jetzt noch niemand gekommen. Die Dame an der Hotelrezeption versteht mich nicht, als ich sie frage, wie man zum Dom kommt. Ach so, zum Münster! Wahrscheinlich ist sie nicht katholisch, der Unterschied zwischen einem Dom und einem Münster sagt ihr nichts. Immerhin ist die frühere Stifts- jetzt schon seit fast fünfzig Jahren Bischofskirche, seit nämlich ein eigenes Bistum für das Ruhrgebiet errichtet wurde.

Aber der Bau ist viel, viel älter. Das heißt: Wie man es nimmt. Natürlich ist das Münster und auch das Gebäude der Domschatzkammer, die frühere Residenz der Äbtissin, und die kleinere, vorgebaute Anbetungskirche St. Johann im Krieg zerbombt worden wie die ganze Innenstadt ringsum. Sie sind originalgetreu wieder aufgebaut, mit romanischem Westwerk und gotischem Langhaus. Nur die bunten mittelalterlichen Fenster waren nicht zu ersetzen. Inmitten von all dem Beton und Glas der Fußgängerzone, den Konsumtempeln (»Essen – die Einkaufsstadt«) und Bürosilos wirken der Dom und seine Nebengebäude nahezu exotisch. Wenn man, mit dem Rücken gegen die altneuen Mauern stehend, um sich schaut, könnte man meinen, diese Stadt habe überhaupt keine Vergangenheit. Oder doch, aber eine, die nicht weit zurückreicht. In der Nähe des Doms kommt man an verschiedenen Stellen an drei Herren aus Bronze vorbei. Zwei von ihnen haben Pickelhauben auf dem Kopf und tragen Uniform. Von denen sitzt einer hoch zu Ross, und das Ross wiederum steht auf einem mächtigen Sockel. Das ist Kaiser Wilhelm I. Der andere trägt ebenfalls Helm und Uniform, steht aber auf eigenen Füßen. Das ist der Kanzler Fürst Otto von Bismarck. Der dritte Herr ist etwas kleiner modelliert und in Zivil. Der Sockel, auf dem er steht, trägt eine Inschrift: Die Stadt bedankt sich bei ihrem Wohltäter. Wieder muss man sagen: Wie man's nimmt. Dieser Herr, Friedrich Krupp, hat die Stadt groß und zur Waffenschmiede des Reiches gemacht, welches Wilhelm und Otto gegründet hatten. Aber genau deswegen ist sie später so gründlich zerstört worden.

Stellen wir uns vor, die bronzenen Herren könnten für einen Augenblick Bewusstsein und Wahrnehmung erlangen und würden sehen, was um sie herum lebt, webt und wuselt, was verschwunden ist, sich seit ihrer Zeit verändert und entwickelt hat. Es würde sie wohl befremden. Sie würden nichts davon halten. Weder von der katholischen Tradition, für die der Dom steht. (Und die Bismarck, weil sie einer übernationalen Autorität – dem Papst – folgte, für staatsgefährdend erklärte und mit schikanösen Gesetzen zu schwächen versuchte.) Noch von der bunten, multikulturellen Glas-, Beton-, Büroturm-, Konsum- und Warenwelt mit verschleierten Frauen, bauchfreien Teenagern, gegelten Turnschuh- und Tattooträgern, rüstigen Rentnern und dunkelhäutigen Hilfskräften, denen man etwa im Einkaufszentrum »City Center« begegnet. Herr Krupp zumindest würde auch etwas vermissen: den Geruch von Kohle und Ruß in der Luft. Und natürlich die Menschen, die das Essen seiner Zeit prägten und die ihn mit ihrer Arbeit reich und mächtig machten: die Kumpel und ihre Familien aus den Arbeitersiedlungen, denen man schon von Weitem ansah, welcher Gesellschaftsklasse sie angehörten.

Dies ist das Bild, das sich noch immer in den Köpfen vieler Leute hält, wenn von der Stadt Essen und vom Ruhrgebiet die Rede ist: bestimmt von Kohle und Stahl, mit schlechter Luft und Industrieabgasen, beherrscht von schwer- und neureichen Schlotbaronen, bevölkert von malochenden, an Staublunge siechenden, Brieftauben züchtenden, wenig gebildeten, aber irgendwie lebensschlauen, zuverlässigen und gutmütigen Proleten. (Jürgen von Mangers Figur des Ruhrpott-Kleinbürgers Tegtmeier!) Ein Bild, das vorn und hinten nicht stimmt, schon seit Jahrzehnten nicht mehr. Davor freilich kam es, etwas mehr als ein Jahrhundert lang, der Realität ziemlich nahe.

Seltsam ist, dass kaum jemand daran denkt und dass die, die es wissen, selten daran erinnern, dass es, wenn man einen weiteren Schritt in die Vergangenheit tut, wieder ein anderes Essen zu entdecken gibt: Das war nicht industriell, sondern agrarisch und feudal, weder proletarisch noch neureich, sondern aristokratisch und vornehm – so vornehm, dass man es, je nach Geschmack, als stolz, hochmütig oder exklusiv bezeichnen kann. Es war keine Großstadt, sondern ein Kleinstaat. Es wurde nicht von Männern der Wirtschaft, sondern von Frauen beherrscht, besser gesagt, von Damen. Und es war – oder jetzt müssen wir wieder sagen, es ist – ein sehr altes Gemeinwesen – älter als etwa München, Hamburg und andere Städte, die sich auf ihre lange Tradition etwas zugutehalten.

Die Gründung zu datieren ist schwierig, weil ein Brand im 10. Jahrhundert die wichtigsten Urkunden vernichtet hat und andere Dokumente sich als spätere Fälschungen erwiesen. Nur eine einzige Urkunde ist erhalten, ausgestellt 892 von König Zwentibold (den wir hier hauptsächlich seines putzigen Namens wegen erwähnen; er war übrigens weder deutscher noch ostfränkischer, sondern König von Lothringen, woraus man ersehen kann, dass Länder und Nationen zu seiner Zeit noch nicht endgültig zu ihrer Identität gelangt, sondern erst im Entstehen begriffen waren). Im Allgemeinen nimmt man an, dass Altfrid, Bischof von Paderborn (er liegt in der Krypta des Essener Doms begraben), um die Mitte des 9. Jahrhunderts neben einer bereits früher erbauten Kirche ein Nonnenkloster oder Damenstift gegründet habe, dessen erste Äbtissin Gerswid hieß und angeblich seine Schwester war, was aber neuerdings angezweifelt wird. An Bedeutung gewann dieses Stift, als im 10. und 11. Jahrhundert die sächsischen und salischen Kaiser ihre Verwandten dort unterbrachten. So war die Äbtissin Mathilde (971–1011) eine Enkelin Ottos I. Von ihr stammen die Goldene Madonna und der zwei Meter hohe siebenarmige Leuchter, die heute noch der Stolz des Münsters sind. Theophanu (um 1041) war augenscheinlich nach ihrer byzantinischen Großmutter benannt, der Gattin Ottos II. und Mutter des frühvollendeten Otto III. Unter ihr erhielt die Stadt Essen das Marktrecht. Diese Stadt dürfte auf eine Ansiedlung von Handwerkern und Kaufleuten zurückzuführen sein, die sich um das Stift herum herausbildete. Denn zu einem Kloster oder Stift gehörten, zwecks Unterhalt, immer auch Landbesitz und erbuntertänige Bauern – im Falle von Essen waren das in späterer Zeit bis zu 3000 Hofstellen. Außerdem lagen Stift, Münster und Stadt an der Kreuzung des Hellwegs, einer West-Ost-Handelsstraße, mit einer anderen Route, die von Süden nach Norden führte.

Die Äbtissin herrschte also nicht nur über ihre Damen, sondern über ein Gemeinwesen, zu dem auch männliche Untertanen gehörten: neben Bauern, Handwerkern und Kaufleuten auch Kleriker, die man für die Seelsorge und die religiösen Rituale, und Ritter, die man zur Verteidigung brauchte. Das ist das Seltsame an der Gesellschaftsordnung des alten Europa: Frauen hatten kaum Rechte, durften gegen den Willen ihres Vaters oder eines anderen männlichen Familienoberhauptes nicht einmal heiraten. Herrschen aber konnten sie. 1216 bezeichnet der Stauferkaiser Friedrich II. die Äbtissin als Reichsfürstin, und 1290 wird ihr diese Würde von Rudolf von Habsburg ausdrücklich bestätigt. Sie steht jetzt also mit Herzögen, Markgrafen und reichsunmittelbaren Bischöfen auf der gleichen Rangstufe.

Freilich gibt es auch Schwierigkeiten und Gefahren. Der Besitz des Stifts weckt Begehrlichkeiten. Ein Bischof von Köln versucht, es zu vereinnahmen, die Bürger der Stadt streben ihrerseits Reichsunmittelbarkeit und den Status einer freien Reichsstadt an, was ihnen aber nur zeitweise, nie endgültig gelingt. Im Inneren muss die Äbtissin den Ständen ein Mitspracherecht einräumen, besonders im Finanz- und Steuerwesen. Die Stände, das sind: erstens die Stiftsdamen (erster Stand), dann die Kanoniker, also die am Stift mit Pfründen dotierten Kleriker (zweiter Stand) – sie stammen, anders als die Damen, nicht aus dem Hoch-, sondern aus dem niederen Adel, zum Teil auch aus dem Bürgertum. Den dritten Stand stellen die Vasallen des Stifts, also die landsässigen Adeligen. Die Stadtbürger oder gar die Bauern haben, wie man sieht, nichts mitzureden.

Es geht im freiweltlichen Damenstift Essen nicht viel anders
zu als in vielen anderen kleinen Territorien des Heiligen Römischen Reiches Deutscher Nation. Wie so eine Entwicklung im
Einzelnen aussieht, ist eigentlich nur für Spezialisten von Interesse. Jedenfalls gelang es den Äbtissinnen nahezu tausend Jahre
lang, nämlich bis zur Säkularisation von 1803, ihren Status als
Reichsfürstinnen und letztlich auch die Herrschaft über die
Stadt aufrechtzuerhalten, obwohl die Bürger während der Reformation zum lutherischen Bekenntnis übertraten und das Stift
selbst zeitweise bikonfessionell wurde, bis die Gegenreformation und die Jesuiten wieder strikte katholische Observanz er-
zwangen. Was die Jahrhunderte über mit gleicher oder mit sich
noch steigernder Rigorosität gehandhabt wurde, waren die Kriterien für die Aufnahme der Stiftsdamen. Wer seine Tochter im
Stift auf Dauer oder auf Zeit unterbringen wollte (die Damen
leisteten keine ewige Profess, sondern konnten jederzeit wieder
austreten und heiraten), der musste nachweisen, dass sie von
»freiedler Geburt« war, das heißt, bis in die Generation der Ururgroßeltern von lauter Angehörigen des reichsunmittelbaren
Grafen- oder Fürstenstandes abstammte. Töchter von durch
den Kaiser neu in diesen Stand erhobenen Familien – also im
17. Jahrhundert solches »Gesocks« wie die Thurn und Taxis,
die Schönborns, Waldsteins, Trauttmansdorffs e tutti quanti –
hatten erst noch ein paar Generationen zurückzustehen, bis ihr
Adel echt vornehme Patina oder Edelfäule angesetzt hatte.

Eine solche »Probation«, d. h. einen von zwei Reichsfürsten
beglaubigten Stammbaum als Nachweis fleckenlos hochadeliger
Abstammung, sollte auch die letzte Äbtissin vor ihrer Wahl bei-
bringen, Maria Kunigunde Dorothea Hedwig Franziska Xaveria
Florentina, Prinzessin von Polen und Litauen und zu Sachsen,
Tochter des sächsischen Kurfürsten Friedrich August II., der
auch König von Polen war. Er, seine Vertreter und wahrscheinlich Kunigunde selbst empfanden die Zumutung, sie solle ihren
Adel nachweisen, sicher als Unverschämtheit. Ebenso wenig
war sie gesonnen, auf eine andere Bedingung einzugehen, die ihr
die Stiftsdamen und Kanoniker stellen wollten, nämlich auf
strenge Residenzpflicht. Sie hätte dann Essen und das Gebiet des
Stifts (das kleiner war als das der heutigen Stadt Essen) ihr Le-

ben lang nicht mehr verlassen dürfen, anstatt, wie es die anderen
Stiftsdamen oft taten, nur das Einkommen aus ihrer Pfründe zu
kassieren und es anderswo auszugeben, wo mehr Abwechslung
geboten wurde und vielleicht auch das Klima angenehmer war.
(Zum Beispiel am Hof ihres Bruders Clemens Wenzeslaus, des
Erzbischofs von Trier.)

Offensichtlich wollten Stiftsdamen und Kanoniker der Säch-
sin einfach den Geschmack an ihrer Kandidatur verekeln. Das
hing zum einen damit zusammen, dass es für eine Aufnahme
ins Stift und gar für eine Wahl zur Äbtissin (und ein anderer Status kam für eine königliche und kurfürstliche Prinzessin nicht
in Frage) im Allgemeinen keineswegs genügte, lupenrein hoch-
adelig und streng katholisch zu sein. Man sollte möglichst auch
aus *rheinischem oder westfälischem katholischen Hochadel*
*s*tammen. Zum anderen gab es wahrscheinlich eine Menge Ge-
tratsche um die Person der Prinzessin. Dass sie grotesk hässlich,
stets mürrisch und verdrießlich gewesen sein soll, wie ein Historiker am Anfang des 20. Jahrhunderts aus einer Reihe von Porträts herausgelesen haben will, ist eher unwahrscheinlich. Wir
haben ein Bild von ihr als junges Mädchen. Da ist sie vielleicht
keine umwerfende Schönheit, aber durchaus nicht unhübsch.
Die anderen Porträts zeigen sie in einem Alter, in dem die meisten von uns viel von der Ansehnlichkeit verloren haben, die uns
vielleicht mit zwanzig oder dreißig zu eigen war. Eines allerdings legen diese Bilder nahe: Es handelt sich um eine Dame,
die, wie man so sagt, Haare auf den Zähnen hatte.

Und die hatte sie wahrlich nötig. Denn sie musste in früher
Jugend schon einiges schlucken. Ursprünglich sollte natürlich
auch sie eine dynastisch opportune Ehe eingehen, 1764 war das
und sie selbst gerade 15 Jahre alt. Der Erzherzog Joseph (der spätere Kaiser Joseph II., geb. 1741) war gerade Witwer geworden.
Eigentlich wollte er nicht mehr heiraten, aber es war noch kein
Thronerbe da, und so bedrängte ihn seine Mutter, die Kaiserin
Maria Theresia, seine dynastische Pflicht zu erfüllen. Es kamen
zwei mögliche Bräute in Frage: die bayerische Prinzessin Maria
Josepha, von der es heißt, sie sei dick gewesen, habe ein Gesicht
voller Pickel sowie schlechte Zähne und Manieren gehabt. Und
eben Maria Kunigunde von Sachsen. Die Höfe von Wien und

Dresden arrangierten ein Treffen bei einem Diner im böhmischen Teplitz (damals ein schickes Modebad). Die Prinzessin war dabei so aufgeregt, dass sie kein Wort herausbrachte, jedenfalls kein vernünftiges. Der Erzherzog hielt sie wohl für geistesschwach. (In Wirklichkeit hatte sie eine recht gründliche und vielseitige Erziehung genossen, beherrschte drei Fremdsprachen und war auch musikalisch und künstlerisch begabt.) Er reiste ab, aus der Hochzeit wurde nichts, Joseph heiratete, da es denn sein musste, die Bayerin.

Ob die Äbtissin später manchmal zu ihrem Schutzengel gebetet und ihm dafür gedankt hat, dass er ihr damals, in Teplitz, den Mund zuhielt? Mit Joseph II. nämlich war es so: Er war eine kalte und trockene Natur, sah sich selbst als Intellektuellen, der Denkmode der Zeit nach als Aufklärer und Rationalisten. Seine erste Frau aber, die schöne, bezaubernde Isabella von Parma, hatte er geradezu abgöttisch geliebt. Erst nach ihrem frühen Tod (sie starb mit 22 Jahren an den Pocken) erfuhr er aus nachgelassenen Papieren, dass sie an seiner Seite tief unglücklich gewesen war, ablehnend und verkrampft auf die ihr zugedachte Aufgabe reagiert hatte, einen Thronfolger zur Welt zu bringen, sich immer weiter in Depressionen und Todessehnsüchte hineingesteigert und außerdem eine sentimental-schwärmerische, offensichtlich lesbisch orientierte Freundschaft zu einer von Josephs Schwestern, der Erzherzogin Marie Christine, unterhalten hatte.

> Ich würde lieber und mit minderer Beschwerde dem Großmogul schreiben ... Aber urteilen Sie selbst, liebe Mutter: Wo zum Teufel wollen Sie, dass ich ein Gefühl auffischen gehe?
>
> Joseph II. an Maria Theresia, die ihn aufgefordert hatte, wenigstens brieflich mit seiner Frau Kontakt zu halten, zit. nach: Humbert Fink, ›Joseph II.‹

Die Erkenntnis muss ihn zutiefst geschockt, gekränkt und traumatisiert haben. Er wollte, wie gesagt, nie wieder heiraten. (Jedenfalls nicht gleich.) Da man ihn aber dazu zwang, ließ er seine zweite Frau dafür büßen, was ihm die erste angetan hatte. Er ignorierte sie schlichtweg, weigerte sich, sie zu sehen, ging ihr aus dem Weg. Vielleicht folgte er auch in dieser Beziehung seinem großen Vorbild, Friedrich dem Großen, der bekanntlich mit der braunschweigischen Prinzessin, die ihm sein Vater aufgezwungen hatte, ähnlich schnöde umsprang. (Übrigens ist es im Falle Josephs II. mehr als Tratsch, wenn man sich mit seinen Ehen beschäftigt. Wir haben hier ein Stück Mentalitätsgeschichte. Bis ins zweite Drittel des 18. Jahrhunderts hatten Monarchen und Adelige Ehen stets aus rein politisch-dynastischen Gründen geschlossen. Liebe, persönliches Glück stellten sich zwar in seltenen Fällen ein, aber man erwartete sie von solchen Verbindungen nicht. Joseph hatte wohl Rousseaus ›Nouvelle Heloïse‹ oder ähnliche Bücher gelesen und glaubte, auch er habe ein Anrecht auf jenen Gleichklang der Seelen, wie ihn empfindsame Bourgeois neuerdings propagierten. Ein solcher Anspruch musste in Enttäuschung enden.)

Diesem Elend also war Maria Kunigunde entgangen. Aber unverletzt und ohne Demütigung kam sie nicht davon. Die Kunde von dem missglückten Rendezvous in Teplitz scheint sich alsbald an den Höfen Europas herumgesprochen zu haben, und jetzt wollte niemand mit dem vorliebnehmen, was der Erzherzog und kaiserliche Erbe übrig gelassen hatte. Es wurde immer offenkundiger, dass die Prinzessin auf dem Heiratsmarkt der Herrscherhäuser nicht mehr zu vermitteln war.

So galt es, eine andere Versorgung für sie zu finden, und da lag der Gedanke an ein Damenstift nahe. Der Kaiserin Maria Theresia waren – in diesem wie in etlichen anderen Fällen – die schroffen, ruppigen Manieren ihres Sohnes wohl peinlich, und so boten die österreichischen Unterhändler Kunigunde die Stelle einer Koadjutorin (designierten Nachfolgerin der Äbtissin) im Damenstift auf dem Prager Hradschin an. Das lehnten die Sachsen ab, weil diese Äbtissin Untertanin der Krone Böhmen war. Für eine Prinzessin von Sachsen/Polen kam nur eine Stellung als freie Reichsfürstin in Frage. So kam man auf das Stift Essen, dessen Äbtissin Franziska Christine von Pfalz-Sulzbach damals (wir befinden uns mittlerweile im Jahre 1776, Kunigunde ist also siebenundzwanzig, nach damaligen Begriffen schon leicht überständig) 80 Jahre alt war und bereits seit 50 Jahren regierte.

Aber das Kapitel (die Stiftsdamen und Kleriker) leisteten, wie wir sahen, mit allen möglichen schikanösen Bedingungen Widerstand. Der Papst musste eingreifen und Kunigunde von der Residenzpflicht befreien. Joseph II., mittlerweile Kaiser, ließ sogar die Besitzungen des Stifts beschlagnahmen. Kunigunde wurde zur Koadjutorin gewählt, wartete aber erst das Ableben ihrer Vorgängerin ab, bevor sie im Oktober 1777 offiziellen Einzug hielt.

… Auf denen Straßen, wodurch der Einzug geschahe, paradirten die sämtlichen Bürgercompagnien; und die beständig abwechselnde Musique von dem, so auf dem Thurm der Evangelischluntherischen Stadtkirche zu St. Gertrudis gestellten Chor-Trompeter und Paucker, als auch auf dem Markt befindlichen Corps Hautboisten, zeugten von der allgemein herrschenden Freude; wobey die Menge derer Zuschauer, über den ungemein freudigen Anblick der Durchlauchtigsten Frauen Abtißin, auf innigste gerühret wurden, u. Höchstdenenselben alles erdenkliche Glück, Heil und Segen, zu Antritt Höchstdero Regierung unterthänigst zuwünschten.
An der St. Johannis Kirche in der Burg, woselbst ihre Königl. Hoheit auszusteigen geruheten, hatten sich sowohl die bey hiesiger fürstlichen Abtey Erb-Ämter tragende hohe Noblesse, als auch die sämtlichen Hochfürstlichen Dienerschaften in einer Reihe gestellt und begleiteten Ihro Durchlauchtigste Gebieterin hinein.
Hier wurden Höchstdieselben von dem gesamten ehrwürdigen Capitul derer Herren Canonichen empfangen und unter Vortragung des Kreuzes zur Collegiat-Kirche geführt; allwo Höchstdieselben von denen dismal hier residirenden Durchlauchtigsten und Hochgräflichen Frauen Capitularinnen in nähern Empfang genommen und bis zum hohen Altar geleitet wurden …

Essendische Zeitung von Kriegs und Staatssachen, 17. Okt. 1777, zit. nach: Ute Küppers-Braun, ›Macht in Frauenhand‹

Natürlich hörte damit die Feindseligkeit der Stiftsdamen gegen die neue Äbtissin nicht auf, und man stand nicht an, ihr weiter Schwierigkeiten zu bereiten, so oft es nur ging. Dazu nutzte man vor allem das finanzielle Mitspracherecht der Stände, verweigerte etwa das Geld für Erneuerung und Ausbau des Schlosses Borbeck, ein paar Kilometer westlich der damaligen Stadt, in dem Kunigunde lieber wohnte als in ihrer eigentlichen

Residenz. Für uns Nachgeborene hat das den Vorteil, dass der
spätbarocke Charakter des ursprünglich schon viel früher angelegten Wasserschlosses nicht mehr verändert wurde. Übrigens
hielt sie sich ohnehin selten in Essen auf, sondern zog es meist
vor, Bruder Clemens Wenzeslaus in Trier bzw. Koblenz das
Regieren abzunehmen. Der war ein etwas träger Kirchenfürst,
ging lieber auf die Jagd, als sich den Regierungsgeschäften zu
widmen. Was an seinem Hof, in seinem Staat zu geschehen
habe, bestimmte (so wurde wenigstens behauptet) meistens seine Schwester.

Durch den Einfluss der Stände scheint der relative Fortschritt,
den der Absolutismus andernorts mit sich brachte (straffe Organisation von Staatsverwaltung und Finanzen, Merkantilismus,
Aufschwung von Handel und Gewerbe, Schulpflicht – für die
sich Kunigunde nach Kräften einsetzte – und Volksbildung), am
Stift Essen nur partiell Boden gewonnen zu haben. Es habe dort,
schreibt Ute Küppers-Braun, die beste Kennerin der Materie,
bis Anfang des 19. Jahrhunderts eigentlich noch Mittelalter ge-
herrscht.

Ob sich Stiftsdamen und Kanoniker gegen jede Neuerung
wehrten, weil sie ihnen einfach zuwider war oder weil sie das
(durchaus richtige) Gefühl hatten, eine neue Zeit werde mit
ihren alten Privilegien aufräumen? Schuld der Äbtissin war es
nicht. Sie tat, was sie konnte, und bewies dabei erstaunlichen
Sachverstand. Zum Beispiel trat die preußische Regierung an sie
heran: Der Weg aus der (preußischen) Grafschaft Mark ins ebenfalls preußische Wesel führte über stiftisches Gebiet, aber dort
existierte keine ausgebaute Straße. Es sollte also eine »Chaussee« (eine gepflasterte Straße) angelegt werden. Dazu hätten die
Landstände das Geld bewilligen müssen, was sie aber verweigerten. Daraufhin nahm Kunigunde persönlich ein Darlehen
auf, baute die Straße (die auch dem Handel und dem Gewerbe
in ihrem eigenen Gebiet zugutekam) als Privatunternehmerin
und ließ Maut erheben, an der sie recht ordentlich verdiente.

Auch anderweitig betätigte sie sich als Unternehmerin. Es
hatte im Stift schon früher Ansätze einer Eisenwarenerzeugung
gegeben. Jetzt aber entdeckte man das sogenannte Raseneisen-
erz, das in manchen Teilen des späteren Ruhrgebiets knapp un-

ter der Erdoberfläche zu finden war, als wertvollen Rohstoff. Es entstanden die ersten Eisenhütten, so in dem Dreiländereck zwischen dem (preußischen) Herzogtum Kleve, dem kurkölnischen Vest Recklinghausen und dem Reichsstift Essen, die Hütten Gute Hoffnung und St. Antony. An beiden Hütten war die Äbtissin mit Kapital beteiligt. Und auf ihrem eigenen Gebiet ließ sie eine dritte Stahlkocherei errichten, die Hütte Neu-Essen.

Diese Initiativen zahlten sich aus, als die neue Zeit dann doch, und zwar auf ziemlich brutale Art, über das Stift Essen wie über alle anderen geistlichen und weltlichen Zwergterritorien des Heiligen Römischen Reiches Deutscher Nation hereinbrach. Sie tat das zunächst als Fernwirkung der Französischen Revolution. Wir haben es schon mehrmals erwähnt und müssen es hier nur ganz knapp wiederholen: 1795 trat Preußen im Frieden von Basel, und 1802 traten auch Österreich und das in den letzten Zügen liegende Reich das ganze linke Rheinufer an Frankreich ab. (Dadurch verlor unter anderem Kunigundes Bruder sein schönes Erzbistum Trier.) Im Reichsdeputationshauptschluss von 1803 wurde dann beschlossen, dass die Großen sich für ihre linksrheinischen Verluste rechts des Rheins entschädigen durften, indem sie geistliche und kleinere weltliche Fürstentümer vereinnahmten. Das nannte sich Säkularisierung und Mediatisierung, war ein klarer Rechtsbruch, aber der Grundsatz des Alten Reiches, nach dem Recht vor Macht ging, galt eben nicht mehr.

Aus war's mit der stiftischen Herrlichkeit und dem Regiment der Äbtissin. Schon 1802, also noch vor dem Reichsdeputationshauptschluss, besetzten preußische Truppen die Stadt Essen und das Gebiet des Stifts, das jetzt preußisches Territorium wurde. Da war kein Widerstand möglich. Den Stiftsdamen billigte man zu, dass sie ihre Einkünfte bis zum Lebensende weiter beziehen sollten, und Privateigentum, so weit blieb man immerhin in gesetzlichem Rahmen, blieb unangetastet. Da Kunigunde die Chaussee nicht aus öffentlichen Mitteln finanziert hatte, konnte diese auch nicht säkularisiert werden. Der preußische Staat musste sie, wenn er sie unter seine Kontrolle bringen wollte, der Ex-Äbtissin abkaufen, was er 1803 für 45 000 Reichstaler tat. Noch einmal ein schöner Profit! Ihre Anteile an Gute Hoffnung und St. Antony sowie ihre eigene Hütte Neu-Essen dagegen verkaufte sie 1805 an die Brüder Franz und Gerhard Haniel, die dann 1808 die Firma Jacoby, Haniel und Huyssen gründeten und die drei Hütten zur Gutehoffnungshütte in Oberhausen zusammenlegten, nachmals einer der ganz großen Konzerne des Ruhrgebiets, der später mit MAN fusionierte.

Preußen übrigens hatte von seiner Neuerwerbung zunächst wenig Gewinn. 1806, nach der Schlacht von Jena und Auerstedt, wurde das ehemalige Stiftsgebiet zunächst dem »Großherzogtum Jülich, Kleve und Berg« zugeschlagen, mit dem Napoleon seinen Schwager und Marschall Joachim Murat unter die europäischen Monarchen erhob. 1810 kam ganz Nordwestdeutschland unmittelbar an Frankreich. Das empfand man zwar als Fremdherrschaft, wirtschaftlich und sozial aber war es insofern von Vorteil, als manche Reformen (Aufhebung der Leibeigenschaft, Gleichheit vor dem Gesetz, Gewerbefreiheit, Judenemanzipation usw.) hier viel kompromissloser durchgeführt wurden als etwa in Preußen und auch später nicht mehr rückgängig gemacht werden konnten. 1811 gründete Friedrich Krupp seine Gussstahlfabrik, bereits 1800 war in Bochum eine Dampfmaschine aufgestellt worden, um das Grundwasser aus einer Kohlengrube abzupumpen. Das Industriezeitalter, die Ära des »Ruhrpotts«, zog herauf.

Maria Kunigunde lebte bis zu ihrem Tod im Jahre 1826 am Hofe ihres Bruders, des Königs Friedrich August III., in Dresden. Ob ihr vieles Geld sie glücklich gemacht hat, wissen wir nicht. Jedenfalls war sie nicht so unglücklich, wie sie mit Joseph II. geworden wäre. Dass sie und überhaupt die stiftische Vergangenheit bei den meisten Menschen im Ruhrgebiet und ganz Deutschland in Vergessenheit gerieten, mag mehrere Gründe haben: Der preußische Staat, der nach der Schlacht von Leipzig (1813) zurückkam, pflegte seine eigenen Traditionen (siehe die bronzenen Herren!) und hatte mit der katholischen Vergangenheit wenig im Sinn. Auch war die Entwicklung, die jetzt einsetzte, so stürmisch, war, was jetzt entstand, so grundlegend anders, dass man kaum Zeit und Anlass fand, in die Vergangenheit zu schauen oder ihr gar nachzutrauern. Schließlich: Für die Menschen, die jetzt in Massen herbeizogen, um hier Arbeit und eine neue Heimat zu finden, aus Ostpreußen, Polen, Schlesien, Böhmen, Österreich und vielen anderen Landstrichen, war das nicht ihre, war das eine fremde, eine endgültig vergangene Vergangenheit, mit der sie kaum etwas verband.

Sirenenklänge: Plakataufruf eines Agenten aus dem Jahre 1887 zur Anwerbung von Bergarbeitern

Masuren! In rheinländischer Gegend, umgeben von Feldern, Wiesen und Wäldern, den Vorbedingungen guter Luft, liegt ganz wie ein masurisches Dorf, abseits vom großen Getriebe des westfälischen Industriegebiets, eine reizende, ganz neu erbaute Kolonie der Zeche Viktoria bei Rauxel … In jedem Haus sind nur vier Wohnungen, zwei oben, zwei unten. Zu jeder Wohnung gehören drei bis vier Zimmer. Die Decken sind 3 m hoch, die Länge bzw. Breite des Fußbodens beträgt 3 m. Jedes Zimmer … ist also schön groß und luftig, wie man sie in den Städten des Industriebezirks kaum findet.

Masuren, es kommt der Zeche vor allem darauf an, ordentliche Familien in diese ganz neue Kolonie hineinzubekommen … Die Verwaltung der Zeche hofft, dass es den masurischen Familien so gut gefallen wird, dass sie ans Weiterziehen gar nicht denken werden … Die Zeche will keinen aus der Heimat weglocken, … sie will nur solchen ordentlichen Menschen, die in der Heimat keine Arbeit oder nur ganz geringen Verdienst haben, helfen, mehr zu verdienen und noch extra zu sparen, damit sie im Alter nicht zu hungern brauchen. Vorgetäuscht wird durch dieses Plakat nichts. Es beruht alles auf Wahrheit.

zit. nach: Kerstin Dopatka, ›Tief im Westen‹

Heute ist auch das Zeitalter von Kohle und Stahl Geschichte. Die Zeche Zollverein dient ebenso als museales Schaustück, als Zeugnis einer versunkenen Epoche, wie die Villa Hügel, die Residenz des Hauses Krupp mit ihrem Park. Wir sind uns nur noch nicht sicher, wie wir dieses Gestern finden sollen: großartig oder eher unheilschwanger? Oder beides?

Vielleicht hilft es uns, das jüngst Vergangene vor dem Hintergrund des ganz Versunkenen zu sehen.

Der Herkules und die Wilhelmshöhe bei Kassel

Kapitel 12
Herkules und König Lustig
▄▄ Kassel ▄▄

N apoleon Bonaparte, das gehört zum historischen Grundwissen, stammte aus Korsika. Und als Korse besaß er einen ausgeprägten Familiensinn. Nachdem er die Jakobiner unterdrückt, das Directoire gestürzt, sich selbst zunächst zum »Ersten Konsul« ausgerufen und 1804 eigenhändig zum Kaiser gekrönt sowie schließlich den Rest Europas mit seiner Militärmacht bezwungen hatte, ging er daran, auch seine Geschwister mit Thronen zu versorgen: Bruder Joseph (geboren 1768) wurde 1806 König von Neapel, zwei Jahre später sogar König von Spanien. In Neapel ersetzte ihn Joachim Murat, Marschall von Frankreich, der mit Napoleons jüngster Schwester Caroline verheiratet und bereits zum Herzog von Kleve und Berg erhoben worden war. Bruder Louis (geboren 1778) wurde als Lodewijk König von Holland – etwas, was es bis dahin nicht gegeben hatte, die früheren Oranier führten lediglich den Titel Erbstatthalter. Schwester Elisa, mit einem korsischen Adeligen verheiratet, brachte es 1805 zur Prinzessin von Piombino und 1809 zur Großherzogin von Toskana. Pauline (geboren 1780) allerdings, ursprünglich Napoleons Lieblingsschwester und zeitweise Herzogin von Parma, verärgerte ihn durch ihr ungezügeltes Liebesleben und dadurch, dass sie dem Bildhauer Canova unbekleidet Modell saß bzw. lag. Napoleon verheiratete sie mit einem General (dem sie Hörner aufsetzte) und schickte das Paar nach Haiti, wo der General die Unabhängigkeitsbewegung bekämpfen und die Sklaverei wiederherstellen sollte. Er starb aber an Malaria. Pauline wurde daraufhin mit einem Fürsten Borghese verheiratet, der vergeblich versuchte, sie unter Hausarrest zu stellen, und die Ehe für beendet erklärte, sobald Napoleon nach den Hundert Tagen endgültig gestürzt war. (Immerhin ließ der Fürst sie, als sie mit 44 Jahren an Krebs starb, im Erbbegräbnis neben einigen Borghese-Päpsten beisetzen.) Sie war übrigens die Einzige aus der Familie, die Napoleon auch auf Elba noch einmal besuchte.

Napoleons Pech war, dass keines seiner Geschwister auch nur einen Bruchteil der Energie und des politischen Instinkts besaß, durch die er selbst sich in die Weltgeschichte katapultierte. Am ehesten wäre das vielleicht noch bei Bruder Lucien (geboren 1775) der Fall gewesen. Der war, noch daheim in Ajaccio, ein radikaler Jakobiner, nannte sich zeitweise »Brutus« Buonaparte (nach dem Cäsarmörder) und entging nach Robespierres Sturz knapp der Guillotine. Später leistete er als Präsident des »Rates der 500« (so nannte sich das Scheinparlament des Directoire) seinem Bruder bei dem Staatsstreich vom 18. Brumaire im Jahre VIII des Revolutionskalenders (9. November 1799) Hilfestellung und öffnete ihm so den Weg nach ganz oben. Aber gerade mit Lucien hatte sich Napoleon zerstritten, sodass sich dieser 1804 nach Italien zurückzog, 1810 sogar nach Amerika auszuwandern versuchte und dabei in englische Gefangenschaft geriet, in der er bis 1814 verblieb.

Und die anderen? Joseph konnte sich in Spanien gegen die Guerilla und das englische Expeditionskorps unter Wellington nicht durchsetzen. Schwager Murat kämpfte in Süditalien tapfer bis zum Ende, schaffte es aber nicht, die Bevölkerung hinter sich zu bringen. 1815 ließ ihn der zurückgekehrte Bourbonenkönig standrechtlich erschießen. Louis hatte augenscheinlich nicht begriffen, was sein Bruder von ihm erwartete. Oder er wollte das Wort seiner Frau Hortense (der Stieftochter Napoleons) Lügen strafen, er sei doch nur ein »gekrönter Präfekt«. Jedenfalls zögerte er in Holland die Durchführung der Kontinentalsperre hinaus, einer Handelsblockade, mit der Napoleon meinte, England in die Knie zwingen zu können. Er könne es nicht verantworten, dass die Wirtschaft seines Landes Schaden nehme. Damit kam er beim großen Bruder allerdings schlecht an. Zuerst musste er alles holländische Gebiet südlich des Rheins an Frankreich abtreten, dann annektierte Napoleon auch noch den Rest des Landes und, in einem Aufwasch, die ganze deutsche Nordseeküste und das Herzogtum Lauenburg, einen Landstreifen zwischen der Unterelbe und Travemünde. Damals wurden Bremen, Hamburg und Lübeck französische Häfen. (Die Kontinentalsperre funktionierte trotzdem nicht. Es wurde überall eifrig geschmuggelt, und manche Leute – deutsche Kaufleute und korrupte französische Beamte – verdienten eine Menge Geld damit.) »Koning Lodewijk« aber trat zurück, floh quer durch Deutschland und bat bei den Österreichern um Asyl.

Blieb also noch der jüngste Bruder, der 1784 geborene Jérôme. Der hatte bei der Marine gedient und in Amerika eine Miss Patterson aus Baltimore geheiratet. Von der musste er sich trennen. Obwohl aus der Ehe bereits ein Sohn hervorgegangen war, erklärte Napoleon sie schlichtweg für ungültig und verheiratete seinen Bruder mit einer württembergischen Prinzessin. Für das junge Paar wurde ein eigener, völlig neuer Staat kreiert, das Königreich Westfalen (oder, wie man damals schrieb, Westphalen). Und zwar hatte nach den Niederlagen von Jena-Auerstedt (1806) und Friedland (1807) Preußen im Frieden von Tilsit auf alle seine Gebiete westlich der Elbe verzichten müssen. Weiter gehörten zur Verfügungsmasse neben etlichen kleineren Territorien das Herzogtum Braunschweig (wir erinnern uns an Herzog Ferdinand, der Lessing in Wolfenbüttel so schnöde behandelt und sich später bei Valmy und Jena als Feldherr blamiert hatte), die früheren Bistümer Münster und Osnabrück, der südliche Teil des Kurfürstentums Hannover (der nördliche kam zu Frankreich) und die Landgrafschaft bzw. das Kurfürstentum Hessen-Kassel. Der Landgraf/Kurfürst hatte sich geweigert, dem Rheinbund beizutreten, deshalb wurde sein Staat jetzt kassiert und seine Residenz zur Hauptstadt des neuen Satellitenkönigreichs gemacht.

Kassel muss damals eine wunderschöne Stadt gewesen sein – und auch danach noch, bis zu jener verhängnisvollen Nacht vom 22. auf den 23. Oktober 1943, als ein englischer Luftangriff die Innenstadt zu achtzig Prozent zerstörte und etwa 10 000

Menschen das Leben kostete. Nach dem Krieg hat man sie dann »zeitgemäß« und »autogerecht« wieder aufgebaut. Das Ergebnis ist auf den ersten Blick deprimierend. Man muss schon näher hinschauen, um noch Reste der alten Herrlichkeit zu entdecken.

Die Landgrafen von Hessen-Kassel standen im 18. Jahrhundert in keinem guten Ruf, besonders seit im Jahre 1776 Landgraf Friedrich II. (nicht zu verwechseln mit dem preußischen König gleichen Namens) Tausende von Soldaten (die Zahlenangaben schwanken zwischen 12 000 und 19 000) an die Engländer »vermietet« hatte, die sie nach Amerika verschifften und gegen die von George Washington geführten Siedler zu kämpfen zwangen. Unter den gepressten Söldnern war auch – von hessischen Werbern auf dem Weg nach Paris eingefangen – der Schriftsteller Johann Gottfried Seume, der in seiner Selbstbiografie ›Mein Leben‹ Bemerkenswertes über die elenden Zustände in dieser Truppe, auf den Transportschiffen und auch in der preußischen Armee berichtet, in die er nach seiner Rückkehr aus Amerika für weitere Jahre hineingezwungen wurde. Auch seine lange Ballade von der ›Gastfreundschaft des Huronen‹ mit ihren heute meist nur mehr ironisch zitierten Schlusszeilen entstand unter dem Eindruck dieser unfreiwilligen Reise.

> Höflich dankte fein der Europäer.
> Finsterblickend blieb der Wilde stehn,
> sahe starr dem Pflanzer in die Augen,
> sprach mit voller, fester, ernster Stimme:
> »Haben wir vielleicht uns schon gesehen?«
> Wie vom Blitz getroffen stand der Jäger
> und erkannte nun in seinem Wirte
> jenen Mann, den er vor wenig Wochen
> in dem Sturmwind aus dem Hause jagte,
> stammelte verwirrt Entschuldigungen.
> Ruhig lächelnd sagte der Hurone:
> »Seht, ihr fremden, klugen, weißen Leute,
> seht, wir Wilden sind doch beßre Menschen!«
> und er schlug sich seitwärts in die Büsche.

> zit. nach: Jörg Drews, ›Johann Gottfried Seume‹

Dass man gerade den Soldatenhandel der Landgrafen von Hessen so scharf anprangerte, war nicht ganz gerecht. Wie wir in Wolfenbüttel sahen, machten andere Fürsten ähnliche Geschäfte. So auch der tyrannische Landesherr Schillers, Karl Eugen von Württemberg. Daher das zornige Pathos, mit dem in ›Kabale und Liebe‹ dieses Thema zur Sprache gebracht wird. Das Geld der Landgrafen (sie gehörten zu den reichsten Fürsten in Deutschland) und ihre schönen Kunstsammlungen stammten zum Teil aus trüben Quellen.

Wenn deutsche Kleinfürsten in ihren eng begrenzten Territorien Absolutismus spielten, so wirkt das zumindest auf uns Nachgeborene ja oft halb peinlich und halb ridikül. Das kann man in Kassel an einem der wenigen erhaltenen Denkmäler konkret nachvollziehen, das heute als Wahrzeichen der Stadt gilt, nämlich am »Herkules«. Der Herkules ist zunächst eine 8,25 Meter hohe Statue, aus Kupferblech getrieben, nach dem Vorbild des Herkules Farnese. Sie steht auf einer obeliskartigen Pyramide von 26,10 Meter Höhe, diese wiederum auf einem Sockel (3,5 Meter) und der seinerseits auf der achteckigen »Riesenburg« (32,65 Meter), die aus einem Fels herauszuwachsen scheint. (Der Fels ist aber auch ein Kunstgebilde.) Die ganze Anlage, von den Kasselanern ebenfalls als »der Herkules« bezeichnet, ist also über siebzig Meter hoch. Sie steht im Park von Wilhelmshöhe auf dem östlichen Bergkamm des Habichtswaldes. Im Inneren der Riesenburg befindet sich ein Wasserreservoir für die Kaskaden, die vom Fuß des Herkules aus über Stufen von 250 Meter Länge und 5,5 Meter Breite spiegelglatt in die Tiefe strömen. (Ursprünglich waren die Kaskaden viermal so lang geplant, aber dazu reichte das Geld nicht. Erstellt wurde der Bau zwischen 1701 und 1717 unter Landgraf Karl von einem italienischen Architekten namens Guerniero.)

Zweimal in der Woche werden diese Wasserspiele angeschaltet, und besonders bei künstlicher Beleuchtung sind sie ein gewaltiger und schöner Anblick. Wenn man allerdings von den Kunsthistorikern erfährt, dass Herkules, der griechische Herakles, als Halbgott durch seine zwölf auch »Arbeiten« genannten Heldentaten berühmt, als Symbol für die Macht und Tugend des Herrschers stehe, Fels und Wasserspiele aber Kampf und Sieg

ebendieses Helden (Herrschers) über die Titanen, die chthoni-
schen Mächte der Finsternis, versinnbildlichten, dann kommt
man doch ins Zweifeln und Kopfschütteln ob des Missverhält-
nisses zwischen der Größe des Symbols und der eher begrenzten Macht eines Landgrafen von Hessen-Kassel, die es repräsentieren sollte. Übrigens bekam der Landgraf Wilhelm IX. durch
den Reichsdeputationshauptschluss von 1803, also kurz vor
Ende des Alten Reiches, noch den Kurfürstentitel verliehen. Da
aber nie mehr ein Kaiser gewählt wurde, war das eine gänz-
lich inhaltsleere Würde. Trotzdem führte Wilhelm nach seiner
Rückkehr aus der napoleonischen Verbannung ebenso wie seine
Nachfolger den Titel weiter bis zum Jahre 1866, in dem Hessen-
Kassel von Preußen annektiert wurde und endgültig von der
Landkarte verschwand.

In diese schöne kleine Hauptstadt zog also im Jahre 1807, zusammen mit seiner württembergischen Katharina, König Jérôme ein, gerade einmal 23 Jahre alt. Das Königreich war von Paris aus durch ein Dekret Napoleons gegründet worden, und eine
vorläufige Regentschaft hatte die Feierlichkeiten zum Empfang
der neuen Majestäten vorbereitet, mit panegyrischen Hymnen,
Fackelzügen, blumenstreuenden Jungfrauen etc. Man kann sich
vorstellen, dass der Jubel der Bevölkerung eher gedämpft aus-
fiel, zumal sich erste Anordnungen außer auf die Kirchengebe-
te für das Königspaar auf so missliebige Dinge wie Steuern und
Kontributionen an die noch im Lande stehenden französischen
Truppen bezogen. Auch fürchteten die Führungsschichten in
den einzelnen Landesteilen um ihre aus alter Zeit überkomme-
nen Privilegien. Zu Recht.

Mit denen räumte nämlich die Konstitution vom 15. November 1807 weitgehend auf. Auch diese Verfassung war in Frankreich ausgearbeitet und durch Napoleon von Fontainebleau aus
oktroyiert worden. Sie sollte aus dem neuen Königreich einen –
nach napoleonischen Begriffen – modernen Staat und ein Modell
für die anderen deutschen Satelliten des Empire machen. Die
Leibeigenschaft wurde aufgehoben, die Bauern erhielten Frei-
zügigkeit. Der Adel durfte seine Titel behalten, ging aber seiner
Vorrechte verlustig, da der Code Civil (auch Code Napoléon
genannt) als bürgerliches Gesetzbuch eingeführt wurde und

Gleichheit vor dem Gesetz galt wie in Frankreich. Diese Rechts-
gleichheit erstreckte sich jetzt auch auf die bisher diskriminier-
ten Juden, die im Gegenzug eine geregelte Verwaltung ihrer
Gemeinden einrichten und Familiennamen annehmen mussten. Das Zunftwesen wurde abgeschafft und Gewerbefreiheit
verkündet. Es gab keine Befreiung vom Militärdienst mehr,
nur unter bestimmten Bedingungen konnte ein Wehrpflichtiger
einen – sehr kostspieligen – Ersatzmann stellen. Eine allgemeine Grundsteuer und eine Verbrauchssteuer (ähnlich unserer
Umsatz- oder Mehrwertsteuer) wurden eingeführt. Das Land
wurde in acht Départements eingeteilt, die wiederum in Dis-
trikte, Kantone und Munizipalitäten (Gemeinden) unterteilt
waren. Es entstand also, nach französischem Vorbild, eine zen-
tralisierte, hierarchisierte Verwaltung mit Präfekten an der
Spitze der Departements und »Maire« genannten Bürgermeis-
tern, denen »Adjoints«, Beigeordnete, zur Seite standen. Die
Rechtspflege oblag Schwurgerichten mit öffentlicher Verhand-
lung, bei Bagatellfällen gewählten Friedensrichtern.

An der Staatsspitze standen unter dem König vier Ressortmi-
nister und ein Staatsrat mit 24 Mitgliedern, eine Art Beratungs-
gremium. Auch ein Parlament, genannt Landesvertretung, sollte eingerichtet werden, wenn auch, ebenfalls ähnlich wie im
kaiserlichen Frankreich, auf eine reichlich manipulative Art.
Die Kandidaten wurden nicht direkt, sondern durch Wahlmänner ausgewählt. Der Wahlzensus war sehr hoch und bevorzugte
Grundbesitzer (70 Prozent der Stimmen), während die »Kaufleute und Fabrikanten« und die »gelehrten Stände und anderen
verdienten Bürger« nur jeweils 15 Prozent der Stimmen abgeben durften. Besitzlose und Unterschichten hatten kein Wahl-
recht. Von den durch die Wahlmänner genannten Kandidaten
bestimmte dann der König die Hälfte zu Deputierten. Immerhin wurde bei Abstimmungen mit Stimmenmehrheit entschieden und nicht, wie das in den Ständevertretungen der Reichster-
ritorien üblich gewesen war, getrennt nach ständischen Kurien
(Adelige, Geistliche, Städte).

Der geistliche Stand spielte im staatlichen Leben keine Rolle
mehr. Pfründe in Abteien und Stiftern wurden abgeschafft, Be-
werber mussten ohne Ansicht der Herkunft angenommen wer-

den. Die Zahl der Klöster sollte vermindert, keine Novizen mehr aufgenommen werden. Weltgeistliche dagegen blieben unbehelligt.

Die Konstitution, welcher alsbald Gesetze folgten, die ihre Durchführung im Einzelnen regelten, wäre also durchaus entwicklungs- und ausbaufähig gewesen. Sie war die erste systematisch aufgebaute und schriftlich fixierte Staatsverfassung in Deutschland überhaupt und hätte tatsächlich als Vorbild oder Anregung für andere Rheinbundstaaten dienen können, die sich ja jetzt allenthalben (in Bayern etwa durch die Reformen des Ministers Montgelas) zu modernisieren trachteten. Wenn das nicht funktionierte, es in Westfalen sogar sehr bald (1809) zu Widersetzlichkeiten und offenen Aufstandsversuchen kam, so gab es dafür verschiedene Gründe.

Die anfängliche Begeisterung besonders der bürgerlichen Intellektuellen für die Ideale von Liberté, Égalité, Fraternité hatte sich merklich abgekühlt, das heißt, sie war enttäuscht worden. Obwohl Napoleons Propaganda mit diesen Begriffen noch operierte, kamen seine Soldaten eben nicht als Befreier, sondern als Eroberer. Das konnte man schon daran ersehen, dass von den sogenannten Allodgütern in Westfalen, also von den Ländereien, die früher Privatbesitz der enteigneten Fürstenhäuser gewesen waren, die Hälfte für den Kaiser vorbehalten war, der sie an verdiente französische Offiziere vergab. Die waren dann auch von fast allen Steuern ausgenommen. Es wurden also für die alten, abgeschafften Privilegien neue eingeführt. Das konterkarierte die sozialreformerischen Ansätze der Verfassung und des Code Civil. Außerdem flossen die Einnahmen der beschlagnahmten Domänen aus dem Lande, weil ihre neuen Besitzer fast alle in Frankreich wohnten. Der Haushalt des neuen Staates war, trotz erhöhter Steuern, von Anfang bis zu seinem Untergang permanent in roten Zahlen.

Die Steuern und zusätzlichen Kontributionen waren umso drückender, als die Bewohner Westfalens nicht nur für den eigenen Staatsapparat und die verschwenderische Hofhaltung des Königs Jérôme aufkommen, sondern auch noch den Unterhalt der weiterhin im Lande stehenden französischen Truppen bestreiten mussten – allein in der Festung Magdeburg waren das

12 500 Mann, natürlich mit Tross, Pferden und allem Zubehör. Und das wurde noch schwieriger, da Napoleons Kontinentalsperre sich als Rohrkrepierer entpuppte und auf dem ganzen Kontinent, besonders aber in Norddeutschland, eine schwere Wirtschaftskrise verursachte.

Das Königreich selbst hatte ein Kontingent von 26 000 Mann für die Grande Armee des Kaisers zu stellen, und als sich der Krieg in Spanien immer länger hinzog und gar der gegen Russland begann, wurden die Verluste höher und schmerzlicher. Früher hatte man in Deutschland keine allgemeine Wehrpflicht gekannt. Jetzt unterlag ihr in Westfalen (wie in Frankreich) jeder junge Mann zwischen dem 20. und dem 25. Lebensjahr. Wer hat Lust, sich für einen fremden Eroberer verheizen zu lassen? Die »Konskribierten« flohen in Massen nach England und bildeten dort eine »Deutsche Legion«. Die Regierung reagierte mit scharfen Strafen gegen Deserteure, gegen »verräterische« Offiziere und »falsche« Werber, also solche, die Rekruten für andere Heere anwarben, für das englische etwa oder das preußische. All das dürfte die Moral der Truppe und die Stimmung in der Bevölkerung nicht gehoben haben. *

Verglichen mit diesen Schwierigkeiten und Mängeln fallen die persönlichen Schwächen und Unzulänglichkeiten des jungen Königs an sich kaum ins Gewicht. Aber seine Untertanen dürften ihn als Repräsentanten des ganzen Regimes eingeschätzt und abgelehnt haben. Jérôme hegte eine Abneigung gegen deutsche Sprache und Wesensart. Das mag man ihm als Geschmackssache nachsehen, aber für jemanden, der ein nun einmal von Deutschen bewohntes Land regieren soll, ist es eine schlechte Ausgangsposition. Die Mahnungen seines Bruders, sich etwas eingehender mit seinem Volke zu beschäftigen, verhallten ungehört und unverstanden. Jérôme war intelligent und konnte durchaus Energie entwickeln, aber er war kein Liebhaber konsequenter und mühseliger Alltagsarbeit, und wenn ihm einer der kompetenten und tüchtigen Experten, die Napoleon

---

* Empfohlen sei die Lektüre von Leo Perutz' historischem Roman ›Der Marques de Bolibar‹ (1920, Neuaufl. 1986 ff.), der moralischen Verfall und Untergang eines Rheinbund-Regiments in Napoleons Spanienkrieg thematisiert.

ihm mit auf den Weg gegeben hatte, mit solchen Quisquilien kam, neigte er dazu, ungnädig und ausfällig zu werden. Gerade die Besten unter ihnen waren dann froh, wenn sie nach Frankreich zurückkehren durften. Die deutschen Helfer, die er anwarb, stammten zumeist aus dem niederen Adel und waren von Feudalzeiten her gewohnt, vor allem auf die eigene Tasche zu achten. Daran störte sich Jérôme weniger. Er versuchte, sich vor allem durch Aufwand und rauschende Feste beliebt zu machen. Der einzige deutsche Satz, den er beherrschte, soll gelautet haben: »Gut Nackt. Morgen wieder lustick!« Deswegen nannten ihn die Leute »König Lustig«. (Ob es stimmt? Jedenfalls erzählte man sich's so.)

> Ich habe einen Tagesbefehl von Ihnen zur Kenntnis erhalten, der Sie zum Gespött von ganz Deutschland, Österreich und Frankreich macht. Haben Sie denn keinen Freund in Ihrer nächsten Umgebung, der Ihnen einmal einige Wahrheiten sagt? Sie sind König und der Bruder des Kaisers: Das sind aber in Kriegszeiten ziemlich belanglose Eigenschaften. Dann muss man Soldat sein, noch einmal Soldat und nichts anderes als Soldat. Dazu ist weder die Begleitung eines Ministers vonnöten noch die des diplomatischen Corps noch irgendwelcher sonstiger Aufwand. Vielmehr muss man bei seiner Avantgarde biwakieren, Tag und Nacht im Sattel sitzen, mit der Avantgarde vorrücken, um zu wissen, was es Neues gibt, oder eben lieber im Serail bleiben. – Sie führen Krieg wie ein Satrap. Gütiger Gott, haben Sie das etwa von mir abgeschaut? [...]
>
> Napoleon an Jérôme, 17. Juli 1809, zit. nach: Johannes Willms, ›Napoleon‹

In den kurzen sechs Jahren seiner Herrschaft konnte er nicht allzu viele Spuren hinterlassen. Außer ein paar Umbauten an Schloss Wilhelmshöhe (das unter ihm in »Napoleonshöhe« umbenannt wurde) und an anderen Schlössern ließ er – nicht untypisch für ihn – im Park ein später zum Ballhaus umgewandeltes Hoftheater errichten – von dem jungen Leo von Klenze, der dereinst in München den Königsplatz, die Ludwigstraße, die Glyptothek, die Alte Pinakothek und noch weitere Gebäude entwerfen sollte. Meist aber war Jérôme klamm, weil er alles Geld, das ihm die französische Kriegsverwaltung nicht abnahm, für

Maskenbälle, Feuerwerke und andere Festivitäten ausgab oder an Freunde und Mätressen verschenkte. Um seine Geldvorräte etwas aufzufüllen, bediente er sich bei den säkularisierten Klöstern und Stiften, unter anderem aus der Schatzkammer der Quedlinburger Stiftskirche. Ob er den Spruch »Après nous le déluge« kannte? Jedenfalls handelte er danach. Er liebte es, sich groß in Szene zu setzen. 1809 nahm er an dem Feldzug gegen die Österreicher teil, wobei ihn das gesamte bei ihm akkreditierte diplomatische Korps begleitete. (Napoleons Brief bezieht sich darauf, dass Jérôme die kampflose Einnahme von Dresden so dargestellt hatte, als sei sie weiß Gott was für eine Heldentat gewesen.) Beim Russlandfeldzug 1812 sollte er zunächst den rechten Flügel der Grande Armee kommandieren. Er tat es so, dass ihn Napoleon schleunigst durch einen erfahrenen General ersetzte. Darauf kehrte Jérôme schon im August 1812 heim nach Kassel und veranstaltete eine große Landpartie mit 244 Kutschen – während sein Bruder mit den aus ganz Europa (auch aus Westfalen) zusammengewürfelten 600 000 Mann gegen Moskau und ins Verderben marschierte. Es dürfte eines der letzten großen Feste Jérômes gewesen sein. Von seinem Namen leitete sich angeblich ein hessisches Dialektwort (»Schrohm«) ab, das so viel wie Hallodri und Schürzenjäger bedeutete.

Im nächsten Herbst, nach der Völkerschlacht von Leipzig, erschien eine Abteilung Kosaken vor Kassel, und ihr Kommandant erklärte in einer Proklamation das Königreich Westfalen für aufgelöst. Zwar kehrte Jérôme im Schutz französischer Truppen noch einmal für ein paar Tage zurück, aber das war es dann gewesen. Er ging nach Frankreich und nach Napoleons Sturz weiter nach Italien, wo er ein Emigrantenleben führte. Nach Kassel kam Kurfürst Wilhelm zurück, von seinem Volk freudig begrüßt. Unter der Menge, die ihm zujubelte, die Pferde von seinem Wagen abschirrte und sich selber vorspannte, waren auch die Brüder Jakob und Wilhelm Grimm (›Kinder- und Hausmärchen‹, ›Deutsches Wörterbuch‹). Sie sollten nur allzu bald innewerden, wie sehr sie sich geirrt hatten. Wilhelm I. von Hessen-Kassel war einer der ärgsten Reaktionäre der Restaurationszeit, was er schon dadurch manifestierte, dass er weiter den sinnlosen Kurfürstentitel führte und sich nach der Mode des Ancien

Régime frisierte, mit Puder, Zopf und Haarbeutel. (Sein besonderes Kennzeichen aber war ein riesiger Kropf.) Alle Neuerungen, auch der Code Civil und die Judenemanzipation, wurden in seinem Lande abgeschafft. Am liebsten hätte er wohl die Leibeigenschaft wieder eingeführt. Die Grimms mussten ihre hessische Heimat verlassen, gingen zunächst an die Universität Göttingen. Erst als auch dort die Reaktion überhandnahm und, nach Auflösung der Personalunion mit England, König Ernst August von Hannover die liberale Verfassung aufhob, kehrten sie 1833 nach Kassel zurück, wo Kurfürst Wilhelm I. inzwischen verstorben war.

Hätte der Modernisierungsschub, wie er durch die Rheinbundzeit und den Einfluss des revolutionären, später des napoleonischen Frankreich in den betroffenen Gebieten zweifellos ausgelöst wurde, höhere Intensität entwickelt, wenn Napoleons Ideen in Westfalen statt von Jérôme von einem ernsthaften, energischen und kompetenten Sachwalter vertreten worden wären? Kann die bürgerliche Freiheit überhaupt auf der Spitze von Bajonetten in ein Land getragen werden? In der Geschichte ist es immer misslich und eitel, Fragen im Konditional zu stellen. Es ist eben so gewesen, wie es gewesen ist. Immerhin kann man sagen, dass die Konfrontation mit dem Empire auch konservative deutsche Staaten wie Preußen und Hessen-Kassel dazu zwang, sich – langsam zwar und widerwillig – darauf einzustellen, dass die Zeit des Absolutismus endgültig abgelaufen war. Insofern haben die sogenannten Freiheitskriege indirekt und auf verschlungenen Wegen tatsächlich mehr Freiheit nach Deutschland gebracht.

Jérômes Gattin, die wackere Schwäbin Katharina, lehnte es übrigens ab, sich von ihm scheiden zu lassen, wozu ihre Verwandtschaft sie nach dem Sturz des Hauses Bonaparte drängen wollte. Die Kinder des Paares wurden alle erst nach 1814 geboren. Schwiegerpapa Friedrich I., König von Württemberg (seinerzeit von Napoleons Gnaden), verlieh Jérôme, nolens volens, den Titel eines Prinzen von Montfort. (Das ist, trotz des französischen Namens, ein Schloss am Bodensee.)

Und gegen Ende seines Lebens machte er sogar noch einmal in Frankreich Karriere. 1848 wurde sein Neffe Charles Louis

Napoleon Bonaparte nach dem Sturz des »Bürgerkönigs« Louis Philippe zum Präsidenten gewählt. Er ernannte Onkel Jérôme zum Gouverneur des Pariser Invalidendoms, in dem bekanntlich Napoleons Leichnam in einem pompösen Sarkophag liegt. Vier Jahre später krönte sich der Sohn des gescheiterten Königs von Holland als Napoleon III. zum Kaiser der Franzosen. Jetzt machte er Jérôme zum Marschall von Frankreich, Präsidenten des Senats und verlieh ihm den Titel »kaiserlicher Prinz«.

Das Kaisertum Napoleons III. ist bekanntlich 1871 im Deutsch-Französischen Krieg untergegangen. Er selbst geriet nach der Schlacht von Sedan in Gefangenschaft. Und wo internierten ihn die Preußen? Auf Schloss Wilhelmshöhe bei Kassel! Jérôme hat das glücklicherweise nicht mehr erleben müssen. Er war bereits 1860 gestorben und liegt ebenfalls im Pariser Invalidendom – in einer etwas bescheideneren Gruft als sein großer Bruder.

Auf seine Art muss er ein gewinnender Mensch gewesen sein. Nur zum König hätte man ihn vielleicht nicht machen sollen.

Der Dom

Kapitel 13
Bischöfe, Bürger, Jakobiner
▬ Mainz und seine schwierige Geschichte ▬

Am Ende des Zweiten Weltkrieges lagen achtzig Prozent der Mainzer Innenstadt in Trümmern. Beim Wiederaufbau in den Jahren des Wirtschaftswunders hat man sich nicht immer an ästhetischen Maßstäben orientiert. Manches – wie das kurfürstliche Schloss (heute Römisch-Germanisches Zentralmuseum), das Neue und das Alte Zeughaus (Staatskanzlei) und das Deutschhaus (der Landtag, früher der Sitz einer Kommende des Deutschen Ordens und des Kurfürsten von Mainz in seiner Eigenschaft als Hochmeister), die Höfe am Schillerplatz, Fachwerkhäuser im Kirschgarten – ist in altneuer Pracht erstanden. Dazwischen allerdings hat man viel Beton und Glas hingeklotzt. Wer aber heute über Bausünden redet, tut sich natürlich leicht. Damals, vor sechzig Jahren, war die Not groß, das Leben musste weitergehen, die Wirtschaft wieder in Schwung kommen.

Aber warum auch immer: Mainz ist kein historisches Ensemble wie Regensburg, Bamberg oder Lübeck, sondern eine moderne Großstadt mit – allerdings unübersehbaren und beeindruckenden – historischen Relikten. Es kommt noch etwas hinzu: Die Geschichte dieser Stadt ist voller Brüche. Besser gesagt, Mainz wurde mehrere Male von seiner eigenen Vergangenheit abgeschnitten. Das Bundesland, als dessen Hauptstadt es heute fungiert, hat nichts mit dem Erzstift zu tun, dessen Kapitale Mainz tausend Jahre lang war. Das Land Rheinland-Pfalz wurde 1945 von der französischen Besatzungsmacht dekretiert. Damals wurde Mainz in der Mitte entzweigeschnitten: Seine rechtsrheinischen Stadtteile gehörten plötzlich zur amerikanischen Zone, zu Hessen und zu Wiesbaden, die linksrheinischen zur französischen.

Ähnliches war der Stadt schon hundertfünfzig Jahre vorher widerfahren. 1792 nahm eine französische Revolutionsarmee unter General Adam-Philippe de Custine die damalige Festung ein, der Erzbischof-Kurfürst musste fliehen, eine »Rheinisch-Deutsche Republik« wurde ausgerufen, die allerdings nicht lange bestand. (Davon werden wir später erzählen.) Zunächst kamen die Preußen wieder. Schon 1795 aber musste Preußen und 1802 mussten Österreich und das Römisch-Deutsche Reich das linke Rheinufer an Frankreich abtreten. Mainz wurde Hauptstadt des Départements Mont Tonnerre (Donnersberg). Napoleon nahm Mainz in die Liste seiner dreißig Lieblingsstädte (bonnes villes) auf, und das Deutschhaus wurde zum »palais impérial«. Als das vorbei war, nach dem Wiener Kongress von 1815, kam Mainz zum Großherzogtum Hessen-Darmstadt, war hessische Provinzhauptstadt und Festung des Deutschen Bundes mit preußisch-österreichischer Besatzung (bis 1866, dann mussten die Österreicher abziehen).

Hier wollen wir abbrechen. Unsere Absicht war, anzudeuten, dass die Geschichte der Stadt Mainz für den Nichtfachmann und Nicht-Einheimischen etwas verwirrend ist. Eigentlich müssten wir ja noch zurückgehen in die Zeit, als hier zwei römische Legionen standen, um deren Lager sich romanisierte Kelten ansiedelten: Ausgrabungen, Funde und Reste eines Aquädukts und eines Triumphbogens sind noch vorhanden. Oder wir müssten über die Leiden sprechen, die die Mainzer in den Kriegen der Neuzeit auszustehen hatten. Nicht weniger als sechsmal hatten sie französische Besatzungen zu ertragen. Einmal waren auch die Schweden da. Ihr König Gustav Adolf wollte aus Mainz eine protestantische Stadt machen. Sein Tod in der Schlacht von Lützen (1632) kam ihm dazwischen.

Jedenfalls könnte es nicht wundern, wenn die Mainzer ein skeptisches Verhältnis zu historischen und politischen Autoritäten zeigten. Und doch: Man kann in Mainz, zumindest in seinem Stadtkern, fast keinen Schritt tun, ohne über Geschichte und geschichtliche Größe zu stolpern.

Das liegt zum einen am Dom, diesem Gebirge aus Stein, das alles überragt. Er ist noch imponierender als der von Bamberg, und mit seiner romanischen Wucht hat er etwas Überwältigendes. Er war tausend Jahre lang die vornehmste Kirche Deutschlands, ein Zentrum nicht nur geistlichen Lebens, sondern auch politischer Macht. Hier – nicht in dem Gebäude, das wurde erst später errichtet, aber an der gleichen Stelle – hatte von 747 bis 754 Winfried seinen Bischofssitz, besser bekannt unter seinem vom Papst verliehenen Namen Bonifatius, ein Angelsachse, der ins Frankenreich herübergekommen war, um die germanischen Stämme (Deutsche oder den Begriff Deutschland gab es noch lange nicht) zwischen Rhein und Elbe zu missionieren. Es hatte dort zwar schon vor ihm Christen und in Mainz sogar schon seit römischer Zeit auch Bischöfe gegeben. Aber von den letzteren fehlen uns sichere Daten, und was die keltischen, aus Irland und Schottland kommenden Mönche und frühen Missionare betrifft, so hatten sie keinen Zusammenhalt, sondern jeder wirkte und lehrte nach eigenen Konzepten. Es war Bonifatius, der als päpstlicher Legat und Bischof von Mainz eine Reihe von anderen Bistümern (Erfurt, Würzburg, Eichstätt und das heute nicht mehr existierende Bistum Büraburg) sowie das Kloster Fulda gründete und dem Papst unterstellte. Damit schuf er die Grundlagen für die ostfränkische und die spätere deutsche Reichskirche. Man kann sagen, er ermöglichte den Vorfahren der Deutschen den Zugang über die christlich-katholische auch zur römisch-mediterranen Tradition und damit zu dem, was von der antiken Zivilisation überlebt hatte und einen Neubeginn ermöglichte. Ohne einen solchen Zugang hätten sich die deutsche Nation und ihre Kultur später kaum entwickeln können. Es ist auffällig, dass alle Völker, die den Anschluss an diese Zivilisation verweigerten – seien es nun die arianischen ostgermanischen Stämme (Goten, Vandalen, Skiren, Alanen usw.) oder die an ihren polytheistischen Kulten festhaltenden Elbslawen – vor Beginn der Neuzeit aus der Geschichte Europas verschwunden sind.

Man sollte sich Bonifatius nicht als einsamen Prediger unter

Wilden vorstellen. Seine Missionsreisen waren eher sorgfältig geplante Kampagnen mit großem Gefolge von Handwerkern, Agrarexperten und einer bewaffneten Leibgarde zu seinem Schutz. Seine legendärste Performance – die Fällung der Donareiche von Geismar – vollbrachte er in Sichtweite einer fränkischen Befestigung, deren Besatzung ihn notfalls hätte heraushauen können. Das wurde aber nicht nötig. Als der Baum umfiel, ohne dass der Germanengott mit Blitz und Donner reagierte, waren die Chatten (Vorfahren der Hessen) überzeugt, dass der Gott des Bonifatius stärker sei als der oberste Ase. So ließen sie sich taufen. (Manche von ihnen gleich mehrere Male. Man bekam nämlich zu jeder Taufe ein Leinenhemd geschenkt.) Hartnäckigere Heiden waren die Friesen, bei denen der Missionar 754 seinen Tod fand. Allerdings ist nicht ganz klar, ob sie ihn wirklich im Namen ihrer Götter erschlugen oder ihn nur ausrauben wollten. Die Kirche jedenfalls erklärte ihn zum Märtyrer und machte einen Heiligen aus ihm, auch wenn er niemals Wunder gewirkt hatte. Er liegt im Dom zu Fulda begraben.

Ein Denkmal des Bonifatius steht vor dem Mainzer Dom, nicht weit entfernt von dem Monument für den Mann, den die Mainzer mit Recht als den größten Sohn ihrer Stadt betrachten: Johannes Gensfleisch zu Gutenberg. An ihn, seine Erfindung und seine Kunst erinnert ein eigenes Museum am Liebfrauenplatz. Dort werden zwei der 48 noch existierenden Gutenberg-Bibeln aufbewahrt. Gutenbergs Erfindung kennt jeder, aber man sollte vielleicht nicht sagen, er habe den Buchdruck erfunden. Den gab es schon vorher: Man schnitzte oder schnitt einen Text mühselig in eine Holzplatte. Das wegweisend Neue war der Druck *mit beweglichen Lettern,* die in beliebiger Reihenfolge immer neu zusammengesetzt werden konnten. (In Korea und China kannte man zu dieser Zeit bereits ebenfalls das Drucken mit beweglichen Lettern, es setzte sich dort aber nicht so durch, wie es dann in Europa der Fall war.) Das ermöglichte die schnelle und kostengünstige Reproduktion von Geschriebenem und damit seine Verbreitung an ein weit größeres Lesepublikum, als es durch die Handschriften der Antike und des Mittelalters hatte erreicht werden können. Übrigens ist es wohl kaum ein Zufall, dass diese Erfindung gerade hier, in dieser mit Weinbau gesegneten Gegend gemacht wurde. Gutenbergs Druckerpresse arbeitet nach dem gleichen technischen Prinzip, der gleichmäßigen Verteilung des Drucks auf eine Fläche, wie die damals üblichen Weinkeltern.

Unmöglich, hier in gebotener Kürze über die Bedeutung dieser Erfindung zu reden. Ohne sie und alles, was auf sie folgte (bis hin zu den Rotationsmaschinen der Zeitungsdruckereien und den Laser- und Tintenstrahldruckern in unseren Büros und Arbeitszimmern) wäre Europa nicht Europa geworden, der Übergang vom Mittelalter in die Neuzeit wäre unterblieben, ein großer Teil unserer Kulturgeschichte hätte nicht stattfinden können, unsere Welt, unser Denken, unser Bild von uns selbst wären nicht die, die sie heute sind. Gutenberg war keine Jahrhundert-, er war eine Jahrtausendfigur.

Zwischen Bonifatius und Gutenberg liegt die Zeit, in der Mainz den Gipfel seiner Bedeutung erreichte. Es war ein Bischof von Mainz (Hildebert), der 936 im Dom von Aachen zum ersten Mal die Zeremonie der Salbung und Krönung an einem erwählten deutschen König (Heinrich I.) vornahm. Später rivalisierten um diese Ehre die Erzbischöfe von Mainz mit denen von Köln. Immer aber waren die Mainzer Oberhirten Reichserzkanzler für Deutschland. Das heißt, in Deutschland war der Erzbischof von Mainz der ranghöchste Mann nach dem Kaiser. (Für Reichsitalien war der Erzbischof von Köln, für Burgund der von Trier Erzkanzler.) Die meisten Urkunden, die die Kaiser ausstellten, wurden in der Kanzlei des Reichserzkanzlers entworfen und geschrieben. Musste ein neuer König gewählt werden (zum Kaiser wurde er erst durch die Krönung in Rom), dann war es der Mainzer, der die Wahlversammlung (später, nach der Goldenen Bulle Karls IV. von 1356, das Kollegium der sieben Kurfürsten) einberief, den Vorsitz führte und als Letzter, oft Entscheidender seine Stimme abgab. Es ist kennzeichnend für das Alte Reich, dass dieser Vorrang nicht dem jeweils mächtigsten Reichsfürsten zufiel, sondern durch Tradition, Gesetz und geistliche Würde festgelegt war.

So ein Bischof oder Erzbischof war ja nicht nur ein Kirchenfürst, sondern auch ein Landesherr. Dabei stimmten die Grenzen von Bistum bzw. Erzbistum und Hoch- oder Erzstift meist nicht überein. Zum Erzbistum (auch als Erzdiözese bezeichnet) Mainz gehörten zahlreiche andere Bistümer: Worms, Speyer, Konstanz, Straßburg, Augsburg, Chur, Würzburg, Eichstätt, Paderborn und Hildesheim. Sie reichte also vom Bodensee bis in den Harz, vom Oberrhein bis fast an die böhmische Grenze.

Dagegen war der Umfang des Erzstifts oder, wie man im Falle von Mainz sagte, des Kurfürstentums, viel begrenzter: Es bestand aus dem sogenannten Unteren Erzstift mit der Stadt Mainz selbst, der Gegend um Bingen, dem Rheingau, ein paar Dörfern südlich der Stadt und nordöstlich bis Höchst und in den Taunus hinein. Das Obere Erzstift lag weiter östlich, Aschaffenburg gehörte dazu, der Odenwald, die Bergstraße, das Eichsfeld und, weitab, die Gegend um Erfurt. Es war also ein stark zersplittertes und im Vergleich mit anderen Fürstentümern eher kleines Gebiet. Trotzdem war der Mainzer Bischofsstuhl hoch begehrt. Er sicherte dem Besitzer ein beträchtliches Einkommen und, wie wir sahen, starken Einfluss in der Reichspolitik.

Einzelne dieser Erzbischöfe sind noch in Erinnerung. Willigis (ca. 940–1011) führte nach dem Tod der Kaiserin Theophanu die Regentschaft für König Otto III., zog später mit dem Sechzehnjährigen nach Rom zur Kaiserkrönung. Er hat den Mainzer Dom so erbaut, wie er nach einigen Umbauten heute noch steht.

Der schöne Renaissance-Marktbrunnen vor dem Dom ruft dagegen einen nicht ganz so ehrwürdigen Prälaten ins Gedächtnis: den Kardinal Albrecht von Brandenburg (1490–1545). Dieser, ein Bruder des damals regierenden Kurfürsten Joachim von Brandenburg, hat Anlass zu großen Ereignissen gegeben, ohne es zu beabsichtigen. Er war zunächst Erzbischof von Magdeburg sowie Administrator des Bistums Halberstadt und wollte sich zusätzlich auch noch zum Erzbischof und Kurfürsten von Mainz wählen lassen. Eine solche Ämterhäufung verstieß natürlich gegen das Kirchenrecht. Um sie dennoch genehmigt zu bekommen, zahlte Albrecht hohe Summen an den Papst. Das Geld lieh er sich beim Bankhaus Fugger. Und um Zins und Tilgung zahlen zu können, schickte er Abgesandte mit sogenannten Ablassbriefen durch die Lande, vor allem einen Dominikaner namens Johann Tetzel, der den Leuten zweierlei einredete: Das Geld, das er ihnen abnahm, sei für den Bau der neuen Peterskirche in Rom bestimmt. (In Wirklichkeit ging über die Hälfte davon an die Fugger in Augsburg.) Und zweitens: Der Erwerb eines solchen Ablassbriefes garantiere den Erlass der zeitlichen Sündenstrafen:»Sobald das Geld im Kasten klingt, die Seele aus dem Fegfeuer springt.« Für die frommen Christen von damals, die fest daran glaubten, für all ihre Missetaten dereinst im Jenseits büßen zu müssen, war das ein verlockendes Angebot.

Wie man weiß, empörten solche Praktiken den Augustinereremiten und Theologieprofessor Martin Luther in Wittenberg. Er veröffentlichte 1517 seine 95 Thesen, die sich dank Gutenbergs Erfindung mit unglaublicher Geschwindigkeit in Deutschland und Europa verbreiteten. Auch in Mainz traten alsbald zwei lutherische Prediger auf und fanden Anhänger. Den Erzbischof und Kurfürsten Albrecht störte das zunächst weiter nicht. Ihm kam es offensichtlich nicht so sehr auf Glaubenssätze und theologische Streitfragen an als darauf, in Ruhe seine Pfründen zu genießen und seine Geschäfte zu betreiben. Als ein päpstlicher Abgesandter in Mainz erschien, um gegen die neue Lehre zu predigen und die Bücher Luthers zu verbrennen, ließen ihn die Mainzer weder zu Wort noch zur Tat kommen, sondern warfen Steine nach ihm. Es mussten sich erst das Domkapitel und der übrige Klerus zu Wort melden, die ihrerseits um ihr Einkommen und ihre Stellung fürchteten, bevor der Erzbischof endlich Partei ergriff und die Lutheraner des Landes verwies. Den Brunnen widmete er der Bürgerschaft als Versöhnungsgeschenk. Ob ihm zu Bewusstsein gekommen ist, dass er den Anstoß zur tiefsten Umwälzung in der Kirchengeschichte gegeben hatte? Jedenfalls forderte er später die Todesstrafe für Luther.

Willigis war ein Mann von freier, aber nichtadeliger Herkunft gewesen. Im späten Mittelalter und in der Neuzeit hingegen wurden die großen Bistümer und auch ihre Domkapitel immer mehr den jüngeren Söhnen großer Adelsfamilien vorbehalten. (So war das Erzstift Köln seit dem 17. Jahrhundert eine Art Ableger Bayerns, seine Erzbischöfe meist jüngere Söhne des Wittelsbacherhauses, wie z. B. der Lebenskünstler Clemens August.) Ein Domkapitel war jenes Gremium (in Mainz hatte es vierundzwanzig Mitglieder), das den Bischof wählte und während seiner

Amtszeit gewisse Mitspracherechte hatte, etwa was Steuern und Finanzen anging – ähnlich wie die Landstände in weltlichen Territorien. Aufgenommen wurde man auf Lebenszeit durch Kooptation, d. h. die schon etablierten Domherren (auch Kanoniker genannt) mussten der Aufnahme zustimmen. Das taten sie nur, wenn der Kandidat vierundzwanzig adelige Ahnen nachweisen konnte. (Bis in die Generation der Ururgroßeltern durfte kein Plebejer dabei sein.) Wer einmal drin war, kam in den Genuss einer saftigen Pfründe, also eines arbeitslosen Einkommens, und hatte zudem Einfluss auf Politik und Wirtschaft des Bistums und unter Umständen die Chance, später einmal selbst zum Bischof gewählt zu werden. Es ist klar, dass die Domherrenstellen sehr begehrt für die Versorgung jüngerer Söhne waren und immer mehr von einer kleinen Anzahl hochadeliger Familien monopolisiert wurden.

Besonders tüchtig in dieser Hinsicht war eine aus der Gegend von Nassau stammende, heute noch existierende Familie, die Schönborns. Ursprünglich waren sie Ministeriale, d. h. unfreie Leute in Diensten höherer Adeliger. Seit dem 14. Jahrhundert arbeiteten sie zielbewusst, mit viel Familiensinn und unter Ausnutzung der Institution Kirche an ihrem Aufstieg in der feudalen Rangordnung. Der Erste von ihnen ist zwischen 1275 und 1284 urkundlich erwähnt. Zunächst betätigten sie sich als Vögte (Verwalter von kirchlichen Gütern) und Amtleute und begannen, in immer höhere Adelskreise einzuheiraten. Auf diese Weise vergrößerten sich ihr Landbesitz und andere Vermögenswerte. Ihre jüngeren Söhne brachten sie zum Teil in kleineren Klöstern und Stiften unter. Die hinterließen dann ihre zum Teil recht beachtlichen Vermögen der Familie. 1663 wurde ein Philipp Erwein von Schönborn in den Reichsfreiherrenstand erhoben.

Aber schon 1642 war sein Bruder Johann Philipp zum Bischof von Würzburg gewählt worden. Wahrscheinlich war die Konkurrenz um das schwierige Amt in diesen letzten Jahren des Dreißigjährigen Krieges nicht allzu groß, und so erhielt der Mann aus immer noch niedrigem Adel seine Chance. Er nutzte sie auf höchst ehrenwerte Weise, verstand es, durch geschickte Diplomatie die Franzosen und die Schweden zum Abzug aus Franken zu bewegen, und erreichte Abstriche an deren Kontributionsforderungen. Er war ein Freund des Jesuiten, Dichters und Kämpfers gegen den Hexenwahn Friedrich von Spee und verbot als einer der ersten Reichsfürsten die Hexenprozesse auf seinem Gebiet. (Sie hatten, als ob das Kriegselend nicht schlimm genug gewesen wäre, in den Bistümern Würzburg und Bamberg seit den Zwanzigerjahren des 17. Jahrhunderts mit besonderer Härte gewütet.) Überzeugt von der Notwendigkeit eines baldigen Friedensschlusses, nahm er an den Verhandlungen in Osnabrück und Münster teil. Zunächst suchte er eine Annäherung an Frankreich. Später, als die Aggressionspolitik Ludwigs XIV. einsetzte, wechselte er auf die Seite des Habsburger Kaisers.

1647 wurde er auch zum Erzbischof von Mainz gewählt. Damit war er Kurfürst und Erzkanzler des Reiches. Er ließ Mainz, Würzburg, Erlangen, Erfurt und Königshofen im Grabfeld befestigen (die Zitadelle über Mainz wirkt heute in manchen Teilen wie eine verwunschene Burg), ließ aber auch eine Rheinbrücke, Mühlen und Waisenhäuser bauen und tat sein Möglichstes, die ruinierte Wirtschaft seiner Gebiete wieder anzukurbeln. In Italien warb er Handwerker an und brachte so die Anfänge des Barock nach Franken. Als Kirchenmann sorgte er für die Umsetzung der Beschlüsse des Tridentinischen Konzils und für die Belebung der Volksfrömmigkeit. (Die Zeit des süddeutschen Barock hebt an, mit prunkvollen Prozessionen, Wallfahrten und Hochämtern.) Er duldete aber auch Protestanten auf seinem Gebiet und berief den jungen Leibniz an seinen Hof, interessierte sich für Naturwissenschaften und Technik. Bei alldem versäumte er nicht, für das Wohl seiner Familie zu sorgen, indem er seinem Neffen Lothar Franz zu Pfründen in den Domkapiteln von Würzburg und Bamberg verhalf. 1663 wurde Johann Philipp auch noch Bischof von Worms. Als er zehn Jahre später starb, rühmte man ihn als »deutschen Salomo«, Friedensfürsten und »Vater des Vaterlandes«.

Der erwähnte Neffe Lothar Franz (1655–1729) ist wohl der Bekannteste aller Schönborns – das Inbild eines Barockfürsten mit Allongeperücke, herrscherlichem Doppelkinn und pompöser Scharlachrobe. 1693 wurde er zum Fürstbischof von Bamberg gewählt, 1694 auch noch zum Erzbischof und Kurfürsten von Mainz. Unter ihm begann die barocke Ausgestaltung von Mainz. Sein prächtigster Bau, die sogenannte Favorite, ist allerdings bei der Belagerung von 1793 zerstört worden. In Bamberg ließ er die Neue Residenz von Leonhard Dientzenhofer ausgestalten und das Schloss Seehof errichten. Er schaffte es, nicht weniger als vier seiner Neffen zu fürstbischöflichen Würden zu verhelfen. Das ermöglichte eine einheitliche Wirtschaftspolitik dieser Diözesen, was ganz Südwestdeutschland zugutekam. Da er erlebt hatte, dass die Ausgleichsbestrebungen seines Onkels Johann Philipp gegenüber Frankreich gescheitert waren, schloss er sich eng an die Habsburger an, deren Kaisertum unter Leopold I. (1640–1705) wieder erstarkt war. Mit Karl VI. (1685–1740) verband ihn zweierlei besonders eng: Einmal hatte er an der Konversion des Herzogs Anton Ulrich und der Prinzessin Elisabeth Christina von Braunschweig-Wolfenbüttel, der späteren Gattin Karls (und Mutter Maria Theresias) entscheidend mitgewirkt. Und zum anderen hatte er mit seiner Kurstimme und seinem Wort als Reichserzkanzler die Kaiserwahl von 1711 zugunsten Karls beeinflusst. Der Gekürte ließ sich nicht lumpen und belohnte erwiesene Treue durch ein Ehrengeschenk (man könnte es auch Bakschisch nennen) von 100 000 Gulden.

Dieser Donation verdanken die Familie Schönborn, Franken, Deutschland und die Welt eines der schönsten Juwele des Barock, nämlich das Schloss Weißenstein bei Pommersfelden, an dem so große Architekten wie Dientzenhofer, Lukas von Hildebrandt und Maximilian von Welsch mitwirkten. Da ihm der Kaiser die 100 000 Mäuse für seine persönlichen Verdienste spendiert hatte, sorgte Lothar Franz dafür, dass das Schloss nach seinem Tod nicht etwa zum Kirchengut wurde, sondern in den Besitz der mittlerweile (1701) in den Reichsgrafenstand erhobenen Familie Schönborn gelangte. Ihr gehört es noch heute: Mittelpunkt und Schmuckstück einer florierenden Kette von Wirtschaftsbetrieben, in dem neben barocken Möbeln und anderen Kostbarkeiten auch eine der größten privaten Sammlungen alter Gemälde die Touristen anlockt.

Sollte nun jemand einwenden, dass hier manches – die gezielte Karriereförderung von Familienmitgliedern, die Belohnung von Amtshandlungen durch außerordentliche Geldgeschenke –

doch irgendwie einen Ruch von – na, sagen wir Mafia habe, so müssten wir ihm zustimmen. Wir würden allerdings zu bedenken geben, dass die Strukturen der Feudalgesellschaft, in der Besitz und Macht immer durch persönliche und familiäre Beziehungen innerhalb einer geschlossenen Gesellschaftsschicht (dem Adel) verteilt wurden, an und für sich schon an die Strukturen der Ehrenwerten Gesellschaft erinnern.

Und was, bitte, wäre denn passiert, wenn sich der Erzbischof, Kurfürst, Reichserzkanzler in unserem heutigen Sinne moralisch korrekt verhalten hätte? Das Schloss wäre in den Besitz der Diözese Bamberg gekommen und später, bei der Säkularisierung von 1803/1806, in den des bayerischen Staates. Die Kunstwerke, Bücher und kostbaren Möbel hätte man nach München verfrachtet, das Gebäude wahrscheinlich verkauft (da es weitab von jeder Stadt lag, hätte man kaum eine nützliche Verwendung dafür gefunden), womöglich an einen Unternehmer, der es hätte einreißen lassen, um den Schutt als Baumaterial zu verkaufen. (So geschehen unter anderem mit großen Teilen des Klosters Wessobrunn in Oberbayern, das die Heimat einer bewundernswerten, in ganz Europa arbeitenden Schule von Stuckateuren war.) Die Menschen, vor allem die aufgeklärten Gebildeten des frühen 19. Jahrhunderts, hatten kein Auge für die Schönheit von Barock und Rokoko. Für sie war das einfach die Mode von vorgestern. Dann gäbe es heute keine Sommerkonzerte in Pommersfelden, keine vom Grafen Schönborn-Wiesentheid gesponserten Treffen junger Orchestermusiker und Dirigenten. Für Touristen und Kunstfreunde gäbe es nichts zu sehen und nichts zu hören.

Unerschöpflich war die Geduld und Opferbereitschaft der weltlichen Untertanen auch im 18. Jahrhundert nicht. Das bekam Johann Philipp Franz von Schönborn (1673–1724) zu spüren, ein Neffe von Lothar Franz und Bischof von Würzburg. Er begann mit dem Bau der Würzburger Residenz. Den »schönsten Pfarrhof Europas« hat Napoleon sie genannt, als er einmal dort Quartier nahm. Heute stehen wir immer noch oder vielmehr wieder – sie wurde im Zweiten Weltkrieg zerbombt und dann wieder aufgebaut – staunend und beglückt vor ihrer Fassade und vor allem in ihrem Treppenhaus mit dem gewaltigen, bunten,

vielgestaltigen und doch so graziösen Deckenfresko von Tiepo-
lo. (Auch das war kaputt und musste unter großem Aufwand
restauriert werden.) Da Johann Philipp Franz aber die Steuern
drastisch erhöhte, um diesen und andere Bauten zu finanzieren,
war er bei seinen Untertanen äußerst unbeliebt. Als er im Alter
von einundfünfzig Jahren starb, brach allgemeiner Jubel aus und
man munkelte, er sei vergiftet worden.

Über die Schönborns – die vergangenen wie die gegenwär-
tigen – gäbe es noch viel zu erzählen. (Etwa, dass es auch heute
einen Erzbischof und Kardinal aus der Familie gibt, nämlich
in Wien.) Aber bevor wir Mainz ganz hinter uns lassen, sollten
wir noch an zwei Leute erinnern, deren Namen auf sehr unterschiedliche Weise mit der Geschichte von Mainz verbunden
sind.

Der eine, einer der begabtesten Menschen seiner Zeit, ist eine
wahrhaft tragische Gestalt. Georg Forster (1754–1794) war der
Sohn eines Pastors aus der Nähe von Danzig. Sein Vater interessierte sich kaum für Theologie, sondern mehr für Naturwissenschaften. 1765 erteilten ihm russische Behörden den Auftrag zu
einer Forschungsreise in die Kirgisensteppe an der Wolgamün-
dung (weil man dort deutsche Bauern ansiedeln wollte), und auf
diese Reise nahm er seinen zehnjährigen Erstgeborenen mit.
Angeblich arbeitete der Knabe da schon bei der Kartografierung
und bei der Auswertung von Bodenproben mit. Nebenbei lernte
er fließend Russisch. Ein Jahr später übersiedelte der Vater nach
England, woher seine Familie ursprünglich stammte. Auch
dorthin kam Georg mit und gab als Dreizehnjähriger sein erstes
Buch heraus, eine Übersetzung von Lomonosovs ›Kurzer Russi-
scher Geschichte‹ ins Englische. 1772 bot man dem Vater an, als
wissenschaftlicher Chronist den Kapitän James Cook auf seiner
zweiten Weltumsegelung zu begleiten. Er bestand darauf, dass
sein Sohn ihn als Zeichner begleiten sollte.

Die Reise dauerte drei Jahre. Vater Reinhold verfasste den wissenschaftlichen Report, der siebzehnjährige Georg aber wurde
zum Begründer der modernen Reiseliteratur und auch der deutschen Ethnologie. Er war der Erste, der nicht einfach registrierte,
was er sah, sondern versuchte, die Religionen und Sozialstruk-
turen der Eingeborenengesellschaften zu verstehen und zu ver-

gleichen, in ihre Hintergründe einzudringen. Dazu erlernte er die Sprachen mehrerer Südseevölker und versuchte, aus Sprachvergleichen historische Rückschlüsse zu ziehen. Über all dies schrieb er in einer präzisen und doch eingängigen Prosa. Dabei fiel er nicht in die Südseeschwärmerei, die bei anderen Reisenden seiner Zeit modisch war.

Sein Buch ›A Voyage Towards the South Pole and Round the World‹ war ein riesiger Erfolg, wurde in mehrere Sprachen übersetzt und brachte dem Dreiundzwanzigjährigen die Aufnahme in die Royal Society, aber keine nennenswerten Einnahmen. Deswegen ging er zurück nach Deutschland und nahm eine Professorenstelle zunächst in Kassel, später im damals polnischen Wilna an. Er korrespondierte mit Lichtenberg, Wieland, Lessing, Goethe und anderen. 1788 trat er die Stelle eines Oberbibliothekars in Mainz an und ging, zusammen mit dem jungen Alexander von Humboldt, auf eine Reise durch Belgien, Holland, England und nach Paris. Die schlug sich in seinem Werk ›Ansichten vom Niederrhein‹ nieder, mit dem er die Kunstgeschichte als Wissenschaft mitbegründete und zur Rehabilitierung der gotischen Architektur beitrug.

> Für den zweyten Theil Ihrer Ansichten danke ich recht sehr. Sie haben mir dadurch viel Vergnügen gemacht. Die Geschichte der brabantischen Unruhen scheint mir fürtrefflich geschrieben und für einen Mann von entschiedener Denkungsart noch immer unparteiisch genug. Auch hat es nicht mir allein, sondern jedem, der es gelesen, Freude gemacht. Eben so ist der übrige Theil des Buches so angenehm als unterrichtend, man mag wenn man geendigt hat gerne von vorne anfangen und wünscht sich mit einem so guten, so unterrichteten Beobachter zu reisen.
>
> Goethe am 25. Juni 1792 an Georg Forster, zit. nach:
> Johann Wolfgang Goethe, ›Briefe, Tagebücher, Gespräche‹

Wie die meisten Intellektuellen seiner Zeit (etwa Hegel, Hölderlin, Schiller) sympathisierte Forster mit den Anfängen der Französischen Revolution. Als die Franzosen unter Custine im Oktober 1792 Mainz besetzten, gründete er, zusammen mit zwanzig anderen, einen Jakobinerclub, der mit der Besatzungsmacht zusammenarbeitete, als sie daranging, die gesellschaftlichen und politischen Verhältnisse im Rheinland nach französischem Vorbild umzugestalten. Wahlen wurden ausgeschrieben, aus Paris reisten Kommissare des Konvents an, die von den Bürgern schon im Vorhinein einen Eid auf die Grundsätze der Revolution verlangten. Der wurde weitgehend verweigert, und an der Wahl beteiligten sich ganze acht Prozent der Berechtigten. Vielleicht hatten die Menschen das Gefühl, das wir noch heute bei manchen Nachrichten verspüren: dass Demokratie und Freiheit, wenn sie mit Kanonen (oder heute mit Lenkraketen) daherkommen, nicht recht glaubhaft sind. Was Forster angesichts dieser Situation im ›Volksfreund‹ schrieb, klingt ein bisschen wie das Pfeifen im nächtlichen Wald.

> Wenn auch schon in einigen Sectionen die Anzahl gering war, so war ihr Muth desto größer, ihre Entschlossenheit desto rühmlicher, und diese Männer mehr werth, als eine 10fach größere Zahl anderer, denen Muth, Entschlossenheit und sogar der Wille mangelt, das Gute für sich selbst, für Kinder und Enkel zu wollen. Tückisch und mit zaghafter Gebärde, wie der Feind des Lichtes, der nur im Dunkeln einherwandelt, schlichen die Sklavenseelen herum, die feig genug sind, vor preußischen Schnurrbärten zu zittern …
>
> Zit. nach: Peter C. Hartmann, ›Kleine Mainzer Stadtgeschichte‹

Trotz der geringen Wahlbeteiligung trat ein »Nationalconvent« zusammen und rief die »Rheinisch-Deutsche Republik« aus. Und da dieser Staat augenscheinlich für sich allein nicht bestehen konnte, reiste eine Delegation – und mit ihr Forster – nach Paris, um vom Konvent die Vereinigung ihrer neuen Republik mit dem großen »Mutterland« zu erbitten. Sie wurde einstimmig bewilligt, was aber keine Auswirkungen hatte, da zu dieser Zeit das Gebiet der Rheinischen Republik bereits von preußischen Truppen besetzt und Mainz von einem Belagerungsring umgeben war. Die Belagerung dauerte vier Monate. (Dabei wurde die Favorite in Trümmer geschossen.) In dieser Zeit riss in Paris der sogenannte Wohlfahrtsausschuss unter Maximilien Robespierre die Macht an sich und errichtete sein Schreckensregime. Auf der Place de la Concorde rollten die

Köpfe unter der Guillotine, sie »niesten in den Sack«, wie man sagte. Eines der ersten Opfer war der General Custine. (»Général Moustache« hatten ihn seine Soldaten wegen seines gewaltigen Schnauzbarts genannt.) Man warf ihm vor, er habe die Niederlage vor Mainz im Einverständnis mit dem Feind bewusst herbeigeführt.

Für Georg Forster war die Heimkehr unmöglich. Schon vor seiner Reise nach Paris hatte ihn seine Frau mit den Kindern verlassen. Zu Hause hätte ihn ein Prozess wegen Hochverrats, Gefängnis oder Tod erwartet. Er starb einsam in einer Pariser Dachkammer an Lungenentzündung (am 10. Januar 1794), vierzig Jahre alt.

War Forster, waren die rheinischen Jakobiner Verräter? Das 19. und ein Teil des 20. Jahrhunderts sahen sie so. Waren sie die ersten Demokraten in Deutschland? Waren sie Idealisten oder Illusionisten? Hatten sie nicht verstanden, dass die Soldaten der Revolution nicht nur die Gedanken der Freiheit und Gleichheit, sondern, gegen ihre Absicht, auch den der Nation an den Rhein getragen hatten? Manchmal ist es schwer, die Wandlungen, Tücken und Grausamkeiten des Zeitgeistes nachzuvollziehen. Noch 1794 besetzten die Franzosen das gesamte linksrheinische Gebiet aufs Neue. Mainz wurde bis 1797 von den Österreichern verteidigt, dann musste es den Siegern übergeben werden. Das linke Rheinufer wurde Teil der Republik, aber auch dies nicht auf Dauer. Davon war bereits die Rede.

Unter den zahlreichen Grabmälern im Mainzer Dom ist eines, an dem uns eine Inschrift darüber unterrichtet, dass hier Papst Johannes Paul II. 1980 während seines Deutschlandbesuches gebetet habe: das Grab Wilhelm Emmanuel von Kettelers (1811–1877). Er war wohl der bedeutendste und auch einer der am meisten angefeindeten Kirchenmänner des 19. Jahrhunderts in Deutschland. Aus westfälischem Adel stammend, hatte er zunächst in Göttingen und Berlin (bei Savigny) Jura studiert, war Korpsstudent und trat dann in den Staatsdienst ein. Als 1837 der Erzbischof von Köln durch die preußischen Behörden verhaftet wurde, fühlte er sich nicht mehr imstande, einem Staat zu dienen, der sich anmaßte, in das Gewissen seiner Bürger und in das kirchliche Leben hineinzuregieren. Er quittierte

den Dienst und studierte in München Theologie. Als Kaplan
und später als Pfarrer einer armen Landgemeinde wurde er mit
den Problemen des heraufziehenden Industriezeitalters kon-
frontiert, dem Elend breiter Massen, das aus Armut, Ignoranz,
mangelnder Ausbildung herrührte und oft in Krankheit und
physischem Verfall endete. Diese Erfahrungen haben sein weiteres Leben und Denken bestimmt. Er war, zusammen mit Adolf
Kolping, der Erste in der katholischen Kirche Deutschlands, der
begriff, dass diese Probleme nicht nur durch patriarchalische
Karitas gelindert werden konnten, sondern dass die Kirche in
die Politik eingreifen musste, um zu Lösungen beizutragen.

1848/1849 war er Mitglied des Frankfurter Paulskirchenpar-
laments, 1871/1872 Abgeordneter im Deutschen Reichstag.
Zusammen mit Ludwig Windthorst gründete er die Zentrums-
partei, was ihn in Gegensatz zu den Nationalliberalen und zu
Bismarck brachte, der seinen sozialen Gedanken ebenso ver-
ständnislos gegenüberstand wie dem Katholizismus im Ganzen
und in der Transnationalität der Kirche ein Anzeichen politischer Unzuverlässigkeit sah. Ketteler ließ sich das nicht anfech-
ten. Er kämpfte gegen die »kleindeutsche« Form der deutschen
Einigung, wie sie schon in der Paulskirchenverfassung konzi-
piert und später von Bismarck gewaltsam durchgesetzt wurde.
(Durch den Ausschluss Österreichs 1866 wurden die Katholiken
im Deutschen Bund und später im wilhelminischen Kaiserreich
zu einer Minderheit.) Auch innerhalb der Kirche vertrat er eigene
Standpunkte, reiste beim Ersten Vatikanischen Konzil vorzeitig
ab, als er sah, dass er die Annahme des Unfehlbarkeitsdogmas
nicht verhindern konnte.

Sein Hauptanliegen blieb aber die soziale Frage. Schon als Kaplan setzte er durch, dass in der Pfarrei, der er zugeteilt war, ein
Krankenhaus für die unteren Schichten eingerichtet wurde.
Sechs Jahre nach seiner Priesterweihe bereits zum Bischof von
Mainz ernannt, wies er unermüdlich in Reden, Predigten und
in seinem Buch ›Die Arbeiterfrage und das Christentum‹ (1864)
auf die Notwendigkeit von staatlichen Steuerungsmaßnahmen
in die damals zügellos kapitalistische Wirtschaft hin, trat auch
in Gedankenaustausch mit dem ersten deutschen Sozialisten-
führer Ferdinand Lassalle. Er wollte die liberale Wirtschaft nicht

durch eine sozialistische ersetzen, dachte aber an »Produktiv-Assoziationen«, eine Art Genossenschaftsbetriebe als Korrektiv und forderte vor allem menschenwürdige Arbeitsbedingungen: Lohnerhöhung, Verkürzung der Arbeitszeit (damals teilweise über zwölf Stunden täglich), Ruhetage, Verbot der Kinderarbeit, Verbot der (damals oft körperlich ruinösen) Fabrikarbeit für Mütter und junge Mädchen. Das Eintreten für die Menschenwürde der durch die Industrialisierung neu entstandenen Unterschichten war für ihn ein Gebot christlicher Moral.

Welch ein Kontrast zu den Kirchenfürsten der alten Zeit: dieser Bischof ohne weltliche Macht, aber mit umso höherer Autorität, Vertreter einer Minderheit, der als Erster auf die Härten und Notwendigkeiten des heraufziehenden Massenzeitalters hinweist. Die damaligen Führungsschichten, Adel und Großbürgertum, hatten dafür wenig Verständnis, auch der Eiserne Kanzler Bismarck nicht, der mit seinem Kirchenkampf und den Sozialistengesetzen all das aus dem Staatsleben auszuschließen versuchte, wofür Ketteler stand. Es ist ihm nicht gelungen. Auch die reaktionären oder bloß geistig trägen Kräfte innerhalb der Kirche konnten Kettelers Stimme nicht ersticken. Seine Gedanken sind zur Grundlage der katholischen Soziallehre geworden, wie sie 1891 (vierzehn Jahre nach Kettelers Tod) von Papst Leo XIII. in der Enzyklika ›Rerum Novarum‹ zuerst formuliert und seither ausgearbeitet wurde. Damit war erwiesen, dass die uralte, von vielen schon totgesagte oder geringschätzig belächelte Institution Kirche imstande und bereit war, sich den Fragen einer neuen Zeit zu stellen.

Es ist von hohem Symbolwert, dass der polnische Papst Johannes Paul II., der Papst aus jenem Land, in dem die katholische Gewerkschaft Solidarność neun Jahre später ein anderes ausbeuterisches System stürzen sollte, Station an jenem Grab im Mainzer Dom machte.

Die Porta Nigra

Kapitel 14
Legenden, Reliquien und die Nähe der Grenze
━━ Trier ━━

ANTE ROMAM TREVERIS STETIT ANNIS MILLE TRECENTIS. PERSTET ET AETERNA PACE FRUATUR. AMEN!« So steht es in goldenen Lettern an der Fassade des »Roten Hauses« am Trierer Hauptmarkt. »Vor Rom stand Trier tausend und dreihundert Jahre. Möge es weiter bestehen und sich ewigen Friedens erfreuen. Amen!« Inschrift und Fassade stammen ursprünglich aus dem 17. Jahrhundert. Damals glaubte man noch an den alten Merkspruch »Sieben fünf drei kroch Roma aus dem Ei«. Trier müsste also nach Adam Riese um 2053 vor Christi Geburt gegründet worden sein. Und zwar, so erzählt eine mittelalterliche Sage, von einem assyrischen Königssohn namens Trebata. Es war, wie wir schon am Beispiel der Welfenfamilie sahen, ein beliebter Sport, die eigene Herkunft auf antike oder biblische Helden zurückzuführen. Solche Ursprünge galten als besonders vornehm. Tatsache ist allerdings, dass im Moseltal schon im dritten Jahrtausend menschliche Siedlungen existierten.

Ins Licht der Geschichte tritt die Gegend aber erst mit Julius Cäsars Eroberungszug in Gallien (dem »Bellum Gallicum«, 58–51 v. Chr.). Damals siedelte hier der keltische Stamm der Treverer. Die versuchten in mehreren Aufständen vergeblich, die römische Fremdherrschaft wieder loszuwerden. 16 v. Chr. wurde dann die Stadt gegründet und nach dem damals regierenden Kaiser Augustus »Augusta Treverorum« benannt. Unter Kaiser Claudius (41–54 n. Chr.) erhielt sie noch den Ehrentitel »Colo-

nia«, was darauf hinweist, dass hier römische Bürger, in der
Hauptsache wohl entlassene Legionäre, angesiedelt wurden.
Sie war der Hauptort der gallo-römischen Provinz Belgica, die
sich von der Kanalküste bis zum Genfer See erstreckte. Zeitweise sogar Hauptstadt, besser gesagt, eine der Hauptstädte des
Römischen Reiches. Kaiser Diokletian nämlich entschloss sich
294 n. Chr. angesichts der Gefahren, die sein durch eine Wirtschaftskrise gebeuteltes Weltreich von allen Seiten bedrohten
(Germanen an Rhein und Donau sowie auf dem Balkan und in
Oberitalien, die persischen Sassaniden im Osten, Aufstände
in Ägypten und anderswo), einen Mitregenten zu ernennen, der
wie er den Titel »Augustus« führen und für den Westteil des
Reiches zuständig sein sollte. Jeder der beiden Augusti ernannte seinerseits einen »Unterkaiser« mit dem Titel Caesar. Einer
dieser Caesares nun, Constantius Chlorus (der Blasse) hatte seine Residenz in Trier. Die Stadt war im Jahre 275 schon einmal
von den Alemannen erobert und demoliert, dann zurückgewon-
nen und wieder aufgebaut worden. Die damalige Einwohnerzahl
von wahrscheinlich 80 000 wurde erst im 20. Jahrhundert wieder erreicht.

Ob Trier wirklich die älteste und größte römische Stadt nördlich der Alpen war, überlassen wir den Fachleuten zur Entscheidung. Unübersehbar sind die steinernen Zeugnisse der
römischen Präsenz: drei Thermenanlagen (die Kaiser- und die
Barbara-Thermen und eine dritte, die erst 1987 freigelegt wurde.
Die Kaiserthermen dienen als Kulisse für sommerliche Open-
Airs, ihre Kellergeschosse bieten für besichtigende Schulklas-
sen eine willkommene Gelegenheit, in lautes Geheul auszubre-
chen, weil es so schön schauerlich widerhallt) und ein riesiges
Amphitheater, das in den Stürmen der Völkerwanderungszeit
auch als Befestigung und Fluchtburg für die Bevölkerung diente,
wenn die Stadt selbst nicht verteidigt werden konnte. Am erstaunlichsten aber sind zwei Bauwerke, das eine am Rande, das
andere im Zentrum der alten Stadt: die Porta Nigra (den Namen
hat sie, weil die Steinquader im Laufe der Jahrtausende nachge-
dunkelt sind) und die Konstantinsbasilika oder Palastaula. Die
Porta Nigra ist die einzig erhaltene von ursprünglich vier Tor-
anlagen, so riesig, dass im Mittelalter eine ganzer Kirchenraum

in ihr Platz fand. Die Konstantinsbasilika dient heute der evangelischen Gemeinde als Gotteshaus. Ursprünglich war sie Teil des kaiserlichen Palastes, wohl Thronsaal oder Audienzhalle. Sie ist 67 Meter lang, 27 Meter breit und 30 Meter hoch, war aber ursprünglich noch größer, denn im 17. Jahrhundert, als man die kurfürstliche Residenz sozusagen anbaute, hat man Teile der Halle abgetragen. Es ist fast unbegreiflich, dass in einer Zeit, in der das Römische Reich an sich schon im Verfall begriffen war, noch so gewaltige, zeitüberdauernd solide und ästhetisch beeindruckende Monumente entstehen konnten. Und dies sind nur die größten und auffälligsten Relikte. Auch sonst stößt man überall auf römische – nein, Überreste mag man das nicht nennen – sagen wir Zeugnisse. So steht das Marktkreuz von 958 n. Chr. (eine Replik, das Original ist im Museum) auf einer römischen Granitsäule. Und die Funde, die in besagtem Städtischen Museum sowie im bischöflichen Dom- und Diözesanmuseum ausgestellt und in den Depots verwahrt werden, sind schlechthin unerschöpflich.

Konstantin der Große, nach dem die Basilika benannt ist, war der Sohn des Constantius Chlorus, und als der nach der Abdankung Diokletians und seines Mitkaisers zum Augustus aufrückte, machte er Konstantin zum Caesar. Nach dem Tod des Constantius wiederum proklamierten die Legionäre Konstantin zum Augustus, ohne die anderen Mitkaiser zu fragen. Überhaupt funktionierte das System der Tetrarchie (Viererherrschaft) nicht, weil die verschiedenen Caesares und Augusti sich mit Inbrunst gegenseitig bekämpften, hinrichten oder ermorden ließen. Aus dieser Serie von Blutbädern ging Konstantin schließlich als Sieger und Alleinherrscher hervor. Das soll uns hier nicht im Einzelnen beschäftigen. »Der Große« wird Konstantin aus zwei Gründen genannt: einmal, weil er im Jahre 313 das Toleranzedikt von Mailand erließ, durch welches das Christentum als Religion im Römischen Reich zugelassen (aber noch nicht zur Staatsreligion erklärt) wurde. Im Jahr vorher hatte er, in der Nacht vor der Entscheidungsschlacht an der Milvischen Brücke, angeblich eine Vision des Kreuzes gehabt (»In hoc signo vinces – In diesem Zeichen wirst du siegen.«). Diokletian hatte die Christen noch grausam verfolgt. Zweitens verlegte Konstan-

tin die Hauptstadt des Römischen Reiches von Rom weg nach
Byzanz, dem heutigen Istanbul, das fortan bis zu den Tagen Ata-
türks nach ihm Konstantinopel genannt wurde. Auch dort ließ
er ein architektonisches Wunderwerk errichten: die Hagia So-
phia.

Ob Konstantin ein Christ war, darüber streiten sich die Gelehrten. Dem Bild eines christlichen Herrschers entspricht er
kaum. Er ließ nicht nur verschiedene Rivalen abmurksen, sondern auch seinen ältesten Sohn und seine zweite Frau. Taufen
ließ er sich erst ganz am Ende seines Lebens, und zwar von einem
arianischen Bischof, also nach katholischem Verständnis von
einem Ketzer. Dass er überhaupt eine Affinität zum Christentum hatte, verdankte er wahrscheinlich seiner Mutter, Helena,
der ersten Frau des Constantius Chlorus, die dieser verstieß, als
er Kaiser wurde. (Der Grund war ihre niedere Herkunft. Die
Legenden berichten allerdings Widersprüchliches darüber, ob
sie nun eine Gastwirtstochter, Stallmagd oder englische Prinzessin gewesen sei. Geboren wurde sie wohl in Kleinasien in
einem Ort, der damals Drepanon hieß, heute Karamürsel, aber
die Legende macht sie auch zur gebürtigen Triererin.)

Jedenfalls dürfte sie Christin gewesen sein, und sie hat zeitweise in Trier residiert. Angeblich hat sie ihren Palast der Kirche gestiftet, und auf dem Gelände wurden dann der Dom und
die Marienkirche errichtet. Wieder eine Legende: Diese Frau ist
umwoben von Legenden. Eine davon berichtet, sie habe auf Pil-
gerfahrt ins Heilige Land nicht nur verschiedene Kirchenbau-
ten (die Kreuzeskirche in Jerusalem, die Geburtskirche in Beth-
lehem und die Kirche über dem Garten Gethsemane) veranlasst,
sondern auch das Kreuz Christi aufgefunden und Stücke davon
nebst anderen Reliquien (zwei Dornen aus der Dornenkrone,
einen Kreuznagel, den Finger des Apostels Thomas, den dieser
nach der Auferstehung in Christi Wunde legte) nach Rom gebracht, wo sie heute noch in der Kirche Santa Croce aufbewahrt
werden.

Auch nach Trier soll sie eine bedeutende Reliquie mitgebracht
haben: den sogenannten Heiligen Rock, also angeblich jenen
»ungenähten Rock« – oder Teile von ihm –, von dem im Johan-
nesevangelium die Rede ist. Urkundlich erwähnt ist er zuerst

> Die Kriegsknechte aber, da sie Jesus gekreuzigt hatten, nahmen sie seine Kleider und machten vier Teile, einem jeglichen Kriegsknecht einen Teil, dazu auch den Rock. Der Rock aber war ungenäht, von obenan gewebt durch und durch. Da sprachen sie untereinander: Lasset uns den nicht zerteilen, sondern darum losen, wes er sein soll, – auf dass erfüllet würde die Schrift (Ps. 22, 19): »Sie haben meine Kleider unter sich geteilt und haben über meinen Rock das Los geworfen.« Solches taten die Kriegsknechte.
>
> Johannes 19, 23–24

im Jahre 1096, als er im Hauptaltar des Domes untergebracht wurde. Dort lag er ungestört, bis im Jahre 1512 Kaiser Maximilian I. verlangte, ihn sehen zu dürfen. Daraus wurde eine große Zeremonie mit vielen Bischöfen und Prälaten, und seither ist er in unregelmäßigen Abständen immer wieder ausgestellt worden, zum letzten Mal 1996. Diese Wallfahrten haben einerseits Hunderttausende von Pilgern angelockt (1996 war die Rede von zwei Millionen), andererseits haben sie, besonders im 19. Jahrhundert, Protestanten, Rationalisten und andere Gegner der katholischen Kirche zu Hohn, Spott und blanker Wut gereizt, vor allem wenn, wie z. B. im Jahre 1844, auch von Wunderheilungen die Rede war. Unter den Kritikern waren so bekannte Autoren wie Heinrich Hoffmann, der Verfasser des ›Struwwelpeter‹ (1845), und Maximilian Harden (1891). Den Schriftsteller Otto von Corvin brachte der Heilige Rock derart auf die Palme, dass er 1845 ein ganzes Buch verfasste, welches die Dummheit und Verderbtheit der katholischen Priesterschaft belegen sollte: den ›Pfaffenspiegel‹ – für Kirchenfeinde von ähnlicher Bedeutung wie für Antisemiten die ›Protokolle der Weisen von Zion‹, eine Sammlung von albernen, teils pornographischen, unwahren Gräuelgeschichten, aber gerade deswegen in einschlägigen Kreisen ein Long- und Bestseller.

Übrigens ist angeblich nicht mehr feststellbar, ob der Heilige Rock wirklich aus der Zeit Christi stammt. Er ist im Laufe der Zeit so oft beschädigt und ausgebessert worden, dass er jetzt aus mehreren Stoffschichten besteht und man nicht genau sagen kann, welches die originale ist. Mit seiner Echtheit scheint es sich zu verhalten wie mit der Existenz Gottes: Man kann sie

Freifrau von Droste-Vischering

Freifrau von Droste-Vischering, Vi-, Va-, Vischering,
zum heilgen Rock nach Trier ging, Tri-, Tra-, Trier ging.
Sie kroch auf allen Vieren,
sie tat sich sehr genieren,
sie wollt gern ohne Krücken
durch dieses Leben rücken.
Ach herrje, herrjemine, ach, herrje, herrjemine,
ach herrje, herrjemine – Josef und Maria!

Sie schrie, als sie zum Rocke kam, Ri-, Ra-, Rocke kam:
»Ich bin an Händ' und Füßen lahm, Fi-, Fa-, Füßen lahm.
du Rock bist ganz unnähtig,
drum bist du auch so gnädig;
hilf mir in deinem Lichte –
ich bin des Bischofs Nichte!«
Ach herrje ...

Drauf gab der Rock in seinem Schrein, si-, sa-, seinem Schrein
auf einmal einen hellen Schein, hi-, ha-, hellen Schein,
der fuhr ihr in die Glieder,
sie kriegt das Laufen wieder;
getrost zog sie von hinnen –
die Krücken ließ sie drinnen.
Ach herrje ...

Freifrau von Droste-Vischering, Vi-, Va-, Vischering
noch selb'gen Tags zum Kuhschwof ging, Ki-, Ka-, Kuhschwof
    ging.
Dies Wunder göttlich grausend
geschah im Jahre tausend-
achthundertvierundvierzig –
und wer's nicht glaubt, der irrt sich.
Ach herrje ...

Rudolf Löwenstein im ›Kladderadatsch‹, 1844, zit. nach:
›Jahrbuch des Deutschen Volksliedarchivs‹

durch Vernunftgründe weder beweisen noch widerlegen, man
muss an sie glauben – oder auch nicht.

Betritt man den Dom, so findet man dort ein Faltblatt (neu-
deutsch Flyer), das neben Hinweisen auf Sehenswürdigkeiten
und bauliche Besonderheiten die Feststellung enthält, hier werde
seit 1600 Jahren Gottesdienst gehalten und das Sakrament ge-
spendet. Mit dem Bau habe Konstantin im Jahre 326 begonnen,

seitdem sei der Dom Bischofskirche. Auch wenn man mit den Glaubensinhalten der römischen Kirche nicht viel im Sinn hat, fühlt man einen Schauer (um das Wort Ehrfurcht zu vermeiden) bei der Vorstellung einer solchen Kontinuität. Diese Kirche besteht also seit einer Zeit, als die Menschen noch keltisch, lateinisch und irgendwelche längst untergegangenen germanischen Dialekte sprachen, als die Begriffe deutsch, französisch, Nation und Staat noch nicht existierten. Wie viel Untergänge und Neubeginne hat sie erlebt, wie oft ist sie beschädigt, zerstört und wieder aufgebaut worden! Von 293 bis 395 war Trier Kaiserresidenz und Sitz römischer Behörden, 407 wurde es von den Vandalen heimgesucht, später von den Hunnen (451) und den Franken. Die setzten sich 475 hier endgültig fest. Als die Söhne Ludwigs des Frommen 843 das Erbe Karls des Großen unter sich aufteilten, kamen Stadt und Bistum zunächst an das Zwischenreich Lothars (Lotharingien). Erst Heinrich I. (um 875–936) vereinigte sie endgültig mit dem Ostfrankenreich, mit dem, was später einmal Deutschland heißen sollte.

Im Heiligen Römischen Reich Deutscher Nation war der Erzbischof von Trier einer der sieben Kurfürsten (seit 1257) und zugleich Reichserzkanzler für Burgund, also für jene romanischen Länder, die damals noch zum Reich gehörten. Überhaupt war Triers Kirche nach Westen orientiert, zur Erzdiözese gehörten Luxemburg, Teile von Lothringen und die Bistümer Metz, Toul und Verdun auch dann noch, als sie politisch längst an die Krone Frankreich abgetreten waren. Solche transnationalen Bezüge waren im Mittelalter und noch in der frühen Neuzeit nichts Problematisches. Die Menschen definierten sich noch nicht vorwiegend über sprachliche und ethnische Besonderheiten.

Trotzdem war die Grenzlage nicht immer bequem oder ungefährlich. Die Schönheit der Stadt, die Lieblichkeit der Mosellandschaft kann den oberflächlichen Betrachter leicht darüber hinwegtäuschen, dass die Menschen hier vieles durchzustehen hatten. Der Übergang vom Römischen Reich zum Frankenreich ging nicht ohne Blutvergießen ab und dürfte ein arger Kulturschock gewesen sein. 882, in einer Schwächeperiode des Karolingerreiches, fielen die Normannen ein und zerstörten die Stadt. Vor allem aber am Beginn der Neuzeit, als die Krone

Frankreich eine immer expansivere Politik betrieb, hatte Trier zu leiden. Im Dreißigjährigen Krieg wird es nacheinander von französischen, kaiserlichen, spanischen und dann wieder französischen Truppen besetzt. Desgleichen gibt es 1674 eine französische Besetzung, während der mehrere Klöster in der Umgebung zerstört werden, um ein freies Schussfeld zu schaffen. Während solcher Kämpfe wird auch der Heilige Rock evakuiert: oft über den Rhein, auf die Festung Ehrenbreitstein bei Koblenz. Zum Schluss aber, als die Soldaten der Großen Revolution den Kurstaat und das Erzbistum zerschlagen, das linke Rheinufer besetzen und mit Frankreich vereinigen, geht er auf große Reise über Bayern und Böhmen bis Augsburg. Er ist aber immer wieder zurückgekommen. 1810 hat sich der neue, von Napoleon eingesetzte Bischof (ein Franzose) mit dem abgesetzten Kurfürsten darüber geeinigt.

Dieser französische Bischof, Charles Mannay, war bei den Leuten nicht unbeliebt. Er ließ zwar in den Kirchen für den französischen Kaiser beten, baute aber nicht nur das kirchliche Leben und die von den Jakobinern zerschlagene Kirchenorganisation samt Schulwesen in einem Bistum mit neuen Grenzen wieder auf, sondern setzte sich auch für seine Diözesanen bei Napoleon ein. 1816, nach dem Wiener Kongress, musste er dann seinerseits gehen. Trier kam an Preußen, wurde Hauptstadt eines Regierungsbezirks. Seine katholische, »ultramontane«, transnationale Tradition und Mentalität standen in krassem Gegensatz zum protestantisch geprägten, auf staatliche Autorität zentrierten Geist des Preußentums. Vielleicht war das einer der wichtigsten Gründe, warum Konflikte wie der um den Heiligen Rock mit solcher Verbissenheit ausgefochten wurden.

Immerhin blieb Trier jetzt hundert Jahre lang von fremden Soldaten verschont (wenn man die preußische Garnison nicht als solche bezeichnen will). Im Ersten Weltkrieg hingegen war es wegen seiner Grenznähe die erste deutsche Stadt, die aus der Luft bombardiert wurde. 1918 wurde es erst von amerikanischen Truppen besetzt, später (bis 1930) von französischen. Im Zweiten Weltkrieg fielen wieder Bomben (nur diesmal sehr viel mehr), und 1944 schoss auch die amerikanische Artillerie in die frontnahe Stadt hinein. Es folgte eine weitere Besatzungszeit. Man bemerkt heute nur wenig von den Zerstörungen, aber vieles ging damals auf immer verloren. Der fromme Wunsch nach ewigem Frieden jedenfalls, wie er vom Roten Haus herabglänzt, hat sich leider zu keiner Zeit erfüllt.

Bei alldem haben wir noch nichts über innere Kämpfe und Konvulsionen in Stadt und Bistum erzählt. Nichts über die – ähnlich wie in Mainz – gescheiterten Versuche der Bürger, sich der Herrschaft des Erzbischofs zu entledigen und den Status einer freien Reichsstadt zu erlangen. Nichts über den Feldzug des Ritters Franz von Sickingen, der 1522 die Stadt belagerte, den Erzbischof und überhaupt alle geistlichen Fürsten absetzen, ihre Gebiete unter die Reichsritterschaft aufteilen wollte. Er wurde von einem Fürstenbündnis gezwungen, die Belagerung aufzugeben, dann in seiner eigenen Burg angegriffen und kam dabei um.

Auch die Hexenprozesse, die in der frühen Neuzeit in zwei großen Wellen (ca. 1580–1596 und von 1628 an bis zum Einmarsch der Franzosen und Schweden 1632) die Stadt und das Kurfürstentum in Schrecken versetzen, sollten wir nicht verschweigen. Im 16. Jahrhundert spielte dabei der Aberglaube zweier geistlicher Herren eine Rolle, nämlich der des Erzbischofs Johann von Schöneberg, der von 1581 bis 1599 dieses Amt innehatte, und seines Weihbischofs Petrus Binsfeld. Hunderte von Frauen und auch einige Männer, sogar solche in hohen Ämtern, endeten auf dem Scheiterhaufen. Im 17. Jahrhundert waren dann eher Denunzianten am Werk, vor allem in ländlichen Gemeinden. Es bildeten sich lokale Kommissionen, die Gerüchten und Angebereien nachgingen, und der damalige Bischof Philipp Christoph von Sötern tat nichts dagegen, sondern nutzte die Gelegenheit, um Vermögenswerte einzuziehen. Manchmal ließ er die Beschuldigten auch frei – gegen Geldbußen.

Allerdings wagte es jetzt zum ersten Mal jemand in Deutschland, diesem Wüten entgegenzutreten. Friedrich Spee von Langenfeld, ein Jesuit und Dichter, war ein bewundernswert mutiger Mann, der sich auch durch Niederlagen und Drohungen nicht einschüchtern ließ. Schon als Novize war er nach Trier ans Jesuitenkolleg gekommen. Später sollte er in Niedersachsen protestantische Gemeinden dem Katholizismus zurückgewinnen. Das endete damit, dass er überfallen und lebensgefährlich

verletzt wurde. Er wurde als Moraltheologe an die Universität
Paderborn berufen, floh wegen des Krieges nach Köln, aber wurde an beiden Orten von den eigenen Glaubensbrüdern derart an-
gefeindet, dass wieder um sein Leben zu fürchten war. Er musste als Beichtvater für verurteilte Hexen fungieren. Das Ergebnis
dieser Tätigkeit war sein 1631 veröffentlichtes Buch ›Cautio
Criminalis‹ (Rechtliches Bedenken). Es erschien anonym, aber
natürlich war es für Eingeweihte und auch für die Hexenjäger
ein Leichtes, dem Verfasser auf die Spur zu kommen, der sich
damit selbst in höchste Gefahr begab. Denn die Aussage seines
Buches war, kurz zusammengefasst, sehr einfach: Die Geständ-
nisse der angeblichen Hexen, durch Folter erpresst, seien wert-
los. Keine einzige von denen, welchen er die Beichte abgenommen hatte, sei in Wirklichkeit schuldig gewesen.

Welches die Argumente derer sind, die alles als wahr ansehen,
was die Angeklagten auf der Folter gestanden haben?
[…] Ich will wohl zugeben, daß etliche wenigsten zu Anfang
mit aller Kraft gegen den Schmerz ankämpfen werden, um nicht
mit einer Lüge solche Schuld auf sich zu laden. Aber endlich
werden sie sich doch ergeben müssen. Man wird sie zwingen,
Mitschuldige zu nennen, die sie doch gar nicht kennen. […]
Nebenbei möchte ich hier aber noch erwähnen, wie hübsch
folgerichtig hier jeder gewöhnlich weiterlügt, der nur einmal,
von Folterqualen übermannt, angefangen hat, sich selbst durch
unwahre Angaben zu belasten […] um nur ja nicht den Anschein
zu erwecken, als ob sie nicht zu ihren Aussagen stünden. […] Indessen glauben aber die Richter […] all diesen Unsinn und sind
ihrer Sache merkwürdig sicher. Persönlich kann ich über diese
Dinge immer nur lachen.
Ob die Tortur, da es doch so eine gefährliche Sache mit ihr ist,
abgeschafft werden soll?
[…] daß daher die Tortur völlig abzuschaffen und nicht mehr
anzuwenden ist. […] Sie sollen nur ihre Theologen zu Rate ziehen, da werden sie finden, daß man mit Menschenblut nicht
Kurzweil treiben darf und daß unsere Köpfe keine Spielbälle
sind, mit denen man so ohne weiteres zum Vergnügen leichtfer-
tig um sich werden darf […] Wir alle müssen vor den Richter-
stuhl der Ewigkeit treten. Wenn dort schon über jedes müßige
Wort Rechenschaft abzulegen ist, wie schwer wird da erst Menschenblut gewogen werden?
Friedrich von Spee, ›Cautio Criminalis‹

Spees Provinzial (also sein Vorgesetzter) schickte ihn zur eigenen Sicherheit nach Trier. Die Stadt war von französischen Truppen besetzt, wurde aber 1635 im Handstreich von den Spaniern eingenommen. Im Sommer brach unter den französischen Gefangenen eine Epidemie aus. (Man bezeichnete solche Erkrankungen generell als »Pest«.) Spee kümmerte sich als Seelsorger um die kranken und sterbenden »Feinde«. Dabei steckte er sich an. Er starb am 7. August 1635 und wurde in der Gruft der Trierer Jesuitenkirche beigesetzt. 1980 hat man den schlichten Steinsarg wieder aufgefunden.

Zumindest von zwei großen Gestalten sollte noch die Rede sein. Der eine, Universalgelehrter, Kardinal der römischen Kirche, Diplomat und Staatsdenker, war zwar nicht eigentlich Trierer, aber Moselländer, Sohn eines Kaufmanns und Moselschiffers: Nikolaus von Kues (1401–1464). Er studierte in Heidelberg und Padua Mathematik, Physik, Astronomie, Medizin, Philosophie und Jura, danach in Köln auch noch Theologie. Mit 29 Jahren wurde er Sekretär des Erzbischofs von Trier und dessen Beauftragter auf dem Konzil von Basel (1431–1439). Es ging dort unter anderem um die Frage, wer die höchste Autorität in der Christenheit innehaben solle: der Papst oder das Konzil. Nikolaus wurde zum Vorsitzenden der »deutschen Nation« (also der deutschsprachigen Fraktion auf dem Konzil) berufen. Zeitweise gelang ihm eine Annäherung an die seit dem Feuertod des Johannes Hus von der Kirche abgefallenen böhmischen Hussiten. 1437 reiste er mit zwei anderen nach Konstantinopel, um den byzantinischen Kaiser zu Unionsverhandlungen nach Florenz und Ferrara zu begleiten. Später hat er im preußischen Ordensstaat zwischen den Ordensrittern und den nach Freiheit strebenden Städten vermittelt, einen Plan für eine Reform des Heiligen Römischen Reiches und einen ewigen Landfrieden ausgearbeitet. Auch für Kirche und Klerus entwarf er Reformpläne, wollte volkssprachliche Texte einführen und die Seelsorge intensivieren. Damit stieß er allerdings auf Widerstand in der Diözese Brixen, die ihm der Papst verliehen hatte, und auch bei dem Vogt dieses Bistums, dem Erzherzog Sigismund von Österreich. Er musste sein Bistum verlassen und starb im Exil (1464), auf der Reise von Rom zu einer päpstlichen Flotte nach Ancona, die ge-

gen die Türken auslaufen sollte. Begraben ist er in seiner Titel-
kirche S. Pietro in Vincolo in Rom, sein Herz aber in der Kirche
des Cusanusstifts in Bernkastel-Kues, das er als Altenheim für
Bedürftige gestiftet hatte. Es besteht heute noch, und dort wird
auch seine Bibliothek verwahrt, mit Handschriften und Inkunabeln über Theologie, Philosophie, Medizin, Physik, Mathematik.

Auf allen diesen Gebieten hat Nikolaus wissenschaftlich gearbeitet. In manchen hat er die Erkenntnisse und Methoden späterer Wissenschaftler vorweggenommen. So verwirft er bereits
das damals vorherrschende geozentrische Weltbild und geht davon aus, dass das Universum, weil es unendlich ist, keinen be-
stimmbaren Mittelpunkt haben kann und dass sich die Erd-
kugel um die Sonne drehe. In der medizinischen Diagnostik
zieht er Erfahrungstatsachen heran und nicht, wie damals üblich, die Schriften der antiken Klassiker wie Hippokrates und
Galen. Als Historiker hat er die Konstantinische Schenkung (also
die Urkunde, nach der Konstantin der Große dem Papst das Gebiet des Kirchenstaates als weltliches Herrschaftsgebiet überlassen habe) als Fälschung erkannt. Und als Theologe fasst er den
ebenso überwältigenden wie überzeugenden Gedanken der *co-
incidentia oppositorum*: In Gott fallen alle Gegensätze zusammen, und gerade deswegen können wir, die wir nur in Gegen-
sätzen denken können, Gott nicht mit dem Verstand erreichen.
Wir vermögen nur unsere eigene Unwissenheit, unsere *docta
(gelehrte) ignorantia* wahrzunehmen. Deshalb enthalte jede Religion nur einen Teil der göttlichen Wahrheit, da Gott, in dem
alle Gegensätze vereint sind, von uns nie in seiner Ganzheit
begriffen werden kann. Mit vielen seiner Gedanken dürfte Nikolaus sehr knapp an einer Anklage wegen Ketzerei vorbeige-
schrammt sein. Nur seine hohe kirchliche Stellung und seine
Freundschaft mit führenden Köpfen und Klerikern seiner Zeit –
unter anderem Enea Silvio Piccolomini, dem späteren Papst
Pius II. – dürfte ihn davor bewahrt haben.

Die Inquisition hatte Karl Marx, geboren 1818 in einem Haus
in der Brückenstraße, nicht mehr zu fürchten. Aber den Mächtigen seiner Zeit war er missliebig, und auch er starb im Exil,
in dem er den größten Teil seines Lebens verbracht hatte. Es

ist hier nicht der Ort, um über dieses bewegte, kämpferische, manchmal schwer bedrängte Leben zu berichten, den zwiespältigen Charakter des Mannes zu betrachten, seine Gedankenwelt und deren Auswirkungen in der Geschichte von zwei Jahrhunderten in den Blick zu nehmen. Das auch nur andeutungsweise zu versuchen, würde den Rahmen dieses Buches um ein Vielfaches sprengen und die Arbeit von Jahren erfordern. Wenn man aber durch die Straßen der Stadt geht, in der er, bis zum Studienantritt in Bonn, seine Jugend verbracht hat, wenn man gar sein Geburtshaus besichtigt, das heute von der Friedrich-Ebert-Stiftung als Museum geführt (und von vielen Reisegruppen aus China besucht) wird, dann kommt man doch ins Nachdenken, besser gesagt ins Fragen: Wie hat diese Umgebung, wie hat seine Herkunft auf sein späteres Denken eingewirkt? Und seiner eigenen Theorie zufolge, dass das Sein das Bewusstsein bestimme, muss es eine solche Wirkung ja gegeben haben.

Marx war jüdischer Herkunft. Sein Vater, ein Rechtsanwalt, stammte von einer Familie berühmter Rabbiner ab, scheint aber selbst keine enge Bindung an den Glauben seiner Väter gehabt zu haben. Unter der Herrschaft der Jakobiner und Napoleons war die Familie in den Genuss der gesetzlichen Gleichstellung und Emanzipation gekommen. Heinrich Marx hatte ein Amt als Justizrat antreten können. Als sich abzeichnete, dass er diese Position als Jude unter dem preußischen Regime nicht werde halten können, konvertierte er mit seiner Familie – und zwar, in dieser katholischen Stadt, zum Protestantismus, sozusagen zur preußischen Staatsreligion, was einige Vorteile brachte. (Heinrich Heine, der aus ähnlichen Motiven übertrat, sprach vom »Entreebillet zur europäischen Kultur«.) Religiöses scheint aber in der Erziehung und Entwicklung des jungen Karl Marx keine Rolle gespielt zu haben – nicht in der einen und nicht in der anderen Form, auch nicht als etwas, gegen das man wütend opponieren muss. Wenn er später schrieb, Religion sei »das Opium des Volkes«, so geschah das sozusagen aus der Position eines gefestigten Atheismus.

Marx wurde bis zu seinem dreizehnten Lebensjahr zu Hause erzogen. Der Vater, französisch aufgeklärt, las ihm und seinen Geschwistern Texte von Voltaire, Racine und Rousseau vor.

Fünf Jahre lang, von 1830 bis 1835, besuchte er das Gymnasium, mit siebzehn machte er Abitur. Das lässt darauf schließen, dass er ein begabter Schüler war. Er soll aber aggressiv und ein Einzelgänger gewesen sein. Einen engen Freund hatte er, und das war, auffälligerweise, ein junger Adeliger, Edgar Freiherr von Westphalen. Eigentlich eine in der immer noch stark von Standesdenken beeinflussten Gesellschaft des Vormärz sehr ungewöhnliche Verbindung. Noch auffälliger, dass sich Marx als Achtzehnjähriger mit der Schwester seines Freundes, Jenny von Westphalen, verlobt, heimlich und gegen den heftigen Widerstand beider Familien, der Marx' wie auch der Westphalens. Wie man weiß, setzten die beiden jungen Leute ihren Willen durch, Jenny teilte ein Leben lang das gewiss nicht leichte Dasein eines freien Literaten, Berufsrevolutionärs und staatenlosen Emigranten, der meist samt Familie von der Hand in den Mund und von den Zuschüssen seines Freundes Engels lebte. Der junge Marx muss auch etwas durchaus Gewinnendes, wenn nicht Bestrickendes oder sagen wir lieber, Faszinierendes an sich gehabt haben. Eine frühe Kohlezeichnung zeigt ihn als dunkellockigen Schönling mit Menjoubärtchen, im hochgeknöpften Rock, wie er damals unter Studenten Mode war. Man würde das eher für ein Bild Theodor Körners halten. Kaum zu glauben, dass daraus der alte Rauschebart wurde, den wir von unzähligen Fotografien und sozialistisch-realistischen Denkmälern kennen.

Die entscheidenden Anstöße zu seinem Denken erhielt er nicht in Trier, auch nicht in Bonn, wo er 1835 immatrikulierte und, auf Wunsch des Vaters, Jura belegte und sogar einer Verbindung beitrat, sondern erst ab 1836 in Berlin durch die Bekanntschaft mit Hegels Philosophie und seiner dialektischen Methode. Hier begann auch seine Beschäftigung mit der Nationalökonomie. In den Kreisen der sogenannten Junghegelianer (also der hegelschen »Linken«) wurde er sehr rasch bekannt. Das machte ihn staatstragenden Kreisen allerdings verdächtig. Als er promovieren wollte, reichte er seine Dissertation nicht in Berlin ein, sondern schickte sie per Post nach Jena, wo man ihn weniger gut kannte. Der preußische Staatsdienst kam für ihn nicht mehr in Frage (oder er nicht für den Staatsdienst). Immerhin, als er seine erste Stellung als Redakteur bei der ›Rheinischen

Zeitung‹ in Köln antrat, war er erst dreiundzwanzig Jahre alt. Drei Jahre später musste er schon das erste Mal emigrieren. Brechen wir hier ab und fragen, was dieser Weg mit Trier zu tun hat. Vielleicht das: dass ein junger Mensch in dieser vom katholischen Milieu einerseits, von preußischer Staatsräson andererseits geprägten Umgebung zur Erkenntnis kommt, zu keiner der beiden Seiten zu gehören, seinen eigenen Weg gehen, seine eigenen Gedanken verfolgen, sich Weggenossen, Mitkämpfer erst schaffen zu müssen, indem er ihnen ihre Lage zu Bewusstsein brachte. Wenn man spätere Briefe von Karl Marx liest, etwa die an Friedrich Engels, stößt man immer wieder auf ein Paradox: Eigentlich war er kein sympathischer Mensch. Von seiner Unfehlbarkeit war er so überzeugt wie je ein Papst. Aber die, die ihm einmal anhingen, taten das mit einer nahezu religiösen Inbrunst.

Deutschordensschloss am Neckar

Kapitel 15
Die Ritter mit dem schwarzen Kreuz
Das Deutschordensschloss in
━━ Bad Mergentheim ━━

Kaiser Friedrich Barbarossa kam nicht bis Jerusalem. Nach einem langen, beschwerlichen Marsch über den Balkan und durch Anatolien ertrank er in der Nähe von Seleukia (heute Silifke) in den Fluten des Flusses Saleph, die dort eiskalt von den Höhen des Taurusgebirges herabstürzen. Sein Sohn, Herzog Friedrich von Schwaben, führte den Rest des Heeres weiter ins Heilige Land, vor die Hafenstadt Akkon, die gerade von einem Kreuzfahrerheer belagert wurde. Dieses setzte sich aus englischen Rittern unter König Richard Löwenherz, aus Franzosen unter König Philipp II. und aus einem kleineren deutschen Kontingent zusammen, das, geführt vom Landgrafen von Thüringen, von Venedig aus über See angereist war. Der Landgraf hatte allerdings, an Malaria erkrankt, bereits die Heimfahrt angetreten, auf der er starb. Auch Friedrich von Schwaben starb bald darauf, im Januar 1191. Den überlebenden Kreuzrittern gelang es, Akkon nach längerer Belagerung einzunehmen, aber inzwischen waren ihre Anführer – Richard, Philipp und Leopold von Österreich, der nach Friedrichs Tod die Deutschen kommandierte – derart zerstritten, dass an eine Fortsetzung des Feldzugs nicht zu denken war und jeder von ihnen schaute, dass er schnell nach Hause kam, um sich auf die Kämpfe vorzubereiten, die sie gegeneinander zu führen gedachten. (Auf dem Heimweg fiel Richard dann Herzog Leopold in die Hände und wurde auf der Burg Dürnstein in der Wachau gefangen gesetzt. Aber das ist eine andere Geschichte.)

Dieser Dritte Kreuzzug (1189–1192) war also kein sehr erfolgreiches Unternehmen. Überhaupt gilt ja die Bezeichnung »Kreuzritter« oder »Kreuzfahrer« heute vielen Menschen eher als Schimpfwort, und der Gedanke, Glaubensfragen mit Waffengewalt zu entscheiden, ist uns fremd geworden. Umso erstaunlicher ist es, dass damals vor Akkon eine Institution gegründet wurde, ein Orden, den es, nach vielen Höhen und Tiefen, auch heute noch oder heute wieder gibt, und zwar mit ähnlichen Zwecken und Aufgaben, wie sie sich ihm an seinen Anfängen stellten.

Die bestanden darin, dass ein paar Bremer und Lübecker Seeleute ein Segel von einer ihrer Koggen holten und es aufspannten, um kranken und verwundeten Kreuzfahrern Schatten zu spenden. Auf diese Weise errichteten sie ein primitives Feldlazarett. Das war bitter nötig, denn die Belagerer von Akkon litten, ebenso wie die Belagerten, unter Wasser- und Nahrungsmangel, es gab bei den Kämpfen immer wieder Verletzte, und die hygienischen Verhältnisse waren katastrophal, was man schon daran sehen kann, dass selbst hochgestellte Personen wie Friedrich von Schwaben oder Ludwig von Thüringen reihenweise krank wurden und starben. Friedrich soll sich vor seinem Tode noch dieses Lazaretts angenommen haben. So entstand eine Vereinigung zur Krankenpflege oder, wie man damals sagte, eine Hospitalbruderschaft, die schon im Februar 1191 einen Schutzbrief von Papst Clemens und nach der Einnahme von Akkon auch ein Haus zugewiesen bekam, wo sie sich ihren Aufgaben widmen konnte.

Zu solch einer Einrichtung gehörten im Mittelalter immer auch Grundbesitz oder andere Einnahmequellen, aus denen die karitative Tätigkeit finanziert wurde. Außerdem diente ein Spital damals nicht nur der medizinischen Versorgung, sondern hatte sich auch um das Seelenheil der leidenden und vor allem der sterbenden Menschen zu kümmern. Also musste die Gemeinschaft über Seelsorger, über Priester verfügen. Und da man sich in einer Frontstadt befand, in der jederzeit mit einem feindlichen Überfall zu rechnen war, bekam sie, sobald sie sich konsolidiert hatte, einen Mauerabschnitt zugewiesen, den sie zu verteidigen hatte. Dazu aber brauchte man geschulte Kämpfer, das heißt, adelige Ritter.

So entstand der Deutsche Orden oder, wie er sich mit vollem Namen nannte, der »Ordo fratrum hospitalis Sanctae Mariae Theutonicorum in Jerusalem«, der Orden der Brüder des Spitals der heiligen Maria der Deutschen in Jerusalem. (Obwohl man ja Jerusalem schon 1187 an die Araber verloren hatte und es später nur für kurze Zeit wieder in Besitz nehmen konnte. Aber der Name war auch Programm.) Für Aufbau und Organisation hatte man zwei Vorbilder, Orden, die schon früher entstanden und auch in Deutschland, aber vor allem in Westeuropa, in Frankreich und Burgund verbreitet waren: die Tempelritter oder Templer, deren Kennzeichen ein weißer Mantel mit rotem Kreuz auf der linken Seite war, und die Johanniter (schwarzer Mantel mit weißem, achtzackigem »Malteser«-Kreuz). Nach diesen Vorbildern gestalteten die »Deutschherren« auch ihre Ordensregel, wie sie jeder Orden brauchte, um kirchliche Anerkennung zu erlangen. Man spricht von Ritterorden und Ordensrittern. Orden deshalb, weil die Brüder wie Mönche Armut, Keuschheit und Gehorsam gelobten, ihren Tageslauf und ihre Lebensführung nach der Ordensregel gestalteten. Ritter, weil zu ihren Aufgaben eben nicht nur Gebet, Krankenpflege und Seelsorge gehörten, sondern vor allem der Kampf gegen die Feinde des Glaubens.

Dementsprechend gab es verschiedene Kategorien von Ordensbrüdern: zum einen die Priesterbrüder, geweihte Theologen, die wegen ihrer Weihe kein Schwert führen, kein Blut vergießen durften, und zum anderen die Ritterbrüder, die, so waren nun einmal die Wertbegriffe der Zeit, die angesehenste Gruppe darstellten, deren Mitglieder in führende Positionen aufsteigen konnten. Anfangs durften im Deutschen Orden auch junge Männer aus dem Stadtbürgertum Ritterbrüder werden. Später musste man dazu vier, dann acht, schließlich gar sechzehn »ritterbürtige« Ahnen nachweisen. Schließlich gab es noch sogenannte Halbbrüder für dienende Arbeiten. Im Deutschen Orden hießen sie auch Graumäntler, weil sie, im Gegensatz zu Rittern und Priestern, die einen weißen Umhang mit schwarzem Kreuz auf der linken Seite trugen, in unscheinbarerer Farbe gekleidet waren.

An der Spitze des Ordens stand der Hochmeister, der vom Generalkapitel gewählt und dann vom Papst ernannt wurde. Das Generalkapitel setzte sich aus den »Großgebietigern« zusammen, das waren der Großkomtur (Stellvertreter des Hochmeisters, mit Aufsicht über den Ordensschatz und alle Vorräte), der oberste Marschall (Militärwesen), Tressler (Finanzen), Spittler (Krankenpflege) und Trappier (Kleidung und Ausrüstung), sowie später, als der Orden immer weiter wuchs, die Landmeister. Die einzelnen Niederlassungen des Ordens (das konnten Burgen sein, Schlösser, Spitäler, Stadthäuser, natürlich immer mit dem zu ihrem Erhalt nötigen Grundbesitz oder anderen Betrieben) hießen Kommenden, die Mitglieder einer Kommende Konvent. Jedem Konvent sollten mindestens zwölf Brüder, darunter ein Priesterbruder, angehören. Vorsteher einer Kommende war der Komtur. Mehrere Kommenden bildeten eine Ballei, der ein Landkomtur vorstand, und wenn es in einem Land mehrere Balleien gab, war ihnen ein Landmeister vorgesetzt. In Deutschland führte dieser den Titel Deutschmeister.

Einfluss, Macht und Besitz des Ordens wuchsen schnell. Er erhielt Schenkungen nicht nur im Kreuzfahrerstaat des Königreichs Jerusalem (in und um Akkon, in Tyrus und in der östlich davon gelegenen Landschaft des Schufgebirges), sondern auch in Deutschland (besonders in Franken, im Rheinland und in Westfalen), in Böhmen, Österreich, Burgund und den Niederlanden, in der Lombardei, Apulien und Sizilien, auf Zypern und in Armenien, in Frankreich und sogar in Spanien. An all diesen Orten wurden Kommenden und Balleien gegründet. Die Brüder, die sie besetzten, waren überwiegend Deutsche aus dem niederen Adel.

Die Gründe für dieses schnelle Wachstum waren teils politischer, teils gesellschaftlicher Art. Für das Königreich Jerusalem waren die Ordensritter, die nicht wie andere Kreuzfahrer nach einiger Zeit in die Heimat zurückkehrten, eine verlässliche und disziplinierte Streitmacht. Auch waren sie nicht, wie der im Orient ansässig gewordene christliche Adel, in Familienkungeleien und eigennützige Planungen verwickelt. Friedrich Barba-

rossas Nachfolger, Kaiser Heinrich VI., sah in der deutschen Or-
densniederlassung an der Levanteküste wahrscheinlich eine Art
Stützpunkt für seine ehrgeizig geplante Mittelmeerpolitik (die
dann wegen seines frühen Todes nicht zur Ausführung kam).
Später, unter Friedrich II., war der Hochmeister Hermann von
Salza einer der einflussreichsten kaiserlichen Berater. Für den
deutschen Adel aber bot der Orden die Möglichkeit, jüngere,
nicht erbberechtigte Söhne standesgemäß unterzubringen und
sie mit einer – so glaubte man jedenfalls – ehrenvollen und gott-
gefälligen Aufgabe zu betrauen.

Aber natürlich konnten die Deutschherren ebenso wenig wie
die Tempelritter und die Johanniter auf Dauer verhindern, dass
die Tage des Königreichs Jerusalem und der anderen Kreuzfah-
rerstaaten gezählt waren. Es ist ohnehin erstaunlich, dass sie
sich an die zweihundert Jahre am Rande eines moslemischen
Kontinents halten konnten. Im Jahre 1290 fiel Akkon als letzter
Stützpunkt der Christen im Heiligen Land. Die Orden wichen
aus: Templer und Johanniter nach Zypern, der Deutsche Orden
nach Venedig. Von dort hoffte man, nach Palästina zurückzu-
kehren, auch Jerusalem noch einmal zu erobern. Aber diese
Hoffnung erwies sich als eitel. Von den Reichen des Abendlandes
kam keine Unterstützung mehr. Die Kreuzzugsidee hatte sich
verbraucht.

Oder vielmehr: Sie hatte sich gewandelt und neue Ziele gesucht. »Feinde des Glaubens«, sogenannte Heiden, gab es ja
nicht nur im Orient, sondern auch in Europa selbst, besonders an
seinen Rändern. Bereits im Jahre 1211 hatte König Andreas II.
von Ungarn den Orden zu Hilfe gegen die Kumanen gerufen, ein
turkstämmiges Reitervolk, das in Siebenbürgen eingedrungen
war. Der Orden schlug sie zurück und schickte sich an, in dem
eroberten Gebiet seine eigene, selbstständige Herrschaft aufzubauen. Das war nicht, was der König beabsichtigt hatte, und deshalb zwang er die Ritter, Ungarn wieder zu verlassen.

1225 oder 1226 trat dann der polnische Herzog von Masowien
an den Hochmeister Hermann von Salza heran. Nördlich seines
Gebiets siedelte ein baltischer Stamm, die Pruzzen oder Prußen,
die sich der Christianisierung und der feudalen Gesellschaftsordnung, wie sie sonst in Europa herrschte, hartnäckig wider-

setzten und in letzter Zeit begonnen hatten, ihrerseits in polnische Gebiete einzufallen und sie zu verwüsten. Die Ordensritter sollten dem Herzog Ruhe verschaffen. Dafür wollte er sie
mit dem Kulmer Land im Süden der später Pomerellen benann-
ten Landschaft belehnen. Kaiser Friedrich II. bestätigte dem Orden in einer Goldbulle (wahrscheinlich 1235 ausgestellt, aber
auf 1226 vordatiert) alle Rechte im zu erobernden Pruzzenland,
das als Niemandsland zu betrachten sei, weil seine Bewohner
nicht der Christenheit angehörten.

Das Staatsgebilde, das in den nächsten etwa fünfzig Jahren
auf diese Weise entstand, wurde eines der erstaunlichsten und
umstrittensten in der deutschen und der europäischen Geschichte. Ihm ist auch ein Großteil der Ausstellung im Deutsch-
ordensmuseum im Schloss von Bad Mergentheim gewidmet,
der wir die Anregung zur Beschäftigung mit der Ordensgeschichte verdanken. Es war beinahe schon ein moderner Staat.
Der umfasste nicht nur das spätere Ost- und Westpreußen, sondern reichte, nachdem sich der Deutsche im Jahre 1237 mit
einem anderen Orden, dem der Schwertbrüder, vereinigt hatte,
bis Lettland, Estland und Kurland, mit großen und blühenden
Städten von Thorn, Danzig und Königsberg bis hinauf nach Riga
und Reval. Da ein lokaler Adel zunächst nicht existierte und
die Ordensritter zölibatär lebten, also keine Familien gründen
durften, konnte keine feudale Gesellschaftsordnung entstehen,
sondern das Land wurde entsprechend den Strukturen des Ordens organisiert, verwaltet, verteidigt und auch bewirtschaftet.
Jede Kommende, jede Ballei hatte ihren Komtur, ihren Marschall, Tressler, Spittler und Trappier. Es bildeten sich keine fa-
miliären Netzwerke und Beziehungsgeflechte, der Orden musste sein Personal immer aufs Neue durch Zuzug aus dem Reich
ergänzen, blieb also offen, effizient und auch wirtschaftlich erfolgreich, indem er etwa Getreideüberschüsse nach Westeuropa
exportierte oder Bernstein vermarktete. Größere und kleinere
Städte wurden gegründet, bäuerliche Kolonisten ins Land geholt
(in Preußen, nicht im Baltikum), die vergleichsweise moderne
Arbeitsmethoden und -geräte mitbrachten (etwa den Scharfpflug
an Stelle des von den Pruzzen benutzten Hakenpflugs). Gegen
Angriffe und Aufstände wurde das Land durch ein System von

Burgen gesichert. Die größte davon war die Marienburg an der Nogat, die heute – trotz vielfacher Zerstörungen in den Kriegen – zum Weltkulturerbe gehört. Dort hatte seit dem Jahre 1309 der Hochmeister seinen Sitz. Übrigens war nicht er, sondern der Orden als Ganzes Landesherr, es gab schon eine Art abstrakte Staatsidee. Das war sonst in Europa noch unbekannt. Glaubt man allerdings der nationalistischen polnischen Propaganda, wie sie sich seit dem 19. Jahrhundert herausgebildet und auch ihre Klassiker gefunden hat (etwa in Henryk Sienkiewiczs Roman ›Die Kreuzritter‹, 1897–1900), so waren die Ordensritter wahre Scheusale, grausam, sadistisch, menschenverachtend, und haben die slawische Urbevölkerung schlichtweg ausgerottet. Das rührt natürlich daher, dass man in dem Ordensstaat die Keimzelle des späteren Königreichs Preußen sah, und Preußen war eine der drei Mächte, die Polen im 18. Jahrhundert unter sich aufgeteilt hatten, und zwar die, die auf ihrem Gebiet die konsequenteste Germanisierungs- und Denationalisierungspolitik betrieb. Zutreffend am Negativbild des Ordens mag immerhin sein, dass man mit Leuten, die die Bekehrung zum Christentum verweigerten, wenig schonend umsprang (so wie man das auch in Spanien mit Moslems, Juden und Marrannen, in Südfrankreich mit Katharern und Albigensern hielt). Und es war wohl auch so, dass der Orden im Allgemeinen keine Slawen oder Balten aufnahm und dass in den Städten niemand ins Bürgertum oder auch in die Handwerkerklasse aufstieg, wenn er nicht deutsch sprach und sich als Deutscher bekannte.

Der Ordensstaat hatte ziemlich genau 300 Jahre Bestand – von 1226 bis 1525. Seltsamerweise erinnern wir uns an seine Verdienste und Erfolge eher allgemein, an seine Niederlagen und Katastrophen dagegen mit genauen Daten. Da ist einmal die Schlacht von Tannenberg (1410), die Niederlage gegen ein polnisch-litauisches Heer, durch die der Orden seinen Ruf der Unbesiegbarkeit, fast seine gesamte Führungselite und ein Drittel seiner Mannschaft verlor. Im Ersten Frieden von Thorn (1411) musste er sich zu hohen Geldzahlungen verpflichten, die das Land schwer belasteten und große Unzufriedenheit in der Bevölkerung weckten. Im Zweiten Thorner Frieden (1466) wurden Westpreußen mit Danzig, das Kulmer Land, Ermland und sogar die Marienburg an Polen abgetreten. Der Hochmeister war schon 1457 nach Königsberg geflohen, nachdem er die Marienburg aus Geldnot an seine böhmischen Söldner hatte verpfänden müssen, die sie dann an die Krone Polen verkauften. Jetzt hatte er für den Rest seines Territoriums dem König von Polen einen Treueid zu leisten. 1525 schließlich wurde der Hochmeister Albrecht von Brandenburg-Ansbach Protestant, heiratete eine dänische Prinzessin, nannte sich fortan Herzog von Preußen und erkannte für dieses Herzogtum die polnische Lehenshoheit an. (1618 erbte dann die kurfürstliche Linie Brandenburg das Land. Aber das hat mit der Geschichte des Deutschen Ordens nichts mehr zu tun.)

Für den Niedergang des Ordens gab es mehrere Gründe. Der ausschlaggebendste war wohl, dass ihm sein ursprünglicher Daseinszweck abhanden kam. Nach der Bekehrung (Ausrottung? Einverleibung?) der Pruzzen existierten in Nordosteuropa als »heidnisches« Volk nur noch die Litauer, gegen die der Orden zunächst durch überlegene Bewaffnung und Taktik erfolgreich war. Allerdings veräußerlichte dieser »Heidenkampf« immer mehr. Im europäischen Hochadel wurden »Litauerreisen« zu einer Art Mode. Man überfiel und brandschatzte ein paar Dörfer, kehrte anschließend in die preußischen Quartiere zurück und feierte den »Sieg« mit viel Wein, oft auch in Gesellschaft gefälliger Damen. Eine solche »Reise« unternahm etwa im Jahre 1255 der Böhmenkönig Ottokar II. Přemysl, der bei dieser Gelegenheit die nach ihm benannte Stadt Königsberg gründete. 1386 aber heiratete der litauische Fürst Jagiello die polnische Königstochter und Thronerbin Jadwiga, nahm den christlichen Glauben an und versprach, auch sein Volk bekehren zu lassen. Es gab also keine Heiden mehr zu bekämpfen, und durch die Vereinigung von Polen und Litauen entstand ein Großreich, für das der Ordensstaat einen ärgerlichen Riegel darstellte, der ihm den Zugang zur Ostsee und ihrem Handel versperrte.

Die veränderten Verhältnisse wirkten sich auch auf die Moral des Ordens aus. Es wurde immer schwerer, Nachwuchs aus dem Reich anzuwerben. Oder vielmehr: Man sah dort im Orden mehr und mehr ein Versorgungsinstitut, sah seine Söhne lieber daheim in den friedlichen deutschen Kommenden und nicht im gefährlichen Osten. Aus dem ursprünglichen Spitalorden wurde, so sagte man, mit der Zeit ein Spital des deutschen Adels. In Preußen selbst aber entstand mit der Zeit ebenfalls ein landsässiger Adel, teils, weil Ordensritter ihre Verwandten nachzogen und ihnen Grundbesitz verschafften, teils durch den Aufstieg einer bäuerlichen (zum Teil auch slawischen) Oberschicht. Diese Adeligen, aber auch die reich gewordenen Stadtbürger sträubten sich mehr und mehr dagegen, von Ordensrittern, in denen sie landfremde »Hereingeschneite« sahen, regiert und kommandiert zu werden. Sie schauten neidisch hinüber nach Polen, wo der Adel und die Städte große Mitspracherechte genossen. Manche neigten dazu, sich mit dem König von Polen gegen den Orden zu verbünden. (So der »Preußische Bund« – 53 Adlige und 19 Städte – von 1440, dessen Widerstand gegen die Besteuerung durch den Orden in einen dreizehnjährigen Krieg gegen Polen mündete, der zum Zweiten Thorner Frieden führte und die Macht des Ordens praktisch vernichtete.)

Schließlich: Die Zeit der Ritter, der Ritterheere und damit auch die der Ordensritter war vorbei. Durch das Aufkommen der Feuerwaffen und bezahlter Söldnertruppen verloren sie seit der zweiten Hälfte des 14. Jahrhunderts mehr und mehr ihren militärischen Wert, für ihre privilegierte Stellung im Ordensstaat gab es eigentlich keine Begründung mehr. Auch der Orden musste Landsknechte anwerben, konnte nicht mehr allein für sich selbst kämpfen. Das war kostspielig, für den Hochmeister noch teurer als für den Polenkönig, weil die Söldner ja nicht nur für den Kampf, sondern auch für den langen Marsch aus Deutschland nach Preußen bezahlt werden mussten. Außerdem waren diese undisziplinierten Haufen ein gefährliches Instrument, wie wir am Beispiel der Marienburg gesehen haben, die die Landsknechte einfach an den Feind verkauften.

Und was hat das alles mit der Stadt Mergentheim und ihrem Schloss zu tun? Nun, das Jahr 1525 brachte für den Orden außer dem Verlust Preußens noch eine zweite Katastrophe: Im großen Bauernkrieg wurde der Sitz des Deutschmeisters, die Burg Horneck bei Gundelsheim zerstört. Der Deutschmeister suchte Zuflucht im sichereren Mergentheim, und sein Nachfolger führte seit 1527 auch den Titel »Administrator des Hochmeistertums in Preußen«. Man hielt also den Anspruch auf das Verlorene aufrecht. Im Lauf der Zeit kam es dann zu der griffigeren Bezeichnung »Hoch- und Deutschmeister«, und der hatte seinen Sitz in Mergentheim, bis Napoleon den Deutschen Orden im Jahre 1809 in den Ländern des Rheinbundes aufhob.

Das Mergentheimer Schloss war seit 1219 Sitz einer Kommende. Drei Brüder, Heinrich, Andreas und Friedrich von Hohenlohe, hatten es, samt dem Ort und umliegenden Ländereien, sozusagen eingebracht, als sie, von einem Kreuzzug heimkehrend, dem Orden beitraten. (Die Familie ist heute noch in der Gegend begütert.) Seitdem hatte der Deutschmeister gelegentlich in der Burg residiert und Gäste empfangen, der Besitz im Umland hatte sich ständig vergrößert, und man hatte von hier aus auch Handel betrieben, vor allem mit Wein. Dass der Hoch- und Deutschmeister im Schloss seinen Sitz nahm, war zunächst als Provisorium gedacht. Wie das mit Provisorien oft ist: Es bestand fast 300 Jahre, nämlich bis zur Säkularisation. Da fielen Mergentheim und der Ordensbesitz ringsum an Württemberg. Im 19. Jahrhundert wurde das Schloss von einem Verwandten des Königs von Württemberg bewohnt, diente dann als Kaserne, Schule oder Amtsgebäude. Erst seit 1996 ist hier ein Museum zur Geschichte des Deutschen Ordens eingerichtet.

Für den Besucher von heute verleiht das dem Rundgang durch das Schloss und seine Räume einen besonderen Reiz. Man hat es besonders im 16. und im 17. Jahrhundert immer wieder umgebaut und den Erfordernissen der jeweiligen Zeit angepasst, aber nie so radikal, dass die Spuren der Vergangenheit ganz verschwanden. So bewahrt das eigentliche Schloss, um den inneren Hof gebaut, immer noch etwas vom Grundriss der ursprünglichen Wasserburg mit gekrümmten Mauern und Wehrgräben, während der weitläufige äußere Hof von niedrigen Gebäuden umkränzt ist, die augenscheinlich als Verwaltungs- und Lagerräume für die Wirtschaftsbetriebe des Ordens dienten. Im ersten Stock hat man bei Renovierungsarbeiten romanische Arkaden aus der Zeit um 1250 freigelegt, die damals die Außenwand des Palas, des Hauptgebäudes der Burg, und des Empfangs- und Kapitelsaals verzierten. Daneben gibt es eine prunkvolle, reich verzierte und höchst eigenwillige Wendeltreppe des Renais-

sancebaumeisters Blasius Berwart aus dem Jahre 1574. Auch in
der Eingangshalle des Museums vereinigen sich zwei Zeitalter:
Die Grundmauern stammen aus dem 13., das Gewölbe aus dem
16. Jahrhundert. Die Rokokokirche mit ihrer konkaven Fassade
und dem Deckengemälde des Münchners Leonhard Stuber
(›Verherrlichung des Kreuzes im Himmel und auf Erden‹) hat,
anstelle einer kleineren Kapelle, der uns schon aus Münster
und Köln bekannte Clemens August errichten lassen. (Er war
nicht nur Erzbischof von Köln, Bischof von Münster, Osnabrück, Paderborn und Hildesheim, sondern nebenbei auch noch
Hochmeister des Deutschen Ordens.) Auch andere Räume, wie
etwa die neue Fürstenwohnung und der Kapitelsaal, stammen
aus dem Rokoko, teilweise aus dem Übergang zum Klassizis-
mus, also aus der Endphase der Ordensgeschichte. Nur die Sala
terrena, eine Art Festsaal, den kein Geringerer als François de
Cuvilliés entworfen hatte, ist leider nicht erhalten.

Man hat aber (aus Traditionsbewusstsein oder um zu sparen?)
an anderer Stelle die Zeugnisse älterer Epochen – etwa Wand-
malereien mit den Wappen früherer Hochmeister oder alte Me-
tall- und Kachelöfen – an ihrer Stelle gelassen. Das Museum
zeigt also nicht nur Exponate wie Waffen, Fahnen, Rüstun-
gen, Modelle der Schlösser im Ordensland, Urkunden, Bilder,
Stammbäume usw., sondern sozusagen noch den Original-Hin-
tergrund des Lebens, für das all diese Dinge einmal eine Rolle
spielten.

Bemerkenswerterweise bestand der Orden noch so lange Zeit
weiter, auch wenn Preußen und bald darauf auch Kurland
und Livland für ihn verloren waren, ebenso die Besitzungen
in den Mittelmeerländern. Es blieben immer noch die Balleien
in Deutschland, in Böhmen, Mähren, Österreich, Oberitalien,
Krain und den Niederlanden. Sogar die Reformation überstand
er. Es gab fortan katholische, lutherische, reformierte und sogar
gemischtkonfessionelle Kommenden. Der Orden als Versorgungsinstitut für jüngere Söhne war dem Adel, quer durch alle
Glaubensrichtungen, einfach zu teuer, als dass man ihn hätte
aufgeben mögen. Der Hochmeister war zwar immer ein Katholik, aber, anders als zur Blütezeit des Ordens, nicht ein verdien-
ter Bruder aus dem niederen Adel, sondern meist ein Prinz aus

einem der deutschen Herrscherhäuser, so etwa der bereits erwähnte Clemens August von Bayern. Oft aber waren (seit 1590) die Hochmeister jüngere Erzherzöge aus dem Haus Habsburg. Man war reichs- und kaisertreu, denn nur im Rahmen des Reiches konnte der Orden mit seinem weitverstreuten Besitz überdauern. Man versuchte sogar, die militärische Tradition fortzusetzen, indem man die Ritterbrüder verpflichtete, jeweils drei Jahre im Kampf gegen die Türken zu dienen. Dieses Gebot setzte sich aber nie recht durch. Und im Jahre 1696 wurde das kaiserliche Regiment »Hoch- und Deutschmeister« gegründet, später als Wiener Hausregiment berühmt durch seinen schmissigen Regimentsmarsch: ›Wir sind vom k. und k. Infanterieregiment, Hoch- und Deutschmeister Numero vier.‹ Die Musikkapelle mit ihren alten Uniformen spielt heute noch auf, sie gehört zur Wiener Folklore.

Es ist erstaunlich, wie zäh sich die Tradition des Ordens hielt, nicht nur im 1701 proklamierten Königreich Preußen, wo man das Schwarz und Weiß des Ordensmantels als Nationalfarben, den schwarzen Adler als Wappentier und 1813 sogar das schwarze Ordenskreuz auf weißem Grund in geringfügig veränderter Form als »Eisernes Kreuz« usurpierte. In Österreich-Ungarn machte man aus den Restbeständen des Ordens so etwas wie eine habsburgische Sekundogenitur, der Hoch- und Deutschmeister war nach 1809 immer ein Erzherzog und residierte in Wien. (Dort, hinter dem Stephansdom, ist auch heute noch der Sitz des Hochmeisters und des Ordensarchivs.) Neue Ordensbrüder wurden mit einem zeremoniösen Ritterschlag aufgenommen, und man nannte sich nicht mehr einfach »Deutscher Orden«, sondern ausdrücklich »Deutscher Ritterorden«. 1839 erhielt der Orden durch kaiserliches Patent neue Statuten, es wurden jetzt auch Frauen als Schwestern aufgenommen – für Krankenpflege und Schulunterricht. Seit 1864 gab es, unter Leitung des Hochmeisters, einen weiblichen Zweig des Ordens mit eigener Regel und einem Konvent in Lana, Südtirol. Laien konnten den Orden als »Ehrenritter« oder »Marianer« unterstützen. Langsam gewannen die Ordenspriester gegenüber den adeligen Ordensrittern an Einfluss.

Besitzungen hatte der Orden noch in Böhmen, Mähren, Österreichisch-Schlesien, Slowenien (in Laibach, dem heutigen Ljubljana) und in Südtirol. Die wären beinahe verloren gegangen, als 1918, nach dem Ersten Weltkrieg, die Donaumonarchie zerfiel. Das konnte nur dadurch vermieden werden, dass der letzte habsburgische Hochmeister zurücktrat und man an seiner Statt einen Theologen wählte. Auch wurden keine Ritterbrüder mehr aufgenommen und die Institute der Ehrenritter und Marianer abgeschafft. Der Deutsche Orden wurde also eine rein geistliche Einrichtung, die sich – wie an seinen Anfängen – vor allem der Krankenpflege, aber auch der Seelsorge und dem Schulunterricht widmete. Nur so konnte er die Schulen, Spitäler und Konvente in den Nachfolgestaaten der Monarchie weiterführen.

Von den Nationalsozialisten wurde der Deutsche Orden verboten und aufgelöst, sein Vermögen beschlagnahmt. Nach dem Zweiten Weltkrieg wurden die Ordensbrüder und -schwestern wie alle Deutschen aus der Tschechoslowakei und aus Jugoslawien vertrieben. Einer von ihnen erlebte das Kriegsende auch im KZ Dachau. So kam der Orden nach 136 Jahren zurück nach Deutschland und fing »recht armselig« (so Pater Walther Orth OT im Gespräch mit dem Autor) neu an – im Dachgeschoss eines Pfarrhauses in Darmstadt (1949). Die Patres arbeiteten als Vertretungen in vakanten Pfarreien, die Schwestern in Krankenhäusern, Alten- und Behindertenheimen und in Kindergärten. 1958 konnte der Orden die zerstörte, ursprünglich schon 1231 errichtete, 1809 säkularisierte Kommende in Frankfurt-Sachsenhausen zurückerwerben. 1998 zog das Priorat um nach Weyarn im Mangfalltal, in ein ehemaliges Kloster der Augustiner-Chorherren, das seit der Säkularisation von 1806 leer gestanden hatte oder zweckentfremdet worden war. Bürgermeister Pelzer (SPD): »Wir hatten keine Ahnung, was die eigentlich sind. Aber wir haben uns gedacht, wenn wir schon ein Kloster haben, sollte da auch etwas Spirituelles hinein. Und ein bisserl Beten könnt' auch nicht schaden.« Im gleichen Jahr erhielt die 1990 gegründete Deutsch-Ordens-Hospitalwerk GmbH den Status einer Körperschaft des öffentlichen Rechts. Damit allerdings hätte sich der damalige Provinzial (so bezeichnet man heute den Amtsträger, der früher Land- oder Deutschmeister hieß) fast übernommen: Geplant war eine Art karitativer Konzern mit Tausenden von Beschäftigten, aber man hatte wohl zu wenig auf Rentabilität geachtet. Die deutsche Ordensprovinz schrammte haarscharf am Bankrott vorbei und geriet auf unerfreuliche Weise in die Schlagzeilen, zumal es der bayerische Ministerpräsident gewesen war, der ihr zum erwähnten Status und damit zu fast unbegrenzter Kreditwürdigkeit verholfen hatte. Es bedurfte einiger Mühe, den Haushalt zu sanieren und den angeblichen Skandal im Sande verlaufen zu lassen. (Bürgermeister Pelzer: »Also, uns hat das nichts ausgemacht. Im Gegenteil – so etwas ist der Demut förderlich.«)

Obwohl man es also wieder ein paar Nummern kleiner geben muss, ist die Liste der Aktivitäten des Ordens immer noch imponierend. Die deutsche Ordensprovinz hat etwa tausend Mitglieder: 100 Priester, 200 Schwestern und 700 sogenannte Familiaren, Laien, die sich dem Orden verbunden fühlen und ihn unterstützen. (Weitere Provinzen gibt es in Österreich, Italien, Belgien und auch wieder in Tschechien und Slowenien.) Die Brüder arbeiten meist als Seelsorger, die Schwestern in der Krankenpflege, der Alten-, Behinderten- und der Suchthilfe. Auf diesem Gebiet unterstützt ein internationaler Zweig des Ordens Non-Government-Organisationen in etlichen karibischen und in acht asiatischen Staaten. Natürlich beschäftigt man auch eine Vielzahl weltlicher Mitarbeiter.

Ebenso erstaunlich ist, dass es dem Orden, anders als anderen religiösen Gemeinschaften, nicht an Nachwuchs zu fehlen scheint. Das Durchschnittsalter der Brüder und Schwestern vom Deutschen Orden liegt bei 35 Jahren. Als wir an einem Sonntagnachmittag in der Rokokokirche von Weyarn vorbeischauen, wird im Rahmen einer Vesper gerade die Aufnahme von drei neuen Brüdern gefeiert. In ihren weißen Mänteln vor dem Altar stehend, wirken die jungen Männer auf archaische Weise beeindruckend.

Stadtschloss von Neuburg an der Donau

Kapitel 16
Ein Staat für zwei Waisenknaben
▬ Neuburg an der Donau ▬

Wieso eigentlich Pfalz? Die kleine Stadt liegt doch an der Donau, mitten in Bayern – jedenfalls mitten im heutigen Bayern. Und warum thront dort, auf einem steilen Hügel über dem Ort, so ein riesiges, imposantes, schönes, neuerdings aufwendig renoviertes, mit einer beeindruckenden Bildergalerie (»Flämische Barockmalerei«) ausgestattetes Schloss – weitab von jeder Haupt- oder auch nur Großstadt? Warum denken die Bürger des Städtchens noch heute mit Stolz und Zuneigung an einen Bewohner dieses Schlosses, der vor etwa 440 Jahren Pleite machte und deshalb ins Exil gehen musste?

Der Reihe nach: Das Wort »Pfalz« war, wie wir schon an anderer Stelle erwähnten, ursprünglich nicht der Name einer Landschaft oder eines Territoriums. Es ist von lateinisch »palatium« abgeleitet und bezeichnete jene Königshöfe, in denen der Kaiser bei seinen ständigen Reisen durch das Reich Station zu machen pflegte. Natürlich mussten alle diese Pfalzen instand gehalten werden, wenn der Kaiser nicht anwesend war. Zu diesem Zweck wurden Pfalzgrafen eingesetzt, die zum Hochadel zählten und, wie das in der Feudalzeit üblich war, mit Landbesitz entlohnt wurden. Der wichtigste, vornehmste dieser Pfalzgrafen war der Pfalzgraf bei Rhein. Und zwar einmal deswegen, weil er, in Heidelberg residierend, gleich mehrere Pfalzen (Ingelheim, Kaiserslautern, Kaiserswerth, Speyer, Trifels, Worms u. a.) verwaltete, mit entsprechend umfangreichen Gebieten, und weil diese Gebiete an der wichtigen Handelsstraße des Rheins lagen und entsprechend hohe Einkünfte abwarfen. Zum anderen zählte der Pfalzgraf bei Rhein seit 1356 (Goldene Bulle Karls IV.) zu den sieben Kurfürsten. Unter den weltlichen Kurfürsten galt er sogar als der Erste. Er übte zugleich das Amt des Reichserztruchsesses aus. (Truchsess bedeutet ursprünglich Oberaufseher der königlichen Tafel, später über den ganzen Hof. Im hohen und späten Mittelalter und der frühen Neuzeit war das dann eine rein zeremonielle Funktion.) Es wurde also üblich, das Herrschaftsgebiet der Pfalzgrafen bei Rhein – das viel umfangreicher war als die heutige Rheinpfalz – einfach als »die Pfalz« oder »Kurpfalz« und den Pfalzgrafen bei Rhein als »Kurfürst von der Pfalz« zu bezeichnen.

Pfalzgrafen bei Rhein kamen seit 1214 aus einer Linie der Wittelsbacher, des bayerischen Herzogshauses. Und zwar galten die Pfälzer später mehr als die Bayern, weil sie eben Kurfürsten waren, während ihre Vettern bei der Kaiserwahl keine Stimme hatten. Bayerische wie pfälzische Wittelsbacher mischten im ausgehenden Mittelalter eifrig bei dem Spiel von Heiratsverbindungen, Erbteilungen und Zusammenlegungen von Herrschaftsgebieten mit. Der Pfälzer Linie gehörten nicht nur Lande am Ober- und Mittelrhein, sondern auch Gebiete im Nordosten des heutigen Bayern, genannt die Oberpfalz. Und in Bayern gab es nicht nur ein Herzogtum, sondern zeitweise bis zu vier: Bayern-München, Bayern-Landshut, Bayern-Ingolstadt und Bayern-Straubing. Wirtschaftlich am erfolgreichsten waren die Herzöge von Niederbayern, die in Landshut residierten. Mehrere von ihnen trugen den Beinamen »der Reiche«.

Der letzte dieser Reichen Herzöge, Georg IX. mit Namen (1455–1503 – das war der, dessen Hochzeit mit der polnischen Königstochter Jadwiga noch heute alle vier Jahre wieder in Landshut nachgespielt wird), hatte keinen männlichen Erben, und weibliche Erbfolge gab es im Alten Reich nicht. Nächster Anwärter wäre also Albrecht V. von Bayern-München gewesen. Wie in vielen Familien fühlten sich auch bei den Wittelsbachern die Verwandten in herzlicher Abneigung miteinander verbunden. Testamentarisch legte Georg der Reiche fest, dass nicht Albrecht ihn beerben solle, sondern seine Tochter Elisabeth bzw. deren Mann (und Cousin ersten Grades) Ruprecht von der Pfalz.

Das ließ sich Albrecht nicht gefallen. Als Georg der Reiche starb, kam es zum »Landshuter Erbfolgekrieg«. Der dauerte nicht lange – gerade einmal neun Monate –, aber lange genug, um das Land zu verwüsten, den Reichtum der Landshuter Herzöge zu verpulvern und an böhmische Söldner zu vergeuden. Zudem starben, mitten in dieser Auseinandersetzung, Ruprecht von der Pfalz (August 1504) und drei Wochen später seine Frau Elisabeth. Jetzt war Ruprechts Vater, Kurfürst Philipp von der Pfalz, bereit, sich einem Schiedsspruch des Kaisers Maximilian I. zu fügen. Niederbayern kam an den Münchner Herzog (der dafür Kufstein, Rattenberg und das Zillertal an den Kaiser abtreten musste).

Was aber sollte mit den minderjährigen Söhnen Ruprechts und Elisabeths geschehen – Ottheinrich (geb. 1502) und Philipp (geb.1503)? Man beschloss, sie standesgemäß zu versorgen, indem man einfach einen neuen Staat gründete. Der sollte ihnen, so stellte man sich das vor, ein Jahreseinkommen von 24 000 rheinischen Gulden einbringen. Als Residenz bot sich die Stadt Neuburg an der Donau an, weil dort seit alter Zeit ein Schloss stand, das sich ein Herzog mit dem schönen Namen Ludwig der Gebartete (Vater Ludwigs des Höckrigen) errichtet hatte. Natürlich dauerte es noch längere Zeit, bis man darüber einig wurde, welche Gebiete dem neuen Staatswesen zugeschlagen werden sollten. Es entstand ein seltsam zerfleddertes Gebilde aus nicht weniger als fünf voneinander getrennten Teilgebieten: an der Donau, in Franken und der Oberpfalz. Zum Regenten des neuen Herzogtums und Vormund der beiden Knaben wurde deren Onkel Friedrich, der jüngere Bruder ihres Vaters, eingesetzt. Er scheint sich dieser Aufgabe ehrlich und mit Verantwortungsgefühl gewidmet zu haben. So unwahrscheinlich es erscheinen mag, der künstliche Staat wuchs irgendwie zusammen, überstand die Finanzkrise, in die der Pfalzgraf Ottheinrich ihn stürzen sollte, und bestand bis zum Reichsdeputationshauptschluss und der Mediatisierung von 1806.

Die Stadt Neuburg führt seitdem neben einer silbernen Burg und einem goldenen Löwen auch zwei nackte Kleinkinder im

Wappen, die auf Steckenpferden reiten, und in unseren Tagen
hat ein ehemaliger Generalleutnant einen »Steckenreitertanz«
komponiert, der beim jährlichen Schlossfest von Kindern und
Jugendlichen aufgeführt wird. Hier aber wollen wir die Kindheit
der Prinzen Ottheinrich und Philipp überspringen. Nur so viel:
Pfalzgraf Friedrich war darauf bedacht, gebildete und kom-
petente Männer für ihre Erziehung zu engagieren, und er sorgte
auch dafür, dass sie in Gesellschaft anderer Jungen aus guten
Neuburger Familien unterrichtet wurden. Philipp, der für eine
geistliche Laufbahn bestimmt war, bezog schon mit zwölf Jahren die Universität Freiburg (zusammen mit seinem Hofmeister,
einem weiteren Erzieher, einem Kaplan und acht anderen jungen
Männern), und mit sechzehn zog er weiter nach Padua. Dort allerdings lernte er nicht nur Italienisch und belegte juristische
Vorlesungen, sondern steckte sich, siebzehnjährig, auch mit
Syphilis an, an der er sein Leben lang laborierte. Ob das einer
der Gründe war, warum aus seiner geistlichen Karriere letztlich
nichts wurde und er auch nie heiratete, vermögen wir nicht zu
sagen.

Ottheinrich dagegen wurde von seinem Onkel und Vormund
schon in jungen Jahren in Staatsgeschäfte und diplomatische
Missionen eingeweiht. Nach der Wahl des jungen Habsburgers
Karl V. zum Römisch-Deutschen Kaiser wurde Friedrich beauftragt, die Nachricht offiziell nach Spanien zu überbringen, wo
der Erkorene (in seinem Reich »ging die Sonne nicht unter«)
bekanntlich schon als König regierte. Ottheinrich, sechzehn,
begleitete seinen Onkel auf dieser Reise, hielt sich eine Zeit lang
an Karls Hof auf und empfing einen Ehrensold, brach aber bald
zu weiteren Erkundungsfahrten durch das fremde Land auf. Mit
achtzehn trat er dann eine Pilgerreise ins Heilige Land an, über
deren Verlauf wir durch sein Tagebuch recht eingehend infor-
miert sind. Sein Bruder wäre gern mit ihm gefahren, war aber
durch seine Krankheit behindert, und man scheute auch davor
zurück, beide Prinzen gleichzeitig den Gefahren auszusetzen,
die eine solche Reise damals mit sich brachte.

Die beiden, wie sie Hans Baldung Grien (Philipp) und Barthel
Beham (Ottheinrich) gemalt haben, geben ein seltsames Paar ab.
Philipp schmal, blass und spitznasig, noch bartlos, mit Pagen-

frisur, einem beinahe mädchenhaft wirkenden Mund, den Blick schräg auf den Beschauer gerichtet, mit einem skeptisch wirkenden Gesichtsausdruck. Er trägt – als Vierzehnjähriger – ein Barett mit aufgenähtem Perlenkranz und einen kostbaren Pelz (Zobel?), was den Eindruck von Scheu und Frösteln noch verstärkt. Ottheinrichs Bild dagegen hat man lange Zeit irrtümlich für ein Porträt Heinrichs VIII. von England gehalten, und eine solche Verwechslung ist nur allzu verständlich. Es zeigt ihn im Alter von etwa dreißig Jahren, blondbärtig noch und rosig im Gesicht, auch er mit goldgeschmücktem Barett und überhaupt reich mit Gold und Perlen behangen, aber unter dem gefältelten Hemd, dem seidenen Wams und dem Umhang aus golddurchwirktem Brokat zeichnet sich schon ein schwerer Körper ab, die Leibesfülle, die ihm in späteren Jahren so arg zu schaffen machte.

1522, da waren die beiden Prinzen zwanzig und neunzehn Jahre alt, berief Pfalzgraf Friedrich die Landstände des Herzogtums und erklärte ihnen, er könne die Vormundschaft nicht weiterführen (er fungierte außerdem noch als Statthalter seines Bruders, des Kurfürsten, in der Oberpfalz), auch seien Ottheinrich und Philipp jetzt alt genug, ihr Land selbst zu regieren. Sie wurden also kurzerhand für volljährig erklärt und traten ihre persönliche Herrschaft an. Gedacht war an ein Kondominium, aber das stellte sich bald als impraktikabel heraus. Schon 1523 verzichtete Philipp auf seine Mitherrschaft und trat in den Dienst des Erzherzogs Ferdinand, den Karl V. zu seinem Statthalter in Deutschland und den habsburgischen Erblanden ernannt hatte. Auch Philipp selbst bekam eine Statthalterstelle – in Württemberg, dessen Herzog wegen Schulden sein Land hatte hergeben müssen. Vorher allerdings hatte sich Philipp bei der ersten Belagerung von Wien (1529) als Kommandeur zweier Regimenter im Kampf gegen die Türken ausgezeichnet. Es war ihm gelungen, den Feind, der schon eine Bresche in die Stadtmauer geschossen hatte, wieder hinauszudrängen. Diese Heldentat brachte ihm den Beinamen »der Streitbare« ein, und er bekam den Orden vom Goldenen Vlies verliehen. Ansonsten aber ließ der Dank des Hauses Habsburg auf sich warten oder ging jedenfalls nicht mit der finanziellen Versorgung einher, auf

die Philipp Anspruch zu haben meinte. Nachdem die päpstliche
Kurie ihm schon früher keine Chance auf ein Amt geboten hatte
und auch mehrere Versuche gescheitert waren, sich durch eine
reiche Heirat gesundzustoßen, kehrte er also heim in sein Herzogtum und veranlasste Bruder Ottheinrich, das Ländchen noch
einmal zu teilen: In Zukunft wollte er seine eigene Hofhaltung
führen, aber nicht in Neuburg, sondern in Burglengenfeld in der
Oberpfalz.

Dass Ottheinrich sich auf diese Teilung einließ, erscheint zumindest nach den Maßstäben heutiger wirtschaftlichen Den-
kens schier unglaublich. Es war nämlich so, dass die beiden Brüder und auch Ottheinrich allein mit den 24 000 Gulden, die ihr
Staat jährlich an Einnahmen abwerfen sollte, schon bis dahin
keineswegs ausgekommen waren. Um zu begreifen, warum dem
so war, braucht man nur die heute noch oder wieder zugäng-
lichen Räume des Neuburger Schlosses zu besichtigen. Von Anfang seiner Regierung an hatte Ottheinrich die eher bescheide-
ne Burg Ludwigs des Gebarteten zu einer glanzvollen Residenz
ausgebaut und dabei an nichts gespart. Die Anlage erhielt ihre
im Wesentlichen bis heute bestehende, vierflügelige Gestalt. Der
heute so genannte Ottheinrichsbau und der Neue Bau waren errichtet, der Arkadenhof mit seinen Sgraffiti ausgestaltet und die
alten Gebäude so erneuert worden, dass sie sich in den Stil der
Renaissance einfügten und dem Repräsentationsbedürfnis des
Herzogs und Pfalzgrafen genügten. Auch an der Ausstattung,
an Möbeln, kostbaren Fußböden, Fenstergewänden, Tapeten,
Wandteppichen, Gemälden, Plastiken, Kassettendecken, ge-
schnitzten Türblättern, an den Muschelgrotten im Erdgeschoss,
der Ausgestaltung der Terrassen und Gartenanlagen wurde keinesfalls gespart. Zudem war Ottheinrich ein leidenschaftlicher
Sammler: Außer, wie schon gesagt, Gemälden und den um ein
Vielfaches kostspieligeren Bildteppichen sammelte er auch Waffen, Prunkharnische, Juwelen, kostbare Bücher und Kuriositä-
ten. Von der ganzen Pracht ist heute in Neuburg nur der geringste (aber immer noch ungemein beeindruckende) Teil zu sehen,
weil das meiste nach Ottheinrichs Bankrott und später verkauft
oder nach der Mediatisierung von 1806 nach München, in Museen oder andere Schlösser verbracht wurde oder verloren ging.

2005 hat man, anlässlich einer Gedenkausstellung zum fünfhundertsten Jahrestag der Gründung des Herzogtums, einiges davon wieder zusammengetragen. Hinzu kamen noch die Kosten für eine aufwendige Hofhaltung, Musik, Feste, Gastereien usw. und für das Jagdschloss Grünau einige Kilometer außerhalb der Stadt. Wenn wir davon ausgehen, dass ein Gulden der Kaufkraft von heute etwa 80 Euro entsprach, hatten die zwei Brüder zusammen ein jährliches Einkommen von beinahe zwei Millionen Euro. Aber das reichte hinten und vorn nicht aus. Ottheinrich verfiel auf ziemlich bizarre Ideen, wie Geld aufzutreiben sei. Wie andere Herrscher seiner Zeit spielte er mit dem Gedanken an Alchimisterei und den Stein der Weisen, der unedles Metall in Gold verwandeln sollte. 1536 reiste er nach Krakau an den polnischen Königshof und forderte die Mitgift seiner Großmutter ein. Das war jene Jadwiga oder Hedwig gewesen, für die Georg der Reiche 1475 die Landshuter Hochzeit ausgerichtet hatte. Ihr war eine Mitgift von 32 000 Gulden versprochen, aber niemals ausgezahlt worden. Tatsächlich gelang es Ottheinrich in langwierigen Verhandlungen, seinen Großonkel Sigismund von Polen zur Zahlung dieser Summe (oder vielmehr ihres Gegenwerts in Dukaten) zu bewegen, freilich ohne die inzwischen aufgelaufenen Zinsen und Zinseszinsen, die er sich gleichfalls erhofft hatte. Weil Ottheinrich nichts im kleinen Stil tat und es damals noch keine Fotoapparate gab, nahm er auf diese Reise auch einen Maler mit, der alle größeren Orte, an denen man auf der Hin- und Rückreise vorbeikam, abkonterfeien musste. So haben wir bis heute Stadtansichten u. a. von Neuburg, Burglengenfeld, Riedenburg, Pilsen, Breslau, Krakau und Sulzbach aus dem 16. Jahrhundert.

Was augenscheinlich keinem der zwei Brüder, vor allem dem älteren Ottheinrich nicht, in den Sinn kam: dass man seine Ansprüche den gegebenen Einkommensverhältnissen anpassen könnte. Sie hätten so eine Zumutung wohl schlicht als Unverschämtheit empfunden. Als Fürst glaubte man, ein Recht auf Pomp und Aufwand zu haben, ja sogar die Pflicht dazu. Wer sich nicht entsprechend in Szene setzte, galt im Kreis der Standesgenossen nicht viel, konnte im Spiel der Bündnisse, Familienverbindungen, Abreden nicht mitmachen. Ottheinrich war mit

einer Schwester Albrechts IV. von Bayern verheiratet, da konnte
er nicht den armen Ritter geben. Außerdem hatte er große Pläne: Seiner Ansicht nach hätte nach dem Tode seines Großvaters
Philipp nicht Onkel Friedrich, sondern er selbst die Rheinpfalz
samt Kurwürde erben müssen (und da Friedrich kinderlos war,
wartete dieses Erbe immer noch auf ihn). Und seine Frau Susanna war in erster Ehe mit einem Markgrafen Kasimir von Brandenburg-Ansbach verheiratet gewesen. Also konnte er auch da
Erbansprüche geltend machen. Dazu aber war ein entsprechen-
des Auftreten erforderlich.

Die Frage war, wie lange man das durchhalten konnte. Als
Erster gab Bruder Philipp auf (1541). Er gab seine Hälfte des Ter-
ritoriums an Ottheinrich zurück und ging nach Heidelberg ins
Exil. Dort starb er 1548, ein kranker und verbitterter Mann.
Ottheinrich aber machte weiter Schulden – bei Schwager Al-
brecht und bei anderen Verwandten wie seinem späteren Erben
Wolfgang von Pfalz-Zweibrücken. Schließlich stand er bei etwa
600 Gläubigern mit über einer Million Gulden in der Kreide.
Mittlerweile aber stand die Zeit nicht still. 1517 hatte Luther in
Wittenberg seine Thesen verkündet, die Reformation kam in
Gang. 1542 wurde auch Ottheinrich Protestant (während seine
Frau katholisch blieb), entwarf mit Hilfe des Theologen Osian-
der eine Kirchenordnung für sein Herzogtum (Cuius regio, eius
religio!) und ließ mit der Hofkirche, der heutigen Schlosskapelle, den ersten originär protestantischen Sakralbau in Deutschland errichten.

Dies nahm ihm sein Schwager und größter Gläubiger, der
streng katholische Bayernherzog, übel. Und als nun auch noch
1543 die Herzogin Susanna starb, gab es für diesen keinen Grund
zur Rücksicht mehr. Er kündigte Ottheinrich alle Kredite und
trieb ihn damit in den Staatsbankrott. 1544 musste Ottheinrich
die Stände seines Territoriums einberufen und ihnen sozusagen
den Offenbarungseid leisten. Sie erklärten sich bereit, seine
Schulden zu übernehmen, setzten ihm eine Apanage von 5000
Gulden (immerhin etwa 400 000 Euro) jährlich aus, übernahmen
aber die Regierungsgewalt im Herzogtum und verkauften von
seinem Besitz alles, was an den Mann zu bringen war. Manches,
etwa die Bildteppiche mit den Porträts seiner Frau, seines Bru-

ders und von ihm selbst, kaufte Ottheinrich, der sich keineswegs geschlagen gab, wieder zurück. In seinem Exil in Heidelberg und später in Weinheim sammelte er weiter kostbare Bücher, kaufte die Bibliothek des Klosters Lorsch auf, legte den Grundstock zu der Bibliotheca Palatina, die sich heute im Vatikan befindet.

Mittlerweile tobte in Deutschland der Streit der Konfessionen. 1547 schlug Kaiser Karl V. die Protestanten in der Schlacht von Mühlberg. Seine Truppen besetzten das Herzogtum Pfalz-Neuburg und führten dort den Katholizismus wieder ein. Er verordnete das »Augsburger Interim«, das praktisch das Ende des deutschen Protestantismus bedeutet hätte. Aber dagegen verschworen sich die Fürsten (auch die katholischen, denen der Kaiser zu mächtig wurde) und verbündeten sich mit dem König von Frankreich. Das führte schließlich dazu, dass Karl die Krone niederlegte und sein Bruder Ferdinand mit den Protestanten den Passauer Vertrag schloss (1552): Der Besitzstand von vor dem Schmalkaldischen Krieg wurde wiederhergestellt, eine Amnestie erlassen, Gefangene kamen frei. Jetzt konnte auch Ottheinrich nach Neuburg zurückkehren und aufs Neue den protestantischen Kult einführen.

Mehr noch: Im Jahre 1556 starb (soll man sagen, endlich?) Ottheinrichs Onkel und einstiger Vormund Friedrich II. von der Pfalz, und Ottheinrich konnte sein lange erwartetes Erbe antreten. Er hatte es also ausgesessen, war jetzt Kurfürst, Erztruchsess und Vikar des Heiligen Römischen Reiches Deutscher Nation, Stellvertreter des Kaisers bei Thronvakanz und vornehmster unter den weltlichen Fürsten. Fortan residierte er in Heidelberg und erweiterte das dortige Schloss um den Ottheinrichsbau, das prächtigste Renaissancegebäude nördlich der Alpen. Natürlich sammelte er weiter Bücher und Kunstgegenstände. Allerdings wog er um diese Zeit schon mehr als 200 Kilogramm. Er installierte an der Heidelberger Universität eine medizinische Fakultät, verpflichtete die Medizinstudenten zum Sezieren von Leichen. Die katholische Theologie dagegen schaffte er dort ab, führte auch in der Kurpfalz das evangelische Bekenntnis ein. Das alles in den drei Jahren, die ihm noch zu leben blieben. 1559 starb er, 56 Jahre alt.

> ... ich vergesse nicht, daß um so ein Schloß hundert Bauern im
> Notstand gelebt haben, damit dieses hier gebaut werden konnte –
> aber es ist dennoch, dennoch schön.
>
> Kurt Tucholsky, 1929, zit. nach: Kurt Tucholsky, ›Gesamtausgabe‹

Sicher, Tucholsky hat das mit Blick auf ein anderes Schloss
geschrieben. Es ist auch nichts darüber bekannt, dass es den
Bauern in Ottheinrichs Herzogtum besonders schlecht gegangen wäre – obwohl er sogar an den Kämpfen des Bauernkriegs
von 1525 teilgenommen hat. Trotzdem kommt man, wenn
man sein Schloss über die Stadt Neuburg ragen sieht, wenn man
seine Bildteppiche, Gemälde und anderen Kostbarkeiten besichtigt, unweigerlich ins Grübeln. Soll man ihn nun bewundern oder sein Verhalten, sein Finanzgebaren verantwortungs-
los und moralisch verwerflich finden? Was wiegt schwerer:
der Genuss, den wir noch nach fünfhundert Jahren an all dieser
Schönheit haben, oder die naive Skrupellosigkeit, mit der ein
egomanischer Fürst seine Untertanen, aber auch seine Gläubiger und jene Künstler ausnützte, die er auf der anderen Seite
dazu inspirierte, solche Schönheit zu schaffen?

Ottheinrich starb wie sein Bruder kinderlos. In Heidelberg
beerbte ihn Friedrich III. aus der Linie Pfalz-Simmern, in Neuburg einer seiner Hauptgläubiger, Wolfgang von Pfalz-Zweibrücken. Das kleine Herzogtum bestand im Ganzen dreihundert
Jahre und ging immer wieder an andere wittelsbachische Nebenlinien. Es wurde sogar noch einmal katholisch, als sich ein
Pfalzgraf mit seiner Konversion (1614) ein reiches Erbe in West-
deutschland, nämlich die Herzogtümer Jülich und Berg (etwa
das heutige Ruhrgebiet) erkaufte. Aber Erzählungen über solche
dynastischen Finessen sind ermüdend und verwirrend, ein normaler Leser kann sie sich doch nicht merken. Karl Theodor
(1724–1799) aus dem Hause Pfalz-Sulzbach beerbte schließlich
sämtliche wittelsbachischen Nebenlinien und musste deswegen
von der Pfalz nach München ziehen, wo es ihm gar nicht gefiel
und die Leute ihn nicht mochten, obwohl er den Englischen Garten anlegen ließ.

Aber das ist wieder eine andere Geschichte.

Totenschild des Grafen Anton von Ortenburg

Kapitel 17
Die Insel im Meer
—■— **Ortenburg** ■—

N ach Regensburg kommen Jahr für Jahr ungefähr zwei Millionen Touristen. Man kann sagen, jeder, der an Historie und historischen Stätten interessiert ist, war schon einmal dort. Oder er weiß zumindest, dass er dort gewesen sein sollte.

Aber wer hat schon von Ortenburg gehört? Das ist nicht einmal eine Stadt, sondern ein Marktflecken zwanzig Kilometer westlich von Passau, dort, wo die Bundesrepublik Deutschland bald zu Ende ist. 7500 Einwohner (immerhin mehr, als Weimar zu Goethes Zeiten hatte), ein behäbig wirkender, langgestreckter Marktplatz, wie man ihn auch in den Innstädten findet, begrenzt von alten Giebelhäusern, eigentlich eher eine breite Straße. Dort stehen zwei schöne Brunnen. Etwas abseits davon (am besten, man lässt den Wagen stehen und geht zu Fuß) findet man die Marktkirche, ein eher unauffälliges Bauwerk, heute mit landesüblichem Zwiebelturm, ein Kreuz auf dem Dachknauf. Sie steht fast verborgen hinter dem Pfarrhof und einem langgezogenen Gebäude, die wie ein Riegel vor sie hingestellt sind. Man geht seitlich davon durch einen Torbogen mit schmiedeeisernem Gitter, um zum Kirchenportal zu gelangen. Sobald man dort eintritt, hat man Grund zu staunen.

Und zwar über die Abwesenheit all dessen, was sonst in ländlichen Kirchen Bayerns das Auge des Betrachters bestürmt: kein barocker Stuck, kein imitierter Marmor, nirgends niedliche Putten, keine Seitenaltäre mit Heiligenbildern und Vitrinen, die in Brokat gehüllte Reliquien zeigen, kein Kreuzweg. Die Kirche ist erst vor Kurzem restauriert und neu eingeweiht worden. Unter dem spätgotischen Netzgewölbe sind schlichte Sitzbänke aufgereiht, entlang der Seitenwände des Schiffs stehen zweistöckige Emporen, die weiteren Gemeindemitgliedern Platz bieten. Alle mit Blickrichtung nach vorn, auf einen Altar mit Kreuzigungsbild und auf die Kanzel rechts über den drei Stufen zum Chor. Das ist offensichtlich eine evangelische Kirche. Aber keine von den neuen, modernen, wie sie auch im »tiefschwarzen«, erzkatholischen Niederbayern nach dem Zweiten Weltkrieg gebaut wurden, für die »Flüchtlinge«, die Vertriebenen aus Schlesien oder Ostpreußen, die es dorthin verschlagen hatte. Es ist eine alte Kirche, die ihren ursprünglichen Zustand weithin bewahrt hat und nicht – wie die meisten anderen Kirchen der Gegend – nach dem Konzil von Trient im barocken Zeitgeist der Gegenreformation umgestaltet wurde.

Die Erklärung für diese Andersartigkeit erschließt sich, wenn man den Chorraum betritt und seitlich am Altar vorbeigeht. (Sein Rahmenwerk ist als einziges Stück im ganzen Raum vergoldet. Er stammt wie die Kanzel aus der Zeit zu Anfang des 18. Jahrhunderts.) Dahinter steht man unversehens vor zwei Grabdenkmälern, wie man sie in so imponierender Größe und künstlerischer Herrschaftlichkeit in der kleinen Kirche eines ländlichen Marktfleckens bestimmt nicht erwartet hat. Das eine, in der Mitte des Raumes, aus rotem, weißem und schwarzem Marmor, zeigt, auf einer säulengestützten Platte über einem reliefgeschmückten, sarkophagartigen Block ruhend, einen älteren Mann in voller Rüstung. Sein Helm ist ihm mit geschlossenem Visier zur Seite gestellt. Zu seiner Rechten (also vom Betrachter aus gesehen links) steht, an die Wand gerückt, unter einem säulengetragenen Bogen ein weiterer Marmorsarkophag. Auf ihm liegt, halb aufgerichtet, den Kopf in die Hand gestützt, ein Knie halb angewinkelt, als wolle er sich gerade von kurzer Ruhe erheben, das steinerne Abbild eines jugendlichen Herrn. An den Wänden des Chors sind in runden, verzierten Rahmen riesige Wappenschilder angebracht, rot und weiß auf blauem Grund. Sie sind in jeweils vier Felder geteilt. Ein weißer, oben und unten mit Zinnen besetzter Balken läuft vom linken oberen ins untere rechte Feld, die restlichen zwei Felder zeigen federartige Gebilde, auch sie in Rot und Weiß. Später erfahren wir, dass so etwas als »Flug« bezeichnet wird. Auffällig sind die drei gekrönten Goldhelme, die den Kopf jedes dieser Wappen zieren, überragt von einem Pfau, der auf dem mittleren Helm thront. (Das Fleisch dieses Vogels, so die Legende, verwese nicht. Er galt als Sinnbild der unsterblichen Seele.)

Es sind dies die Kenotaphe und die Totenschilder des im Jahre 1600 verstorbenen Reichsgrafen Joachim von Ortenburg und seines Sohnes, des Grafen Anton, der schon 1573 starb, erst dreiundzwanzig Jahre alt. Die Ortenburger waren ein sehr altes Geschlecht, im 11. Jahrhundert zum ersten Mal urkundlich erwähnt. Aus lokalen Quellen kann man viel über ihre Geschichte erfahren, über Fehden, die sie mit anderen Adeligen führten, den Grafen von Bogen etwa, und über Heiraten mit hochgeborenen Erbinnen, durch die sich ihr Besitz weiter vermehrte. Angeblich waren sie im hohen Mittelalter sehr begütert und mächtig, durchaus den Wittelsbachern (also der Familie der späteren Herzöge und Könige von Bayern) vergleichbar. Diese waren allerdings energischer (und vielleicht auch skrupelloser), was die Ausweitung ihrer Macht angeht. Im 13. Jahrhundert kam es zu innerfamiliären Streitereien, in deren Verlauf ein Großteil des Besitzes der Ortenburger abgetreten werden musste. Im Bayerischen Erbfolgekrieg ging 1504 ihr Schloss (über das wollen wir später sprechen) in Flammen auf. Schließlich besaßen sie nur mehr ein vergleichsweise winziges Gebiet um ihre Burg herum als Reichslehen. Andere Ländereien mussten sie von den Wittelsbachern zu Lehen nehmen. Immerhin, für die Grafschaft Ortenburg waren sie noch reichsunmittelbare Herren. Davon gab es in Bayern sonst nicht allzu viele.

Was den Grafen Joachim im Jahre 1563 veranlasste, zum protestantischen Glauben überzutreten, darüber kann man sich Gedanken machen. Als freier Reichsgraf hatte er nach dem Augsburger Religionsfrieden ein Recht dazu, und seine Untertanen mussten mitmachen. Vielleicht aber ging er seinerseits auf die Wünsche dieser Untertanen ein. Im Allgemeinen neigen wir ja zu dem Verdacht, beim Konfessionswechsel großer

Herren hätten oft auch profane Motive mitgespielt, etwa die Chance, sich Kirchenbesitz unter den Nagel zu reißen. Aber in Graf Joachims Miniterritorium (zu der Zeit etwa 8000 Hektar groß, mit nicht mehr als 1500 Einwohnern) gab es keine fetten Klöster und Prälaturen. Wahrscheinlich wollte er, der für seine Besitzungen auf bayerischem Gebiet auch Landstand war, ein Signal des Widerstandes gegen den Herzog Albrecht V. setzen. (Das ist der, dem es beinahe gelungen wäre, sich die Reichsstadt Regensburg anzueignen.) Der nämlich hatte auf einem Landtag die Freigabe der Augsburger Konfession für Bayern verhindert und war bestrebt, den Landständen ihr Mitspracherecht einzuschränken und sein Land möglichst zentralistisch zu regieren.

Wie auch immer, der Graf von Ortenburg, eingezwängt zwischen dem Herzogtum Bayern und dem Hochstift Passau, in unmittelbarer Nähe zum habsburgischen Österreich, hätte sich kaum etwas Riskanteres, weniger Opportunes als diesen Übertritt ausdenken können. Wir müssen ihm also, obwohl das unserem neuzeitlichen Skeptizismus widerstrebt, wohl doch zubilligen, dass seine Hauptmotive religiös waren.

Er und seine Leute hatten in der Folge einiges zu ertragen. Der Herzog zitierte ihn nach München, wo er fürchten musste, in Haft genommen zu werden. Während seiner Abwesenheit wurden bayerische Truppen in das Gebiet geschickt, die den Zugang nach Ortenburg abriegeln und verhindern sollten, dass die Menschen aus der Umgebung in Scharen zu den lutherischen Gottesdiensten in die Marktkirche in Ortenburg strömten. Als sich das als undurchführbar erwies, drangen sie in Ortenburg und sogar ins Schloss ein, nahmen zwei evangelische Prediger gefangen und brachten sie außer Landes.

Obwohl Graf Joachim ausdrücklich erklärt hatte, dass der Übertritt zur Augsburgischen Konfession nur für die Untertanen seiner Reichsgrafschaft gelten solle, nahm ihm der Herzog alle seine bayerischen Lehen weg und beraubte ihn somit eines großen Teils seiner Einkünfte. Und er ging noch weiter. Zwar ließ er ihn nicht gefangen nehmen, denn damit hätte er sich nur selbst ins Unrecht gesetzt. Stattdessen strengte er einen Prozess beim Reichskammergericht in Speyer an: Es sollte feststellen, dass der Graf gar kein reichsfreier Herr, sondern ein landständischer bayerischer Edelmann sei. Damit hätte sein Konfessionswechsel (und der seiner Untertanen) gegen die Bestimmungen des Augsburger Religionsfriedens verstoßen. Außerdem hätte er Abgaben, die Untertanen Steuern an den Herzog zahlen müssen. Der Geldhahn wäre ihm noch weiter zugedreht worden. Die Mühlen des Reichskammergerichtes mahlten bekanntlich schrecklich langsam. Der Prozess dauerte volle zehn Jahre. Es muss eine aufreibende Zeit für den Grafen Joachim gewesen sein. Erstaunlich, dass er es trotzdem fertigbrachte, das seit 1504 zerstört liegende Schloss seiner Väter wieder aufzubauen. Dann aber, 1573, fand sich der Graf bestätigt. Das Gericht stellte fest, dass die Grafschaft Ortenburg sehr wohl ein reichsunmittelbares Lehen, der Glaubenswechsel des Grafen und seiner Untertanen also rechtens sei. Das hinderte den Herzog freilich nicht daran, dem Grafen und dessen Leuten durch alle möglichen Schikanen weiterhin das Leben schwer zu machen. Er verhängte eine Verkehrssperre über die Grafschaft, eine Art Wirtschaftsblockade. Kein Bayer durfte Ortenburger Gebiet betreten, dort etwas kaufen oder verkaufen. Er ließ Diener des Grafen verhaften, weil sie als Bayern den evangelischen Gottesdienst in Ortenburg besucht hätten, erhob Anspruch auf Bauerngüter, die am Rande der Grafschaft gelegen waren, und zwang die Bauern, Steuern an ihn zu bezahlen, nicht an den Grafen. Der Herzog und seine Räte waren ungemein einfallsreich, was solche Übergriffe angeht, und der Graf musste gegen jeden Einzelnen in Speyer klagen, musste auf Reichstage und Fürstenversammlungen reisen, um Verbündete und Fürsprecher unter den Mächtigeren seiner Glaubensbrüder zu finden. Es dauerte immer sehr lange, bis so eine Sache entschieden war, und es kostete viel Geld.

Das Erstaunliche – und vor allem deshalb lohnt es sich, die Geschichte Ortenburgs zu erzählen – war zum einen, dass die Bauern und Bürger der Grafschaft trotz aller wirtschaftlichen Bedrängnisse standhaft an ihrem neuen Glauben festhielten. Sie taten das sogar, als bekannt wurde, dass der Graf, von den ewigen Streitereien und Händeln finanziell nahezu ruiniert, Verhandlungen führte, um sein Gebiet an Bayern zu verkaufen.

(Das Geschäft kam nicht zustande, weil der Herzog seinerseits nicht liquide war und einen äußerst windigen Zahlungsmodus vorschlug.) Schließlich nahm der Graf, um seine wirtschaftliche Lage aufzubessern, Dienste beim Kurfürsten von der Pfalz an. Der war Calvinist, und auch der Graf näherte sich jetzt dieser Glaubensrichtung an, engagierte calvinistische Pfarrer und Schulmeister für sein Ländchen. Und wieder erwies sich das Ortenburger Volk fest in seinem Glauben: Die Leute boykottierten die calvinistischen Gottesdienste, deren verbissene Nüchternheit wohl ihrem im Grunde doch bajuwarischen Naturell zuwiderlief. Und das mehr als acht Jahre lang, bis der Graf einlenkte und wieder einen lutherischen Prädikanten berief.

Bis dahin hatten die Grafen von Ortenburg ihre Grablege im Passauer Dom gehabt. Dort war jetzt für sie als »Ketzer« natürlich kein Platz mehr. So erklären sich die pompösen Grabmäler in der Marktkirche. Graf Joachim ließ sie schon zu Lebzeiten und noch vor seinem calvinistischen Ausrutscher aufstellen. Wahrscheinlich wollte er seinen Nachfahren und früheren Untertanen auch ein Zeichen setzen: Seht her, ich, mein Sohn, meine Familie sind immer noch unter euch. (Es sind noch weitere Mitglieder des Grafenhauses unter dem Chor begraben. Bevor im Jahre 1700 der Altar mit Kreuzigungsbild aufgestellt wurde, konnte die Gemeinde von ihren Sitzen im Kirchenschiff aus während des Gottesdienstes die marmornen Katafalke betrachten.)

Eine ähnliche Signalwirkung ging wohl auch von dem schon erwähnten Schloss aus. Es steht, weithin sichtbar, auf einer Anhöhe über dem Ort und dem Tal des Flüsschens Wolfach und hat etwas vom Charakter einer Wehr- und Trutzburg. Heute können Teile davon besichtigt werden, das Ortenburger Heimatmuseum ist dort untergebracht, und in zwei Sälen – im Rittersaal und in der früheren Schlosskapelle – gibt es wunderbare hölzerne Kassettendecken zu bestaunen. Die in der Kapelle soll zu den schönsten in ganz Deutschland gehören. Überhaupt verwundert, wie das kleine Ländchen die Mittel für einen so aufwendigen Bau aufbringen konnte.

Graf Joachim starb, wie der Lokalhistoriker Walter Fuchs formuliert, »verarmt, aber in seiner Gesinnung und Haltung ungebrochen«, als Siebzigjähriger. Erstaunlich bleibt, dass er und dass seine Nachfolger sich trotz aller Winkelzüge und Willkürakte der bayerischen Herzöge doch bis zum Ende des Alten Reiches gegen die Übermacht behaupten und auch bei ihrem Glauben bleiben konnten. Das zeigt, dass die Gegenseite die Urteile des Reichskammergerichtes grundsätzlich doch zu respektieren hatte und dass der Kaiser, obwohl selbst katholisch, sich doch als Garant solcher Gerichtsurteile begriff. Gegen die wollte und konnte auch der Bayernherzog nicht verstoßen. 1602 erhielt Joachims Nachfolger sogar die bayerischen Lehen zurück – gegen Verkauf anderer, reicher Besitzungen in der Nähe von Braunau an den Herzog –, und zwar, das ist das Erstaunlichste daran, von Herzog Maximilian I., der ein Jesuitenschüler und später, im Dreißigjährigen Krieg, einer der enragiertesten Köpfe der katholischen Liga war. Das passt nicht zu unseren Vorstellungen von den chaotischen Zuständen im Alten Reich, aber offenkundig scheute man den Makel des Rechtsbruchs. Selbst während des Dreißigjährigen Krieges und sogar als ein Nachfolger Joachims, Graf Casimir, im Jahre 1626 aus Österreich vertriebene Glaubensbrüder aufnahm, und selbst als Lutherbibeln nach Österreich hinübergeschmuggelt wurden, blieb Ortenburg eine evangelische Insel im katholischen Meer, ein Hort des Glaubens für die eingeschüchterte Diaspora in Altbayern und der Oberpfalz.

Auch Joachims Nachfolger waren finanziell nicht auf Rosen gebettet. Etliche von ihnen, wie besagter Casimir, ein begabter Maler, der seine Besitzungen in vierzig Aquarellen festhielt, wussten wohl auch nicht so recht mit Geld umzugehen. Für uns Nachgeborene hat das den Vorteil, dass sie ihr altes Schloss nicht in ein Barock- oder Rokokopalais umbauen konnten. (Das wäre zwar auch schön, aber davon gibt es in Süddeutschland andernorts schon etliche.) Vielmehr zeigt es, obwohl es zeitweise dem Verfall preisgegeben war, noch immer den ursprünglichen Stil der Spätrenaissance.

Es gäbe noch viel über Ortenburg zu erzählen: über die Glaubensflüchtlinge, die neue Methoden des Obstbaus und die Kunst der Mostkelterei aus Oberösterreich mitbrachten. (Noch heute hat der Ort die größte Obstbaumdichte im Kreis Passau.) Oder über die Gräfin Amalia Regina, die das Schulwesen der Graf-

schaft reformierte und 1703 die allgemeine Schulpflicht ein-
führte, vierzehn Jahre vor Preußen (1717), einundsiebzig Jahre
vor Österreich (1774) und fast hundert Jahre vor Bayern (1802).

Das Ende der Eigenständigkeit kam, wie überall in Deutsch-
land, mit dem Reichsdeputationshauptschluss 1803 und dem
Ende des Heiligen Römischen Reiches Deutscher Nation 1806.
Der Hauptprofiteur des großen Raubzuges gegen die kleineren
Territorien war der Kurfürst (drei Jahre später von Napoleon
zum König ernannt) Max IV. Joseph von Bayern. Er bekam nicht
nur die Hochstifte Freising, Passau, Bamberg, Regensburg, die
Reichsstädte Nürnberg, Augsburg, Rothenburg und etliche
andere, sondern auch die vielen kleinen geistlichen Gebiete im
»Pfaffenwinkel«, im heutigen bayerischen Schwaben, nach der
preußischen Niederlage von 1806 auch die Markgrafschaften
Ansbach und Bayreuth und 1810, wie wir gesehen haben, Regensburg. Bayern nahm damals ungefähr seine heutige Gestalt
an. Die kleine Grafschaft Ortenburg war bei diesem großen
Fressen nicht mehr als ein auf einen Zahnstocher gespießter
Appetithappen.

Vielleicht war der letzte regierende Graf, Joseph Carl, sogar
nicht allzu traurig über den Verlust. Seine Mutter, die bis 1801
vormundschaftlich für ihn regiert hatte, war den harten Zeiten
nicht gewachsen gewesen und hatte ihm ein hoffnungslos ver-
schuldetes Ländchen übergeben. Jetzt erhielt er, als Entschädigung für seinen Verlust, ein säkularisiertes Kloster samt dazu-
gehörigen Ländereien in der Nähe von Coburg – zunächst sogar
als reichsunmittelbares Lehen, das allerdings schon 1806 »me-
diatisiert«, bayerischer Oberhoheit unterstellt wurde. Das Reich
gab es ja von diesem Jahr ab nicht mehr. Aber dafür lag sein neuer
Besitz in einer Gegend, in der er als Protestant unter Protestanten leben konnte. Die Familie hat dort heute noch ihren Stammsitz.

Mittlerweile, im Zeitalter des Staatsreformers Montgelas, war
man auch in Bayern aufgeklärt und tolerant. Die Bewohner Ortenburgs bekamen von dem Regierungskommissar, der zu ihnen
entsandt wurde, Gewissens- und Religionsfreiheit und den Erhalt ihrer »hergebrachten Rechte« zugesichert. Ihre Honoratioren durften einen Eid auf König Max I. Joseph schwören. Mit

den neu erworbenen Besitztümern ging der bayerische Staat hier wie andernorts wenig schonend um. Um wenigstens einen Teil der gräflichen Schulden (die man hatte übernehmen müssen) loszuwerden, wurden die meisten der früheren Wirtschaftsgebäude auf dem Schlossareal verkauft. Die neuen Eigentümer ließen sie einreißen und verwendeten oder verkauften ihrerseits den so gewonnenen Schutt als Baumaterial. Im Schloss selbst war zeitweise das Rentamt, also das Finanzamt, für den Bezirk Griesbach untergebracht. Man scheint die Steuern teilweise auch in Naturalienform eingetrieben zu haben, denn der frühere Rittersaal diente als Getreidemagazin. Dadurch sind seine Wandfresken stark beschädigt worden. 1827, nach langen Verhandlungen, kaufte der Graf Ortenburg sein früheres Schloss zurück. Es war allerdings nicht mehr in bewohnbarem Zustand, jedenfalls nicht nach den Standards der Zeit, und der Graf hatte wohl kein Geld, vielleicht auch kein Interesse an einer Renovierung. Immerhin blieb es als Bau erhalten, wenn auch niemand mehr darin lebte als ein Verwalter. In der Schlosskapelle feierte man wieder Gottesdienste.

1810 erhielt Bayern eine neue, einheitliche Gemeindeordnung, und Ortenburg verlor seine letzten Sonderrechte aus der Grafenzeit: ein Marktflecken in Niederbayern, ziemlich weit weg von München, vom König und der Regierung, von den Zentren des politischen, wirtschaftlichen und kulturellen Lebens. Eben ein Ort wie jeder andere.

Oder doch nicht? Ortenburg blieb weiter die evangelische Insel. Konfessionelle Differenzen wurden nicht mehr so rabiat ausgefochten wie früher, spielten aber noch bis ins 20. Jahrhundert hinein eine Rolle. Es wurde zum Zentrum für die Diasporagemeinden, die sich jetzt auch in Niederbayern gründeten, bekam 1852 einen evangelischen Kindergarten, 1896 ein »Konfirmandenhaus«, ein Internat, in dem Jugendliche zwei Jahre lang auf ihre Konfirmation vorbereitet wurden. Heute dient das Gebäude als Internat für die lokale Realschule. Die wurde vor dem Ersten Weltkrieg als »Haushaltungsschule« gegründet, nach dem Zweiten Weltkrieg von einer privaten Stiftung als Mädchenmittelschule übernommen. Mittlerweile nimmt sie Mädchen und Buben aller Konfessionen auf, aber sie nennt sich trotzdem immer noch »Evangelische Realschule Ortenburg«. Man hält auf Tradition. Eine katholische Pfarrkirche gibt es seit 1892 wieder, nach einem Intervall von mehr als dreihundert Jahren. Sie steht, neuromanisch, etwas unterhalb des Schlosses, weithin sichtbar an der Allee von alten Linden, die dort hinauf-führt. Auch der danebenstehende Pfarrhof macht einiges her und sollte wohl ebenfalls die Rückkehr des alten Glaubens re-präsentieren.

Dass weiter oben das Schloss wieder in alter Schönheit leuch-tet, verdanken wir indirekt dem deutschen Wirtschaftswunder, direkt der Initiative und Zähigkeit eines einzelnen Bürgers und seiner Familie: Heinrich Orttenburger mit Doppel-t. (Bürger-lich. Er ist mit dem Grafen nicht verwandt.) Er war von Beruf Handelsvertreter und muss ein ebenso risikofreudiger wie hei-matliebender Mann sein. 1971 kaufte er dem Grafen das Schloss ab. Es soll nicht allzu teuer gewesen sein, denn für den Grafen stellte es eher eine Belastung dar. Orttenburger und seine Frau steckten jede Mark, die sie erübrigen konnten, in die Reno-vierung und Restaurierung, trieben Geld vom staatlichen Denkmalschutz, der Gemeinde, dem Landkreis Passau auf. Als Gegenleistung achteten sie darauf, dass es bei der Erneuerung nirgends einen Stilbruch gab. Der Innenhof mit seinen Arka-dengängen und Fresken, die Schlosskapelle (heute dient sie an hohen Festtagen wieder als gottesdienstlicher Raum für die evangelische Gemeinde und gleichzeitig als Konzertraum) und der Rittersaal mit ihren Kassettendecken, aber auch viele der anderen Räume nähern sich, soweit das möglich ist, dem Er-scheinungsbild früherer Zeiten an.

Auch das Heimatmuseum verdankt die meisten seiner Ob-jekte einem einzelnen Bürger, einem ehemaligen Arzt am Ort. Wenn er auf den Dörfern der Umgebung die Bewohner alter Bauernhöfe und ländlicher Handwerkerhäuser behandelte, frag-te er auch nach ausrangiertem Hausrat, Möbelstücken oder Ar-beitsgeräten (»Graffl« nennt man so etwas im Dialekt) und brachte so im Laufe der Zeit eine umfangreiche Sammlung zu-stande, die etwas von einer untergegangenen Welt erzählt. Sei-ne Tochter verlieh sie an Herrn Orttenburger, und so wurde sie zum Grundstock des Museums. Natürlich ist das alles, das

Gebäude, das Museum, dazu ein Vogelpark und ein Wildpark im Schlossgarten, nicht zu vergessen die Gastwirtschaft im Schlosskeller, eine Touristenattraktion. Hat jemand etwas dagegen?

Nur an einem Detail könnten Puristen Anstoß nehmen: Im Museum ist auch eine Folterkammer zu besichtigen. Mit Streckbank, Rad und anderen einschlägigen Instrumenten und mit einem Wandschirm, hinter dem die vernehmenden Richter saßen, um nicht erkannt zu werden. Also, das ist nun ganz offensichtlich ein Fake und der Folterkammer im Regensburger Alten Rathaus in verkleinerter Form nachempfunden. Ortenburg hatte zwar die »Halsgerichtsbarkeit«, und unten im Ort, vor dem Rathaus, stand auch ein Pranger bereit, für aufmüpfige Untertanen oder zänkische Weiber und andere Leute, die sich irgendwie danebenbenahmen. Aber dass auf dem Schloss gefoltert wurde, ist historisch nirgends belegt.

Ja, meint dazu Herr Fuchs, der beste Kenner der Lokalgeschichte, aber die Schulkinder, die immer öfter klassenweise Schloss und Museum besuchen, fragen alle als Erstes nach einer Folterkammer. Und um sie nicht zu enttäuschen und damit sie lernen, was es mit der »guten alten Zeit« auch auf sich hatte, ist man eben auf ihren Wunsch eingegangen.

Der Herr Orttenburger ist bestimmt ein bewundernswerter Idealist. Aber als Geschäftsmann weiß er eben, dass man den Leuten, besonders den Kindern, nicht alles vorenthalten kann, was sie verlangen und was ihrer Vorstellung nach einfach dazugehört.

Geschichte bedarf immer auch der Ergänzung durch Fantasie.

Zum Schluss

möchte sich der Autor bei allen bedanken, die ihm bei der Abfassung der in diesem Buch vereinigten Skizzen geholfen haben, sei es durch Ratschläge und Hinweise, durch Besorgung von Literatur und anderem Material oder auch durch Gespräche oder Briefe, in denen sie mich an ihren Kenntnissen teilnehmen ließen oder mir ihre Sicht zu einem bestimmten Thema vermittelten. Besonderen Dank schulde ich Herrn Walter Fuchs in Ortenburg, Frau Heidemann in Cloppenburg, Herrn Kaplan Pater Walther Orth O. T. und Herrn Bürgermeister Michael Pelzer in Weyarn, meinen Töchtern Katharina und Marie, von denen die eine gelegentlich mit auf Recherche fuhr, die andere mir zuhörte, wenn ich versuchte, das nächste Kapitel zu planen – und natürlich Nina Rößler, die als Lektorin die Entstehung dieses Buches geduldig begleitete, sich um die Illustrationen kümmerte und mir Ratschläge zu Inhalt und Struktur gab.

Sollten sich in dem Band falsche Angaben oder andere Fehler finden, so gehen sie ausschließlich zu meinen Lasten. Sollten Sie als Leser den Eindruck haben, dass es einem Kapitel oder dem ganzen Buch an Ausführlichkeit, Akribie und wissenschaftlicher Gründlichkeit gebricht, so bitte ich zu bedenken, dass all dies nicht zu meinen Zielen gehörte und dass mir schon vom Umfang her Grenzen gesetzt waren. Ich weiß sehr wohl, dass man über jedes der hier angeschnittenen Themen ein ganzes Buch oder auch eine ganze Bibliothek schreiben könnte (und bei

einigen liegen solche Bücher und Bibliotheken auch schon vor,
ich habe mich aus ihnen bedient) und dass es zu jedem dieser
Themen noch viel zu erforschen und herauszufinden gibt. Mein
Anliegen war, anzudeuten, dass es neben den allgemein ein-
geführten, auf Schulen unterrichteten, als Kanon etablierten
Perspektiven auf die »große« deutsche Geschichte mit ihren
bekannten Höhepunkten und Katastrophen auch noch andere,
vielleicht bescheidenere, von lokalen Gegebenheiten oder Besonderheiten bestimmte Blickwinkel in die Vergangenheit gibt,
die aber ebenfalls einiges an Wissenswertem, Interessantem,
zum Teil auch Amüsantem über unser Land, über das, was wir
waren und sind, und über die menschliche Natur zutage fördern
können. Sollte der Ärger über meinen Mangel an geistigem Tief-
gang einen Leser veranlassen, seinerseits mit vermehrter Intensität auf eines der hier angeschnittenen Themen einzugehen
oder in seiner eigenen, persönlichen Umgebung, in seiner Heimat, seinem Wohnort nach Spuren und Reminiszenzen zu suchen, mit denen sich zu beschäftigen ihm lohnend erscheint,
dann dürfte ich (sagen wir es so altmodisch) mir schmeicheln,
eines meiner Ziele erreicht zu haben.

Ich habe über Orte und über Personen geschrieben, die mir von
früheren Besuchen und Aufenthalten oder aus früherer Lektüre
vertraut waren und bemerkenswert erschienen. Und ich habe
jeden der Schauplätze eigens noch einmal aufgesucht, um meinen Eindruck zu erneuern, zu vertiefen, gegebenenfalls zu kor-
rigieren. Natürlich gäbe es noch Hunderte solch lohnender Erinnerungsorte. Aber, wie gesagt, der Raum und auch die Zeit
und die Kräfte eines Einzelnen sind begrenzt. Schön wäre es,
wenn der eine oder andere Leser angeregt würde, sich darüber
Gedanken zu machen, welchen Orten und Personen *er* in *seinen*
Erinnerungen Platz einräumen kann und mag.

»Ausflüge in die deutsche Vergangenheit« könnten auch über
die Grenzen der heutigen Bundesrepublik hinausführen. Städte
wie Wien, Prag, Königsberg, Straßburg, aber zum Beispiel auch
Palermo haben zeitweise eine entscheidende Bedeutung für unsere Geschichte gehabt, und etwa zum Verständnis des Deutschen Ordens hätte ein Besuch in der Marienburg sicher noch
mehr beigetragen als einer in Mergentheim. Trotzdem habe ich

mir solche Grenzüberschreitungen versagt, um nicht in die
Nähe einer Art Geschichtsrevisionismus zu geraten. Was verlo-
ren ist, ist verloren. Wir wissen, wer schuld daran war, und soll-
ten nicht versuchen, das Verwirkte durch einen inneren oder
geistigen Vorbehalt für uns zu bewahren oder zurückzuholen.
Am Anfang dieses Buches haben wir eine Erzählung von Karel
Čapek zitiert. Das Werk, aus dem sie entnommen ist, Čapeks
›Wie in alten Zeiten‹ (tschechisch ›Kniha apokryfů‹, *Buch der
Apokryphen*), ist auf Deutsch, so höre ich, nicht mehr aufgelegt.
Das ist schade, denn selten ist über den Sinn und Unsinn von
Geschichte so klug und dabei so witzig nachgedacht worden
wie in den Geschichten dieses tschechischen Autors. Ein Dich-
ter kann mit einer Anekdote mehr sagen als zehn Schulmeister
oder eine Kohorte von Durchschnittshabilitierten. Man erlaube
mir also, mit einem weiteren ausgiebigen Zitat zu enden:

Vom Niedergang der Zeit   Vor der Höhle war es still. Die Männer waren schon am frühen Morgen speereschwingend in Richtung Blansko oder Rajec ausgezogen, wo sie eine Rentierherde
aufgespürt hatten; die Frauen suchten inzwischen im Walde Bee-
ren, und nur ab und zu hörte man ihr Kreischen und Rufen; die
Kinder planschten wahrscheinlich unten am Bache – wer wollte
auch die Gören hüten, dieses unbändige verwilderte Pack. Und
so schlummerte denn der Urmensch, der alte Janeček, in der
köstlichen Stille der milden Oktobersonne; um die Wahrheit
zu sagen, er schnarchte und pfiff durch die Nase, aber er tat, als
schlafe er nicht, sondern wache über die Höhle des Stammes
und herrsche über alle, wie es sich für einen alten Häuptling
ziemt.
    Die alte Frau Janeček breitete eine frische Bärenhaut aus und
begann sie mit einem scharfen Feuerstein zu schaben. So etwas
will gründlich getan sein, Zoll für Zoll – und nicht, wie es die
Junge macht, fiel's der alten Janeček ein. Dieser Windbeutel
kratzt sie nur so schlampig ab und läuft schon wieder weg, um
sich mit den Kindern zu balgen und zu knutschen. – ›Solch eine
Haut‹, überlegt die alte Janeček, ›taugt nichts, woher auch, die
wird gleich morsch oder bricht; aber ich werde mich da nicht
einmischen‹, denkt Frau Janeček, ›wenn ihr's der Sohn nicht sel-

ber sagt ... Alles, was recht ist, sparen kann die Junge nicht: Und hier ist die Haut durchstochen, genau im Rücken! Du meine Güte‹, erschaudert die alte Frau, ›welcher Trottel hat wohl den Bären in den Buckel gestochen? Das verdirbt doch die ganze Haut! So was hätte mein Alter nie im Leben getan‹, meint die Greisin erbittert, ›der hat immer den Hals getroffen ...‹

»Ach ja«, stöhnte in dem Augenblick der alte Janeček und rieb sich die Augen. »Sind sie noch immer nicht zurück?« – »Woher«, brummte die alte Frau, »da kannst du lange warten.« – »Tja«, seufzte der Greis und blinzelte verschlafen. »Na ja, die. Und wo sind die Weiber?«

»Hüte ich sie vielleicht«, knurrte die Alte. »Werden sich irgendwo herumtreiben. Kannst du dir doch denken ...«

»Ach ja, ja«, gähnte Großvater Janeček. »Treiben sich irgendwo herum. Anstatt ... anstatt daß sie, sagen wir, das oder jenes ... na eben. So sieht es aus!«

Dann herrschte Stille; nur die alte Janeček kratzte mit wütendem Eifer hurtig an der rohen Bärenhaut herum.

»Ich mein«, bemerkte Janeček, wobei er sich versonnen den Buckel kratzte, »du wirst sehen, daß sie wieder nichts bringen. Das sagt einem doch der Verstand: mit ihren nichtsnutzigen Knochenspeeren ... Und ich erklär dem Sohn immer: schau, kein Knochen ist so hart und fest, daß man daraus Speere machen könnte! Das mußt du als Frau doch auch zugeben, daß weder Knochen noch Geweihe so eine – wie soll ich sagen – so eine Durchschlagskraft haben, weißt du? Du triffst damit den Knochen und kannst ihn nicht durchdringen, hab ich recht? Das gibt einem die Vernunft ein. Da ist halt so ein Steinspeer, meine Liebe ... Natürlich macht er mehr Arbeit, aber dafür ist's dann auch ein Werkzeug ... Aber läßt sich der Junge denn was sagen?«

»Du weißt ja«, sagte Frau Janeček erbittert, »heutzutage läßt sich niemand mehr kommandieren.«

»Ich kommandiere doch niemanden«, regte sich der Alte auf. »Aber nicht einmal raten lassen sie sich! Finde ich gestern dort unterm Felsen so ein schönes Stück Feuerstein. Man braucht es nur ein bißchen an den Rändern zuzuhauen, damit es noch schärfer wird; das gäbe eine Speerspitze, eine Freude anzu-

schauen. Ich nehm es also mit nach Hause und zeig es dem
Sohn: ›Schau, das ist ein Stein, was?‹ – ›Ja‹, sagt er, ›aber wozu
soll er gut sein, Vater?‹ – ›Nun, ich mein, den könnte man für
einen Speer zurechthauen.‹ – ›Aber wo denkt Ihr hin, Vater‹, sagt
er, ›wer soll sich damit abgeben? Solch alten Kram haben wir
doch haufenweise in der Höhle; das taugt zu nichts, das hält
nicht am Schaft, wie man's auch festbindet. Also was soll man
damit?‹ – Faulpelze sind das«, eiferte sich der Alte. »Heutzutage will niemand mehr ein Stück Feuerstein anständig bearbeiten, das ist die Sache! Bequem sind sie! Versteht sich, so eine
beinerne Speerspitze ist eins, zwei fertig, aber die bricht auch
alleweil ab. Doch das ist angeblich einerlei, sagt der Sohn, man
macht eine neue dran und fertig: Na ja, aber wie wollen sie's
dann zu etwas bringen? Alle naselang einen neuen Speer! Sag
doch selbst, wer hat je so etwas gesehen? Meine Güte, so eine
anständige Feuersteinspitze, die mußte jahrelang halten! Aber
ich sag's immer, und sie werden noch einmal an meine Worte
denken: sie kommen schon noch auf unsere erprobten Steinwaffen zurück! Deswegen heb ich auch alles auf, was ich finde: alte
Pfeile, Streitäxte und Feuersteinmesser – und das soll alter Kram
sein!«

Der alte Herr erstickte fast vor lauter Kummer und Ärger. »Na
siehst du«, ließ sich Frau Janeček vernehmen, um ihn auf andere Gedanken zu bringen. »Das ist gerade so wie mit den Fellen.
›Mutter‹, sagt die Junge zu mir, ›wozu so viel daran herumkrat-
zen, schade um die Arbeit; versucht doch mal, die Haut mit
Asche zu gerben, das stinkt wenigstens nicht.‹ – Mich wirst du
belehren«, fuhr die Alte gegen die abwesende Schwiegertochter
los, »ich weiß, was ich weiß! Von jeher hat man die Haut nur
geschabt, und was gab das für Felle! Natürlich, wenn dir die Arbeit zu viel wird … Wenn sie der Arbeit nur irgendwie aus dem
Weg gehen können! Deswegen ersinnen und ändern sie immerzu etwas … Die Haut mit Asche bearbeiten! Hat man schon so
was gehört!«

»Das ist es eben«, gähnte Janeček. »Woher, das ist ihnen nicht
gut genug, so wie wir es gemacht haben. Und die Steinwaffen
seien unbequem in der Hand. 's ist schon wahr, wir haben nicht
viel auf Bequemlichkeit geachtet; aber heutzutage – na, na, daß

ihr euch bloß nicht die Händchen wund reibt! Sag selbst, wohin soll das wohl führen? Nimm die Kinder von heute. ›Laß sie, Großpapa‹, sagt die Schwiegertochter, ›sollen sie nur spielen.‹ Ja, aber was wird dann einmal aus ihnen?«

»Wenn sie wenigstens nicht solchen Radau machen würden«, klagte die alte Frau. »Ungezogen ist die Bande, das ist wahr!«

»Da hast du die heutige Erziehung«, predigte der alte Janeček. »Und wenn ich hier und da meinem Sohn was sage, heißt es gleich: ›Vater, das versteht Ihr nicht mehr, heute sind andere Zeiten, eine andere Epoche.‹ Nicht mal die Beinwaffen – sagt er – seien das letzte Wort; einmal, so meint er, werden die Menschen noch auf ganz anderes Material kommen als Stein, Holz oder Bein! Das mußt du als dummes Frauenzimmer doch auch einsehen, daß ... daß das entschieden zu weit geht!«

Frau Janeček ließ die Hände in den Schoß sinken. »Du«, meinte sie, »wo nehmen sie bloß all den Unsinn her?«

»Nun, sie sagen, das sei jetzt modern«, mummelte zahnlosen Mundes der Alte. »Bitte schön, dort in der Richtung, vier Tagereisen von hier, ist ein anderer Stamm zugewandert, fremdes Gesindel, und die machen es angeblich so – all die Dummheiten hat unsere Jugend von ihnen. Die Beinwaffen und alles. Sogar ... sie kaufen sogar welche von ihnen«, schrie er aufgeregt. »Und das für unsere guten Felle! Als ob von Fremden jemals etwas Gutes käme! Nur mit fremdem Pack nichts anfangen. Und überhaupt, das ist eine alte überlieferte Erfahrung: jeder Fremde soll ohne viel Federlesens überfallen und abgemurkst werden. So war's von jeher: keine Sperenzchen, einfach umbringen. ›Aber nein, Vater‹, sagt mein Sohn, ›heute sind andere Verhältnisse, jetzt wird Warenaustausch getrieben!‹ Wenn ich doch jemanden erschlage und ihm alles abnehme, was er hat – wozu dann Warenaustausch? ›Aber woher, Vater‹, sagt mein Sohn, ›dabei zahlt man mit Menschenleben, und das ist schade.‹ – Das sind die heutigen Ansichten«, brummte der alte Herr angewidert: »Feiglinge sind's, das ist das Ganze. Schade um Menschenleben! Jetzt sag mir, wie sollen sich einstmals so viele Menschen ernähren, wenn sie sich nicht gegenseitig totschlagen? Es gibt doch jetzt schon verflucht wenig Rentiere! Da schau her, um Menschenleben ist's ihnen leid! Aber vor der Tradition haben sie keine

Achtung, ihre Ahnen und Eltern wissen sie nicht zu schätzen –
's ist doch eine Bande, eine verkommene«, stieß Janeček erbost
hervor.»Neulich sehe ich, wie so eine Rotznase die Abbildung
eines Wisents mit Rötel an die Wand schmiert. Ich hab ihm eine
Ohrfeige gegeben, aber mein Sohn sagt: ›Laßt ihn nur, der Wi-
sent ist doch gerade wie lebendig!‹ – Da hört sich schon alles auf!
Hat man jemals zuvor solch unnütze Sachen gemacht? Wenn du
nichts Besseres zu tun hast, mein Junge, dann kannst du einen
Feuerstein behauen, aber mal mir keine Wisents an die Wand!
Wozu soll solcher Blödsinn gut sein?«

Frau Janeček kniff die Lippen streng zusammen.»Wenn's bloß
Wisents wären«, preßte sie nach einer Weile hervor.

»Was denn noch?« fragte der Alte.

»Ach, nichts«, wehrte die Frau ab,»ich schäm mich, es zu sagen ... So, daß du's nur weißt«, entschloß sie sich plötzlich
doch,»heute morgen fand ich ... in der Höhle ... ein Stück Mam-
mutknochen. Das war zugeschnitzt wie ... wie eine nackte Frau.
Brüste und alles, du weißt schon!«

»Was du nicht sagst«, staunte der Greis.»Und wer hat das ge-
schnitzt?«

Frau Janeček zuckte unwillig die Schulter.»Wer weiß, wahrscheinlich einer von den Jungen. Ich hab's ins Feuer geworfen,
aber – solche Brüste hatte es! Pfui.«

»... na, da hört sich aber wirklich alles auf«, stieß der alte
Janeček hervor,»das ist doch Entartung! Siehst du, das kommt
daher, daß sie alles mögliche aus Bein schnitzen! Uns kam so
eine Unflätigkeit niemals in den Sinn, weil ... weil man es aus
Feuerstein einfach nicht fertiggebracht hätte – soweit ist es gekommen! Das sind ihre Erfindungen! Sie werden sich immerzu
etwas Neues ausdenken, immer wieder werden sie Neuerungen
einführen, so lange, bis sie alles verdorben und zugrunde gerichtet haben ... Und ich sage«, rief der Urmensch Janeček in
prophetischer Erleuchtung aus,»das kann nicht mehr lange so
weitergehen!«

In diesem Sinne verabschieden auch wir uns!

Verwendete Literatur
(Auswahl)

Applegate, Celia; A Nation of Provincials. The German Idea of Heimat. Berkeley 1990

Arens, Detlev u. a.; 100x Deutschland, Ostfildern 2006

Aretin, Karl Otmar von; Das Alte Reich 1648–1806, Stuttgart ²1997

Aretin, Karl Otmar von; Das Heilige Römische Reich 1776–1806. 2 Bde. Wiesbaden 1967

Baedeker, Karl; Baedeker Regensburg, Ostfildern-Kemnat 2002

Barth, Dr. Reinhard u. a.; Die Chronik der Kreuzzüge, Gütersloh/München 2005

Barufke, Regina u. a.; Fürst-Pückler-Region um Bad Muskau, Bad Muskau 2004

Bäumler, Suzanne u. a. (Hg.); Von Kaisers Gnaden – 500 Jahre Pfalz-Neuburg, Regensburg 2005

Berding, Helmut; Napoleonische Herrschafts- und Gesellschaftspolitik im Königreich Westfalen 1807–1813. Göttingen 1973

Bizer, Ernst; Kirchengeschichte Deutschlands I, Von den Anfängen bis zum Vorabend der Reformation, Frankfurt/Main 1970

Böcker, Heidemarie; Regensburg, Regensburg 1998

Bruford, Walter; Kultur und Gesellschaft im klassischen Weimar, Göttingen 1966

Conze, Eckart (Hg.); Kleines Lexikon des Adels, München 2005

Damm, Sigrid; Christiane und Goethe, Frankfurt/Main ⁴1998

Dopatka, Kerstin; Tief im Westen, Reise-Lesebuch Ruhrgebiet, Essen 2006

Drews, Jörg; Johann Gottfried Seume. Werke, Bd. 2, Frankfurt/Main 1993

Drews, Wolfgang; ›Lessing‹, Reinbek 1962

Éditions du Signe (Hg.); Geschichte des Bistums Trier (Redaktion Dr. Winfried Weber und Hans Casel), Straßburg 2003

Enghuber, Martha u. a.; Neuburg an der Donau – Die Altstadt, Neuburg ⁴2005

Evang.-Luth. Kirchengemeinde Ortenburg (Hg.); Die evangelischen Kirchen in Ortenburg und Steinkirchen, Ortenburg ²2004

Fischer, Max; Eduard Mörike in Mergentheim, Bad Mergentheim ⁴1993

François, Etienne und Hagen Schulze (Hg.); Deutsche Erinnerungsorte, 3 Bde., München 2003

Freitag, Matthias; Kleine Regensburger Stadtgeschichte, Regensburg ²2004
Freundes- und Förderkreis Schloss Neuburg (Hg.), Gebaute Herrschaftsge-
schichte – Das Residenzschloss zu Neuburg a. d. Donau, Neuburg 2005
Friederike Sophie Wilhelmine, Markgräfin von Bayreuth; Eine preußische Königstochter (Die Memoiren), Frankfurt/Main 1990
Friedrich der Große und Wilhelmine von Bayreuth; »... solange wir zu zweit
sind«, Friedrich der Große und Markgräfin Wilhelmine von Bayreuth in
Briefen, München 2003
Fuchs, Walter; Ein Besuch im Schloss Ortenburg, Ortenburg ³2004
ders., Schloss Ortenburg, Ortenburger Baudenkmäler und die Geschichte
der Reichsgrafschaft Ortenburg, Ortenburg 2000
ders., Die Geschichte der evangelischen Kirche St. Martin in Ortenburg, in:
Donau-Bote, Vilshofen, vom 4. April 2006
ders., Der gräfliche Prediger, in: Donau-Bote, Vilshofen, vom 31. März 1987
ders., Schloß Ortenburg, Die neuesten Erkenntnisse zu seiner Baugeschich-
te, in: Donau-Bote, Vilshofen, vom 5. Mai 1987
ders., Das Wappen der Grafen zu Ortenburg, in: Donau-Bote, Vilshofen, vom
6. Juni 1989
ders., Religiöses Zentrum in der evangelischen Diaspora, in: Donau-Bote,
Vilshofen, vom 29. September 1992
ders., Vor 470 Jahren wurde Leonhard Käser als Ketzer verbrannt, in: Donau-
Bote, Vilshofen, vom 26. August 1997
ders., Ursula Gräfin Ortenburg-Fugger und ihr Sohn Anton, in: Donau-Bote,
Vilshofen, vom 8. Juni 1999
ders., die Reichsgrafschaft Ortenburg in Niederbayern und die österreichischen Glaubensflüchtlinge, Manuskript 2002
Fürnrohr, Walter; Der immerwährende Reichstag zu Regensburg. Regensburg/
Kallmünz 1964
Goethe, Johann Wolfgang; ›Briefe, Tagebücher, Gespräche‹, Digitale Bibliothek
10, Berlin 2004
Haffner, Sebastian; Preußen ohne Legende, München 1990
Hammel-Kiesow, Rolf; Die Hanse, München ³2004
Hartmann, Peter Claus; Das Heilige Römische Reich deutscher Nation in der
Neuzeit 1486–1806, Stuttgart 2005
ders., Kleine Mainzer Stadtgeschichte, Regensburg 2005
ders., Kulturgeschichte des Heiligen Römischen Reiches, Wien 2001
Herbers, Klaus und Helmut Neuhaus; Das Heilige Römische Reich – Schau-
plätze einer tausendjährigen Geschichte, Köln 2005
Hildebrandt, Dieter; Lessing, München 2003
Hirsch, Erhard; Fürst Leopold III. Friedrich Franz von Anhalt-Dessau, Mün-
chen/Berlin o. J.
Hirschfeld, Michael (Hg.); Das Niederstift Münster an der Schwelle zum
19. Jahrhundert, Cloppenburg 2004
Hoffmann, Wolfgang; Quedlinburg, Wernigerode ⁹2004
Holzapfel, Rudolf; Das Königreich Westfalen, Magdeburg 1895
Hubel, Achim; Dom St. Peter Regensburg, Regensburg ¹⁰2003
›Jahrbuch des Deutschen Volksliedarchivs‹, Jg. 26, Münster 1981
Jürgensmeier, Friedhelm; Das Bistum Mainz – Von der Römerzeit bis zum
II. Vatikanischen Konzil. Frankfurt/Main 1988
Kleinschmidt, Arthur; Geschichte des Königreichs Westfalen. Gotha 1893
Klose, Sybille; Die Hanse, Osnabrück o. J.

Köbler, Gerhard; Historisches Lexikon der deutschen Länder, München [4]1992
Kohl, Wilhelm; Kleine westfälische Geschichte, Düsseldorf 1994
Kröger, Stefan; Osnabrück, eine illustrierte Geschichte der Stadt, Osnabrück 2005
Künzel, Werner und Werner Relecke (Hg.); Geschichte der deutschen Länder, Münster 2005
Küppers-Braun, Ute; Macht in Frauenhand, Essen 2002
Lahrkamp, Helmut; Unter dem Krummstab, Münster 1999
Langer, Ulrich; Heinrich von Treitschke, Düsseldorf 1998
Lessing, Gotthold Ephraim; Werke in drei Bänden, München 2003
Lessing-Akademie Wolfenbüttel; Vom Herrn Lessing, Wolfenbüttel 2001
Merseburger, Peter; Mythos Weimar – Zwischen Geist und Macht, München [3]2004
Militzer, Klaus; Die Geschichte des Deutschen Ordens, Stuttgart 2005
Mittelstaedt, Manfred; Die Königs- und Kaiserstadt Quedlinburg, Quedlinburg o. J.
Ohff, Heinz; Der grüne Fürst, München [6]2005
Oster, Uwe A.; Wilhelmine von Bayreuth, München 2005
Ottenjann, Helmut u. a.; Cloppenburg, Leipzig 2001
Platte, Hartmut; Das Haus Schönborn, Werl 2005
Pückler-Muskau, Hermann Fürst von; Briefe eines Verstorbenen, hg. von Heinz Ohff, Berlin 2006
Raabe, Paul; Spaziergänge durch Goethes Weimar, Zürich [10]2005
Schefers, Hermann; Neuburg an der Donau – Eine kurze Stadtgeschichte, München 1988
Schellnhuber, Hans; Die Reformation in der Reichsgrafschaft Ortenburg, Ortenburg 1985
Schmidt, Charles; Das Großherzogtum Berg 1806–1813, Neustadt/Aisch 1999
Schmidt-Funke, Julia A.; Auf dem Weg in die Bürgergesellschaft – Die politische Publizistik des Weimarer Verlegers Friedrich Justin Bertuch, Köln 2005
Schwerdtfeger, Hartmut; Die Hanse und ihre Städte, Delmenhorst 2004
Spee, Friedrich von; Cautio Criminalis oder Rechtliche Bedenken wegen der Hexenprozesse, München 1982
Staël, Germaine de; Über Deutschland, Eine Auswahl, hg. von Sigrid Metken, Stuttgart 1962
Steiner, Walter und Uta Kühn-Stillmark; Friedrich Justin Bertuch, Köln 2001
Stollberg-Rilinger, Barbara; Das Heilige Römische Reich Deutscher Nation, München 2006
Theobald, Leonhard; Joachim von Ortenburg und die Durchführung der Reformation in seiner Grafschaft, Nürnberg 1927
Thiele, Johannes (Hg.); Das Buch der Deutschen. Alles, was man kennen muss. Bergisch Gladbach 2004
Treitschke, Heinrich von; Freiheit, Einheit, Völkergemeinschaft, Wien 1953
Trentin-Meyer, Maike (Hg.); Deutscher Orden 1190–2000, Baunach 2004
Tucholsky, Kurt; Gesamtausgabe, Band 12, Texte 1929, Reinbek 2004
Tumler, Marian und Udo Arnold; Der Deutsche Orden von seinem Ursprung bis zur Gegenwart, Bad Mergentheim/Münstereifel [5]1992
Volz, Bertold (Hg.); Friedrich der Große und Wilhelmine von Baireuth, Briefwechsel, 2 Bde., Leipzig 1924
Wallenborn, Melitta; Deutschland und die Deutschen in Mme de Staëls De l'Allemagne, Frankfurt/Main 1998

Wallmann, Johannes; Kirchengeschichte Deutschlands seit der Reformation, Tübingen ³1988

Weiss, Thomas (Hg.); Das Gartenreich Dessau-Wörlitz, Dessau-Wörlitz ⁴2004

Weiss, Thomas (Hg.); Dessau und Weimar – zum 250. Geburtstag von Johann Wolfgang von Goethe, Dessau-Wörlitz 1999

Weiss, Thomas/Uwe Quilitzsch u. a.; Den Freunden der Natur und Kunst – Das Gartenreich des Fürsten Franz von Anhalt-Dessau im Zeitalter der Aufklärung, Dessau Wörlitz 1997

Wiegand, Ralf; Die sind Deutschland, in: Süddeutsche Zeitung, München, vom 27. März 2006

Wurlitzer, Bernd; Thüringen, Pforzheim 1997

Weblinks

http://bautz.de/bbkl
http://br-online.de/bildung/databrd
http://de.Wikipedia.org/wiki
http://en.wikipedia.org/wiki
http://gonzo.uni-weimar.de
http://gutenberg.spiegel.de
http://infobitte.de/free/lex/wpdeLexO/online
http://kassellexikon.hna.de
http://mdz1.bib-bvb.de/cocoon/bayern/zblg/kapitel/scans/zblg 37_0012.gif
http://p2616.typo3server.info/283.0.html
http://schoenborn.de/geschaeftsbereiche/weissenstein/geschichte.html
http://www.deutschordenswerke.de
http://www.ammermann.de/Klassik/friedrich_justin_bertuch.htm
http://www.bistum-trier.de
http://www.datenmatrix.de/projekte/hdbg/gemeinden
http://www.derweg.org/deutschland/staedte/weimar.html
http://www.deutscher-orden.at/htm
http://www.deutscher-orden.de
http://www.deutsche-schutzgebiete.de/thueringische_staaten.htm
http://www.frauenstift.de
http://www.goethezeitportal.de/db/wiss/bertuch/heinz_naturgeschichte.pdf
http://www.hab.de/museum/geschichte/
http://www.heiligenlexikon.de
http://www.hoeckmann.de/geschichte/kasselgeschichte4.htm
http://www.literaturland-bw.de
http://www.luebeck.de/stadt_politik/geschichte/
http://www.lwl.org/westaelische-geschichte/portal/Internet
http://www.marlesreuth.de
http://www.mdr.de/geschichte/personen
http://www.museumsverband-rheinland.de/museum
http://www.ortenburg.de/allgemeines/Geschichte1.htm
http://www.paper.olaf-freier.de

http://www.payer.de/religionskritik/harden01.htm
http://www.reise-nach-ostpreußen.de/Marienburg/Dorden.html
http://www.reisen-in-die-geschichte.de/archiv.htm
http://www.ruhr-guide.de
http://www.schloesser-magazin.de
http://www.staff.uni-mainz.de/willi/mainz/mz_republik.htm
http://www.thueringen.de
http://www.uni-regensburg.de
http://www.uni-rostock.de/ub
http://www.wolfenbuettel.de
http://www.xlibris.de
http://www.zeit.de

Bildnachweis